OPUSCULES PHILOSOPHIQUES
CHOISIS

BIBLIOTHÈQUE DES TEXTES PHILOSOPHIQUES

Fondateur : Henri GOUHIER   Directeur : Jean-François COURTINE

G. W. LEIBNIZ

OPUSCULES PHILOSOPHIQUES CHOISIS

Texte latin établi et traduit

par

Paul SCHRECKER

PARIS

LIBRAIRIE PHILOSOPHIQUE J. VRIN

6, Place de la Sorbonne, V^e

2001

Julien Farges a constitué l'index
de la présente édition

© *Librairie Philosophique J. VRIN,*1959
pour le texte latin revu et la traduction
ISBN 2-7116-0483-7

© *Librairie Philosophique J. VRIN,* 2001
pour la l'édition de poche
ISBN 2-7116-1523-5
Imprimé en France

INTRODUCTION

On peut considérer comme une règle générale, que Leibniz a rédigé en latin les livres et les mémoires philosophiques et scientifiques destinés au public restreint des savants, et en français ceux par lesquels il désirait atteindre le cercle plus étendu, composé par les « honnêtes gens » de son époque. Sans doute, cette règle souffre des exceptions qui s'expliquent soit par le lieu de la publication, soit par la nationalité de la personne à laquelle l'écrit s'adressait plus particulièrement. Cependant on peut constater, en général, que, lorsqu'un sujet a été traité par Leibniz dans les deux langues, la rédaction latine est plus concise, plus rigoureuse, de lecture plus ardue, en un mot plus ésotérique, alors que la rédaction française est plus facilement accessible au grand public, plus propre à vulgariser et à répandre les idées nouvelles de l'auteur.

Ainsi la réunion d'opuscules latins de Leibniz ne s'inspire pas d'une distinction purement artificielle : c'est à eux qu'il faudra toujours recourir pour une connaissance plus précise et plus approfondie de son œuvre. Mais présentement ces textes ne se trouvent que dans les grandes éditions épuisées et coûteuses, et les traductions françaises d'Amédée Jacques (1842) et de Paul Janet (1866), – elles aussi d'ailleurs épuisées, – sont très loin de l'exactitude et de la fidélité qu'on est en droit d'exiger, lorsqu'il s'agit d'écrits fondamentaux d'un classique de la philosophie.

Notre choix d'opuscules latins a donc pour but, d'une part de présenter des textes sûrs et des traductions fidèles de plusieurs écrits indispensables à l'étude et à l'enseignement de la philosophie leibnizienne, et d'autre part de permettre au lecteur de suivre cette pensée dans certaines étapes décisives de son développement. Quelques mots sur chacune des pièces réunies dans ce volume ne seront peut-être pas superflus.

Les MEDITATIONES DE COGNITIONE, VERITATE ET IDEIS, publiées pour la première fois dans les *Acta Eruditorum* de Leipzig, en novembre 1684, sont le premier écrit proprement philosophique que Leibniz ait publié après son retour de Paris (1676) et en même temps celui qui ouvre sa polémique contre Descartes et les cartésiens. Mais on n'y trouve pas encore l'exposé des points de doctrine où son opposition contre ces adversaires sera la plus véhémente et la plus irréductible, à savoir sa théorie de l'essence énergétique de la matière et sa dynamique.

C'est l'opuscule suivant, les ANIMADVERSIONES IN PARTEM GENERALEM PRINCIPIORUM CARTESIANORUM, qui développe ces théories de la façon la plus explicite et la plus claire et en suivant paragraphe par paragraphe le texte même de Descartes. Nous savons, par la correspondance de Leibniz avec Basnage de Beauval, que cet ouvrage fut écrit en 1692, que l'auteur désirait le publier en même temps que l'écrit de Descartes qu'il prétend réfuter, que les libraires d'Allemagne avaient refusé d'en entreprendre l'édition et que ceux de Hollande n'y étaient pas davantage disposés. Jusqu'en 1697 Leibniz a poursuivi ce projet, il a même commencé à remanier le manuscrit, – on trouve les variantes dans l'édition Gerhardt, – mais l'ouvrage est resté inédit et n'a été publié qu'en 1844, par les soins de G. E. Guhrauer. C'est peut-être l'écrit de Leibniz qui permet l'accès le plus facile à sa dynamique et en révèle le plus clairement les rapports étroits avec la métaphysique. Cependant il est relativement peu connu et la

traduction que nous en donnons est la première en langue française.

La petite dissertation DE PRIMAE PHILOSOPHIAE EMENDA-TIONE, publiée pour la première fois dans les *Acta Eruditorum* de l'année 1694, est plutôt le programme ou le compte rendu succinct des recherches de l'auteur sur un problème fondamental de métaphysique qu'un exposé méthodique sur ce sujet. On y retrouve les idées que Leibniz avait déjà formulées dans deux articles du *Journal des Savants,* de juin 1691 et de janvier 1693 (Gerhardt, IV, p. 464-467).

DE RERUM ORIGINATIONE RADICALI, écrit en novembre 1697, ne fut publié, d'après le manuscrit d'Hanovre, qu'en 1840, dans l'édition Erdmann. On trouve dans Gerhardt, VII, p. 289-291 et dans les *Opuscules et Fragments inédits* de Leibniz, publiés par L. Couturat (Paris, 1903, p. 533-535), une ébauche ou un résumé très condensé de ce mémoire. Il n'a pas encore été remarqué, à notre connaissance, qu'une idée centrale de notre texte, la liaison étroite entre la finalité et le mécanisme, rappelle d'une façon frappante un passage du *Timée* de Platon (47 E-48 A), qui nous présente la sagesse (νοῦς) engageant la nécessité (ἀνάγχη) à porter le maximum de choses naissantes à la plus grande perfection possible.

DE IPSA NATURA parut pour la première fois dans les *Acta Eruditorum* de septembre 1698. Leibniz y expose lui-même les circonstances qui l'ont amené à cette discussion avec un des représentants les plus importants du cartésianisme en Allemagne. La philosophie de l'auteur y apparaît déjà comme très rapprochée de la forme définitive qu'elle trouvera dans la *Monadologie.* Une des idées directrices de Leibniz, la conci-liation du mécanisme cartésien avec la philosophie tradition-nelle d'inspiration platonicienne et aristotélicienne, est expressément énoncée à la fin de notre écrit.

Enfin la Causa Dei, publiée à la suite de la *Théodicée*, en 1710, résume dans un style rigoureux et concis les développements du grand ouvrage dans lequel Leibniz s'est expliqué au sujet du scepticisme théologique de Pierre Bayle. Née de discours faits à la reine de Prusse sur des problèmes traités dans le *Dictionnaire historique et critique* de Bayle, la *Théodicée* est plutôt un ouvrage de haute vulgarisation qu'un exposé méthodique et « en forme » de la théologie leibnizienne. C'est pourquoi Leibniz, reconnaissant lui-même que la *Théodicée* n'était pas une œuvre scientifique mais seulement un « tissu » de pensées, expliquées « un peu familièrement », y a ajouté un abrégé méthodique en latin, destiné plus particulièrement aux théologiens et aux philosophes. Quarante ans de lutte pour l'union des églises, divisées surtout au sujet des questions discutées dans cet opuscule, avaient mûri la théologie de Leibniz, qui a trouvé ici une expression claire et toute pénétrée de sagesse.

Il nous reste à exprimer notre profonde gratitude à M. Désiré Roustan, Inspecteur général de l'Instruction publique, qui a bien voulu nous apporter son précieux concours, en révisant notre traduction avec la haute compétence philosophique et la vaste érudition que réunit son humanisme éclairé.

Paris, 1954

NB : Le texte latin reproduit celui des Philosophische Schriften, *publiées par I. C. Gerhardt (Berlin, 1875-1890, 7 t. in-8°) ; nous indiquons en marge la tomaison et la pagination de cette édition. Pour les écrits imprimés du vivant de Leibniz, nous avons collationné ce texte avec celui de la première édition, à savoir les* Acta Eruditorum *de Leipzig qui contiennent les* Meditationes *(novemb. 1684), le* De primae philosophiae emendatione *(mars 1694), le* De ipsa natura *(septemb. 1698) ; pour la* Causa Dei, *l'édition originale, publiée pour la première fois, à la suite de la* Théodicée, *à Amsterdam, chez Isaac Troyel, 1710, in-8°. Nous n'avons pas estimé utile de reproduire les variantes d'une rédaction postérieure des* Animadversiones, *indiquées dans l'édition Gerhardt.*

G. W. LEIBNIZ

OPUSCULES PHILOSOPHIQUES CHOISIS

OPUSCULA PHILOSOPHICA SELECTA

| MEDITATIONES

DE COGNITIONE, VERITATE ET IDEIS

Quoniam hodie inter Viros egregios de veris et falsis ideis controversiae agitantur, eaque res magni ad veritatem cognoscendam momenti est, in qua nec ipse Cartesius usquequaque satisfecit, placet quid mihi de discriminibus atque criteriis Idearum et cognitionum statuendum videatur, explicare paucis. Est ergo cognitio vel obscura vel *clara*, et clara rursus vel confusa vel *distincta,* et distincta vel inadaequata vel *adaequata,* item vel symbolica vel *intuitiva* : et quidem si simul adaequata et intuitiva sit, perfectissima est.

Obscura est notio, quae non sufficit ad rem repraesentatam agnoscendam, veluti si utcunque meminerim alicujus floris aut animalis olim visi, non tamen quantum satis est, ut

MÉDITATIONS

SUR LA CONNAISSANCE, LA VÉRITÉ ET LES IDÉES

Puisque, aujourd'hui, des controverses se poursuivent entre des hommes éminents sur les vraies et les fausses idées [1], et que ce sujet, bien qu'étant de la plus grande importance pour la connaissance de la vérité, ne se trouve pas traité d'une façon pleinement satisfaisante dans Descartes lui-même, il me semble à propos d'expliquer en peu de mots ce qui, à mon avis, doit être affirmé relativement aux distinctions et aux critères des idées et des connaissances. Or, une connaissance est ou obscure ou *claire*; une connaissance claire est à son tour ou confuse ou *distincte*; une connaissance distincte est ou inadéquate ou *adéquate*, et encore ou symbolique ou *intuitive*: si elle est en même temps adéquate et intuitive, elle est la plus parfaite possible.

Une notion est obscure quand elle ne suffit pas pour reconnaître la chose représentée. Ainsi je puis avoir un certain souvenir de quelque fleur ou de quelque animal vu jadis, trop

---

1. Allusion à la controverse entre Antoine Arnauld et Malebranche sur l'origine de nos idées, déclenchée par le livre d'Arnauld *Des vrayes et des fausses idées contre ce qu'enseigne l'auteur de la Recherche de la Vérité* (Cologne, 1683, in-12), auquel Malebranche répliqua par la *Réponse de l'Auteur de la Recherche de la Vérité au livre de M. Arnauld Des vrayes et des fausses idées* (Rotterdam, 1684, in-12). Dans le dernier paragraphe de cet opuscule, Leibniz revient sur le fond de cette controverse.

oblatum recognoscere et ab aliquo vicino discernere possim;
vel si considerem aliquem terminum in scholis parum explicatum, ut Entelechiam Aristotelis, aut causam prout communis est materiae, formae, efficienti et fini, aliaque ejus-
modi, de quibus nullam certam definitionem habemus : unde
propositio quoque obscura fit, quam notio talis ingreditur.
Clara ergo cognitio est, cum habeo unde rem repraesentatam
agnoscere possim, eaque rursus est, vel confusa vel distincta.
Confusa, cum scilicet non possum notas ad rem ab aliis
discernendam sufficientes separatim enumerare, licet res illa
tales notas atque requisita revera habeat, in quae notio ejus
resolvi possit : ita colores, odores, sapores, aliaque peculiaria
sensuum objecta satis clare quidem agnoscimus et a se invicem
discernimus sed simplici sensuum testimonio, non vero notis
enuntiabilibus ; ideo nec caeco explicare possumus, quid sit
rubrum, nec aliis declarare talia possumus, nisi eos in rem
praesentem ducendo, atque ut idem videant, olfaciant aut
gustent efficiendo, aut saltem praeteritae alicujus perceptionis
IV, 423 similis eos admonendo : licet certum sit, notiones | harum qua-
litatum compositas esse et resolvi posse, quippe cum causas
suas habeant. Similiter videmus pictores aliosque artifices
probe cognoscere, quid recte, quid vitiose factum sit, at judicii
sui rationem reddere saepe non posse, et quaerenti dicere, se in
re quae displicet desiderare nescio quid. At *distincta notio*

peu cependant pour que je sois capable de le reconnaître s'il m'est présenté ou de le distinguer d'un animal qui lui ressemble. C'est encore le cas si je considère un terme insuffisamment expliqué dans l'École, tel que l'Entéléchie d'Aristote ou le terme de cause, puisqu'il peut désigner également la cause matérielle, la cause formelle, la cause efficiente et la cause finale, et d'autres termes semblables dont nous n'avons aucune définition précise; ce qui rend également obscure toute proposition dans laquelle entre une telle notion. Une connaissance est donc *claire*, lorsqu'elle suffit pour me faire reconnaître la chose représentée, et cette connaissance est à son tour ou confuse ou distincte. Elle est confuse, lorsque je ne peux pas énumérer une à une les marques suffisantes pour distinguer la chose d'entre les autres, bien que cette chose présente en effet de telles marques et les éléments requis, en lesquels sa notion puisse être décomposée. C'est ainsi que nous reconnaissons assez clairement les couleurs, les odeurs, les saveurs et les autres objets particuliers des sens, et que nous les distinguons les uns des autres, mais par le simple témoignage des sens et non par des marques que l'on puisse énoncer. C'est pourquoi nous ne saurions expliquer à un aveugle ce que c'est que le rouge, et nous ne pouvons faire connaître à d'autres de telles qualités, si nous ne les mettons en présence de la chose même et la leur faisons voir, flairer, ou goûter, ou si tout au moins nous ne leur rappelons certaines sensations semblables qu'ils ont éprouvées dans le passé : cependant il est certain que les notions de ces qualités sont composées et peuvent être décomposées, puisque chacune des qualités a une cause. De même nous voyons que les peintres et les autres artistes reconnaissent très bien ce qui est bien fait et ce qui est mal fait, mais que souvent ils ne peuvent donner les raisons de leurs jugements et répondent, lorsqu'on les questionne, que dans l'œuvre qui leur déplaît il manque un je ne sais quoi. Une *notion distincte*

est qualem de auro habent Docimastae, per notas scilicet et examina sufficientia ad rem ab aliis omnibus corporibus similibus discernendam : tales habere solemus circa notiones pluribus sensibus communes, ut numeri, magnitudinis, figurae, item circa multos affectus animi, ut spem, metum, verbo circa omnia quorum habemus *Definitionem nominalem,* quae nihil aliud est, quam enumeratio notarum sufficientium. Datur tamen et cognitio distincta notionis indefinibilis, quando ea est *primitiva* sive nota sui ipsius, hoc est, cum est irresolubilis ac non nisi per se intelligitur, atque adeo caret requisitis. In notionibus autem compositis, quia rursus notae singulae componentes interdum clare quidem, sed tamen confuse cognitae sunt, ut gravitas, color, aqua fortis, aliaque quae auri notas ingrediuntur, hinc talis cognitio auri licet distincta sit, *inadaequata* est tamen. Cum vero id omne quod notitiam distinctam ingreditur, rursus distincte cognitum est, seu cum analysis ad finem usque producta habetur, cognitio est *adaequata,* cujus exemplum perfectum nescio an homines dare possint ; valde tamen ad eam accedit notitia numerorum. Plerumque autem, praesertim in Analysi longiore, non totam simul naturam rei intuemur, sed rerum loco signis utimur, quorum explicationem in praesenti aliqua cogitatione compendii causa solemus praetermittere, scientes aut credentes nos eam habere in potestate : ita cum Chiliogonum seu Polygonum mille aequalium laterum cogito, non semper naturam lateris et

est pareille à celle que les essayeurs ont de l'or : laquelle leur permet de distinguer l'objet de tous les autres corps, par des signes distinctifs et des moyens de contrôle suffisants. Telles sont d'ordinaire les notions communes à plusieurs sens : celles de nombre, de grandeur, de figure, ainsi que les notions de beaucoup d'affections de notre âme, comme l'espoir ou la crainte, bref, les notions de toutes les choses dont nous avons une *définition nominale,* qui n'est autre chose qu'une énumération de marques suffisantes. Il y a cependant aussi connaissance distincte pour une notion indéfinissable, à savoir quand cette notion est *primitive,* c'est-à-dire est à elle-même sa propre marque, ce qui signifie qu'elle ne peut être décomposée, qu'elle ne saurait être comprise que par elle-même et par conséquent n'a pas d'éléments constitutifs. Quant aux notions composées, il peut arriver que les notions singulières qui les composent soient elles-mêmes connues clairement mais pourtant confusément : ainsi sont connus par exemple le poids, la couleur, l'effet de l'eau-forte et d'autres notions comprises dans la notion d'or : c'est pourquoi, bien qu'elles permettent de l'or une connaissance distincte, celle-ci reste inadéquate. Mais quand tout ce qui entre dans une notion distincte est à son tour distinctement connu, ou bien quand l'analyse en est menée jusqu'au bout, la notion est *adéquate.* Je doute cependant que les hommes puissent en donner un seul exemple parfait ; toutefois les notions des nombres s'en approchent beaucoup. Mais le plus souvent et surtout si l'analyse est très longue, nous n'embrassons pas toute la nature de la chose à la fois ; nous substituons alors aux choses des signes dont, pour abréger, nous avons coutume d'omettre l'explication dans le travail actuel de la pensée, sachant ou croyant que cette explication est en notre possession. Ainsi, lorsque je pense à un chiliogone, c'est-à-dire à un polygone de mille côtés, je ne considère pas toujours ce qu'est un côté, une

aequalitatis et millenarii (seu cubi a denario) considero, sed
vocabulis istis (quorum sensus obscure saltem atque imper-
fecte menti obversatur) in animo utor loco idearum quas de iis
habeo, quoniam memini me significationem istorum vocabu-
lorum habere, explicationem autem nunc judico necessariam
non esse; qualem cogitationem *caecam* vel etiam *symbolicam*
appellare soleo, qua et in Algebra et in Arithmetica utimur,
imo fere ubique. Et certe cum notio valde composita est, non
possumus omnes ingredientes eam notiones simul cogitare:
ubi tamen hoc licet, vel saltem in quantum licet, cognitionem
voco *intuitivam*. Notionis distinctae primitivae non alia datur
cognitio, quam intuitiva, ut compositarum plerumque cogitatio non nisi symbolica est.

IV, 424 | Ex his jam patet, nos eorum quoque quae distincte
cognoscimus, ideas non percipere, nisi quatenus cogitatione
intuitiva utimur. Et sane contingit, ut nos saepe falso cre-
damus habere in animo *ideas* rerum, cum falso supponimus
aliquos terminos, quibus utimur, jam a nobis fuisse expli-
catos: nec verum aut certe ambiguitati obnoxium est, quod
ajunt aliqui, non posse nos de re aliqua dicere, intelligendo

égalité, le nombre mille (ou le cube de dix), mais je me sers mentalement de ces mots pour qu'ils tiennent lieu des idées que j'ai de ces choses, – bien que sans doute j'aie le sens de ces mots confusément et imparfaitement présent à l'esprit, – parce que j'ai conscience de posséder la signification de ces mots et que j'estime que l'explication n'en est pas nécessaire pour le moment. J'appelle cette connaissance *aveugle* ou encore *symbolique*; nous en faisons usage dans l'algèbre et dans l'arithmétique et presque en tout domaine. Et sans doute, lorsque la notion est très composée, nous ne pouvons embrasser à la fois par la pensée toutes les notions qu'elle enveloppe; mais quand cela peut se faire ou au moins dans la mesure où cela peut se faire, j'appelle cette connaissance *intuitive*. D'une notion distincte et primitive il n'y a pas d'autre connaissance possible que la connaissance intuitive, de même que d'une notion composée la connaissance n'est, le plus souvent, que symbolique.

D'où il apparaît que, même des choses distinctement connues, nous ne percevons les idées qu'autant que nous recourons à la pensée intuitive. Il arrive toutefois souvent que nous croyons à tort avoir dans l'esprit les *idées* des choses, parce que nous supposons faussement que nous avons déjà expliqué certains termes dont nous nous servons. Et il n'est certainement pas vrai ou au moins il prête à équivoque d'avancer avec quelques auteurs, que nous ne pouvons parler d'une chose, en comprenant ce que nous disons, à moins de posséder l'idée de cette chose[1]. Car souvent nous comprenons

---

1. C'est l'opinion de Descartes. Voir ses *Œuvres,* éd. Adam-Tannery, III, p. 393, l. 15-19 : « Nous ne saurions rien exprimer par nos paroles, lorsque nous entendons ce que nous disons, que de cela même il ne soit certain que nous avons en nous l'idée de la chose qui est signifiée par nos paroles. » *Cf.* VII, p. 160, l. 16-19, et *Logique de Port-Royal,* 1re Partie, chap. I.

quod dicimus, quin ejus habeamus ideam. Saepe enim voca-
bula ista singula utcunque intelligimus, aut nos antea intel-
lexisse meminimus, quia tamen hac cogitatione caeca contenti sumus et resolutionem notionum non satis prosequimur,
fit ut lateat nos contradictio, quam forte notio composita
involvit. Haec ut considerarem distinctius, fecit olim argumentum, dudum inter Scholasticos celebre, et a Cartesio reno-
vatum, pro Existentia Dei, quod ita habet: Quicquid ex
alicujus rei idea sive definitione sequitur, id de re potest
praedicari. Existentia ex Dei (sive Entis perfectissimi, vel quo
majus cogitari non potest) idea sequitur. (Ens enim perfectissimum involvit omnes perfectiones in quarum numero
est etiam existentia). Ergo existentia de Deo potest praedicari.
Verum sciendum est, inde hoc tantum confici: si Deus est
possibilis, sequitur quod existat; nam definitionibus non
possumus tuto uti ad concludendum, antequam sciamus eas
esse reales, aut nullam involvere contradictionem. Cujus ratio
est, quia de notionibus contradictionem involventibus simul
possent concludi opposita, quod absurdum est. Soleo autem
ad hoc declarandum uti exemplo motus celerrimi qui
absurdum implicat; ponamus enim rotam aliquam celerrimo
motu rotari, quis non videt, productum aliquem rotae radium
extremo suo celerius motum iri, quam in rotae circumfe-
rentia clavum; hujus ergo motus non est celerrimus,
contra hypothesin. Interim prima fronte videri possit

en quelque manière chacun des mots, ou nous nous rappelons les avoir compris auparavant ; mais comme nous nous contentons de cette pensée aveugle, sans pousser assez loin l'analyse des notions, il arrive qu'une contradiction, impliquée peut-être dans la notion composée, nous échappe. J'ai été autrefois amené à examiner cette question de plus près, à l'occasion de la démonstration de l'existence de Dieu, depuis longtemps célèbre parmi les Scolastiques et renouvelée par Descartes, qu'on présente ainsi : Tout ce qui suit de l'idée ou de la définition d'une chose peut être affirmé de la chose même. Or, l'existence suit de l'idée de Dieu, c'est-à-dire de l'être le plus parfait ou le plus grand qui se puisse concevoir. Car l'être le plus parfait implique toutes les perfections, parmi lesquelles il faut compter aussi l'existence. Donc, l'existence peut être affirmée de Dieu. Mais à la vérité on ne peut conclure de cet argument que ceci : Si Dieu est possible, alors il s'ensuit qu'il existe [1]. Car nous ne pouvons nous servir avec assurance de définitions, pour en tirer des conclusions certaines, avant de savoir qu'elles sont réelles ou qu'elles n'impliquent aucune contradiction. La raison en est, que de notions impliquant contradiction on peut tirer des conclusions contradictoires, ce qui est absurde. J'ai coutume, lorsque je veux expliquer cette vérité, d'invoquer l'exemple du mouvement le plus rapide, qui contient une absurdité. Supposé donc qu'une roue tourne avec la plus grande vitesse, qui ne voit qu'un rayon de cette roue, si nous le prolongeons, se mouvra plus vite à l'extrémité de la prolongation qu'un clou sur la circonférence de la roue même ? Ce dernier mouvement n'est donc pas le plus rapide, ce qui contredit l'hypothèse. Cependant, au premier abord, il peut sembler que nous possédons

---

1. Cette objection a déjà été formulée par les auteurs des *Objections secondes* contre les *Méditations* de Descartes. Voir Ad., T. VII, p. 127, l. 12 *sq.*

nos ideam motus celerrimi habere; intelligimus enim utique
quid dicamus, et tamen nullam utique habemus ideam rerum
impossibilium. Eodem igitur modo non sufficit nos cogitare
de Ente perfectissimo, ut asseramus nos ejus ideam habere, et
in hac allata paulo ante demonstratione possibilitas Entis
perfectissimi aut ostendenda aut supponenda est, ut recte
concludamus. Interim nihil verius est, quam et nos Dei habere
ideam, et Ens perfectissimum esse possibile, imo necessarium; argumentum tamen non satis concludit, et jam ab
Aquinate rejectum est.

Atque ita habemus quoque discrimen inter *definitiones
nominales,* quae notas tantum rei ab aliis, discernendae
IV, 425 continent, et *reales,* | ex quibus constat rem esse possibilem, et
hac ratione satisfit Hobbio, qui veritates volebat esse arbitrarias, quia ex definitionibus nominalibus penderent, non consi-
derans realitatem definitionis in arbitrio non esse, nec
quaslibet notiones inter se posse conjungi. Nec definitiones
nominales sufficiunt ad perfectam scientiam, nisi quando
aliunde constat rem definitam esse possibilem. Patet etiam,
quae tandem sit *Idea vera,* quae *falsa,* vera scilicet cum notio
est possibilis, falsa cum contradictionem involvit. *Possibili-
tatem* autem rei vel a priori cognoscimus, vel a posteriori. Et
quidem a priori, cum notionem resolvimus in sua requisita,
seu in alias notiones cognitae possibilitatis, nihilque in illis
incompatibile esse scimus; idque fit inter alia, cum

l'idée du mouvement le plus rapide; car nous comprenons parfaitement ce que nous disons, et néanmoins de choses impossibles nous ne possédons absolument aucune idée. Pour les mêmes raisons il ne suffit pas que nous pensions à l'Être le plus parfait, pour pouvoir assurer que nous en avons une idée. Dans la démonstration dont il vient d'être question, il faut prouver ou supposer la possibilité de cet Être, si l'on veut que la conclusion vaille. Toutefois il est très vrai que nous avons l'idée de Dieu et que l'Être le plus parfait est possible et même nécessaire. L'argument cependant n'est pas assez concluant, et saint Thomas d'Aquin l'avait déjà rejeté[1].

Par là nous saisissons aussi la différence entre les *définitions nominales* qui contiennent seulement les marques des choses qu'on veut distinguer des autres, et les *définitions réelles* qui établissent la possibilité des choses définies; et l'on répond ainsi à l'objection de Hobbes[2] qui prétendait que les vérités sont arbitraires parce qu'elles dépendraient de définitions nominales, ne considérant pas que la réalité d'une définition ne dépend pas de nous et qu'on ne peut pas grouper ensemble n'importe quelles notions. Aussi les définitions nominales ne suffisent-elles à une connaissance parfaite qu'à condition qu'il soit établi par ailleurs que la chose définie est possible. On voit aussi par là clairement ce qu'est une idée vraie et ce qu'est une idée fausse : une idée est vraie quand la notion est possible, elle est fausse quand elle implique contradiction. Or, nous connaissons la possibilité d'une chose ou *a priori* ou *a posteriori* : *a priori*, quand nous résolvons la notion en ses éléments ou en d'autres notions dont nous connaissons la possibilité et que nous n'y trouvons aucune incompatibilité; cela a lieu, par exemple, quand nous

---

1. Voir par exemple *Summa contra Gentiles,* lib. I, cap. x, *sq.*
2. Voir les *Troisièmes Objections* (de Hobbes) contre les *Méditations* (Ad.-T. VII, p. 178, l. 7-15), et *De corpore,* pars I, cap. III, § 7 *sq.*

intelligimus modum, quo res possit produci, unde prae
caeteris utiles sunt *Definitiones causales* : a posteriori vero,
cum rem actu existere experimur, quod enim actu existit vel
extitit, id utique possibile est. Et quidem quandocunque
habetur cognitio adaequata, habetur et cognitio possibilitatis a
priori ; perducta enim analysi ad finem, si nulla apparet contradictio, utique notio possibilis est. An vero unquam ab
hominibus perfecta institui possit analysis notionum, sive an
ad *prima possibilia* ac notiones irresolubiles, sive (quod
eodem redit) ipsa absoluta Attributa Dei, nempe causas primas atque ultimam rerum rationem, cogitationes suas reducere
possint, nunc quidem definire non ausim. Plerumque contenti
sumus, notionum duarundam realitatem experientia didicisse,
unde postea alias componimus ad exemplum naturae.

Hinc ergo tandem puto intelligi posse, non semper tuto
provocari ad ideas, et multos specioso illo titulo ad imagina-
tiones quasdam suas stabiliendas abuti ; neque enim statim
ideam habemus rei, de qua nos cogitare sumus conscii,
quod exemplo maximae velocitatis paulo ante ostendi. Nec
minus abuti video nostri temporis homines jactato illo
principio : *quicquid clare et distincte de re aliqua percipio,
id est verum seu de ea enuntiabile.* Saepe enim clara et
distincta videntur hominibus temere judicantibus, quae
obscura et confusa sunt. Inutile ergo axioma est, nisi clari et

comprenons de quelle façon la chose peut être produite, et c'est pour cette raison que les *définitions causales* sont particulièrement utiles. Nous connaissons la possibilité d'une chose *a posteriori*, quand nous savons par expérience que la chose existe en acte; car ce qui existe ou a existé en acte est certainement possible. Or, toutes les fois que nous avons une connaissance adéquate, nous avons aussi une connaissance *a priori* de la possibilité; car si l'on pousse l'analyse jusqu'à la fin et qu'il n'apparaisse aucune contradiction, la notion est certainement possible. Cependant je n'oserais pas encore décider, si les hommes pourront jamais instituer une analyse parfaite des notions, c'est-à-dire remonter de leurs pensées aux *premiers possibles* et aux notions indécomposables, ou, ce qui revient au même, aux attributs absolus mêmes de Dieu comme aux causes premières et à l'ultime raison de toutes choses. Le plus souvent nous nous contentons d'apprendre de l'expérience la réalité de certaines notions, et de nous servir ensuite de ces notions pour en composer d'autres à l'exemple de la nature.

Enfin je pense qu'on peut comprendre par là, que l'appel aux idées n'est pas toujours sans danger, et que beaucoup d'auteurs abusent du prestige de ce terme pour donner du poids à certaines de leurs imaginations; car nous ne possédons pas l'idée d'une chose du fait que nous avons conscience d'y penser, comme je l'ai montré un peu plus haut par l'exemple de la plus grande des vitesses. Je vois aussi que de nos jours les hommes n'abusent pas moins de ce principe si souvent vanté : *tout ce que je conçois clairement et distinctement d'une chose est vrai et peut être affirmé de cette chose* [1]. Car souvent les hommes, jugeant à la légère, trouvent clair et distinct ce qui est obscur et confus. Cet axiome est donc inutile si l'on n'y ajoute

1. Voir Descartes, éd. Ad.-T. VII, p. 115. 1. 22-25 ; p. 150, 1. 1-2 ; p. 162, 1. 8-10 ; et la *Logique de Port-Royal,* IVᵉ partie, chap. VIII.

distincti *criteria* adhibeantur, quae tradidimus, et nisi constet
de veritate idearum. De caetero non contemnenda veritatis
enuntiationum criteria sunt regulae *communis Logicae*, quibus
et Geometrae utuntur, ut scilicet nihil admittatur pro certo, nisi
accurata experientia vel firma demonstratione probatum ;
firma autem demonstratio est, quae praescriptam a Logica
IV, 426   formam, servat, non quasi semper ordinatis | Scholarum more
Syllogismis opus sit (quales Christianus Herlinus et Conradus
Dasypodius in sex priores Euclidis libros exhibuerunt), sed ita
saltem ut argumentatio concludat vi formae, qualis *argumen-
tationis in forma* debita conceptae exemplum, etiam calculum
aliquem legitimum esse dixeris ; itaque nec praetermittenda
est aliqua praemissa necessaria, et omnes praemissae jam ante
vel demonstratae esse debent, vel saltem instar hypotheseos
assumtae, quo casu et conclusio hypothetica est. Haec qui
observabunt diligenter, facile ab Ideis deceptricibus sibi
cavebunt. His autem satis congruenter ingeniosissimus Pas-
calius in praeclara dissertatione de Ingenio Geometrico (cujus
fragmentum extat in egregio Libro celeberrimi Viri Antonii
Arnaldi de arte bene cogitandi) Geometrae esse ait definire
omnes terminos *parumper* obscuros, et comprobare omnes
veritates *parumper* dubias. Sed vellem definiisset limites,

pas les *critères* du clair et du distinct, que nous avons proposés, et si la vérité des idées n'est pas préalablement établie. D'ailleurs, les règles de la *logique vulgaire*, desquelles se servent aussi les géomètres, constituent des critères nullement méprisables de la vérité des assertions, à savoir qu'il ne faut rien admettre comme certain qui n'ait été prouvé par une expérience exacte ou une démonstration solide. Or, une démonstration est solide, lorsqu'elle respecte la forme prescrite par la logique; non cependant qu'il soit toujours besoin de syllogismes disposés selon l'ordre classique (comme ceux que Christianus Herlinus et Conradus Dasypodius[1] ont appliqués aux six premiers livres d'Euclide), mais il faut du moins que la conclusion soit obtenue en vertu de la forme. D'une telle argumentation conçue en bonne et due forme, tout calcul fait selon les règles fournit un exemple. Ainsi il ne faut omettre aucune prémisse nécessaire, et toutes les prémisses doivent ou bien être démontrées préalablement, ou bien n'être admises que comme hypothèses, et dans ce cas la conclusion aussi n'est qu'hypothétique. Ceux qui suivront ces règles avec soin se garderont facilement des idées trompeuses. Le très pénétrant Pascal a dit, d'une façon assez conforme à ce que nous venons d'exposer, dans sa célèbre dissertation sur l'Esprit de géométrie (dont l'excellent livre du grand Antoine Arnauld sur l'*Art de penser* nous a conservé un fragment[2]), que le géomètre doit définir tous les termes tant soit peu obscurs et prouver toutes les vérités tant soit peu douteuses. Je voudrais seulement qu'il eût défini les limites

1. Conrad Dasypodius et Christian Herlin ou Herling, mathématicien de Strasbourg, ont publié une édition gréco-latine des six premiers livres d'Euclide, Strasbourg, 1564-1566, in-8°. Dans la traduction latine et dans les scholies des éditeurs, toutes les propositions apparaissent comme des conclusions d'arguments en forme.

2. Ce fragment de Pascal a été utilisé par les auteurs de la *Logique de Port-Royal*, Ire Partie, chap. XII et IVe Partie, chap. XI.

quos ultra aliqua notio aut enuntiatio non amplius parumper obscura aut dubia est. Verumtamen quid conveniat, ex attenta eorum quae hic diximus consideratione erui potest, nunc enim brevitati studemus.

Quod ad controversiam attinet, utrum omnia videamus in Deo (quae utique vetus est sententia, et si sano sensu intelligatur, non omnino spernenda) an vero proprias ideas habeamus, sciendum est, etsi omnia in Deo videremus, necesse tamen esse ut habeamus et ideas proprias, id est non quasi icunculas quasdam, sed affectiones sive modificationes mentis nostrae, respondentes ad id ipsum quod in Deo perciperemus; utique enim aliis atque aliis cogitationibus subeuntibus aliqua in mente nostra mutatio fit; rerum vero actu a nobis non cogitatarum Ideae sunt in mente nostra, ut figura Herculis in rudi marmore. At in Deo non tantum necesse est actu esse ideam extensionis absolutae atque infinitae, sed et cujusque figurae, quae nihil aliud est quam extensionis absolutae modificatio. Caeterum cum colores aut odores percipimus, utique nullam aliam habemus quam figurarum et motuum perceptionem, sed tam multiplicium et exiguorum, ut mens nostra singulis distincte considerandis in hoc praesenti suo statu non sufficiat, et proinde non animadvertat perceptionem suam ex solis figurarum et motuum minutissimorum perceptionibus compositam esse, quemadmodum confusis flavi et caerulei pulvisculis viridem colorem percipiendo, nil nisi flavum et caeruleum minutissime mixta sentimus, licet non animadvertentes et potius novum aliquod ens nobis fingentes.

au delà desquelles une notion ou une proposition cesse d'être tant soit peu obscure ou douteuse. Les indications nécessaires peuvent cependant être tirées, par une étude attentive, de ce que nous avons déjà exposé ici, car nous désirons maintenant être brefs.

Quant à la question discutée de savoir si nous voyons tout en Dieu (opinion d'ailleurs très ancienne, et qui, prise dans un sens raisonnable, n'est point à dédaigner absolument), ou si nous avons nos propres idées, il ne faut pas ignorer, qu'alors même que nous verrions tout en Dieu, il serait cependant nécessaire que nous ayons aussi nos propres idées, je n'entends point des espèces de petites images, j'entends des affections ou des modifications de notre esprit, correspondant à cela même que nous percevrions en Dieu. Car assurément, à mesure que les pensées surgissent les unes après les autres dans notre esprit, celui-ci subit un certain changement. Et toutefois les idées des choses mêmes auxquelles nous ne pensons pas actuellement sont dans notre esprit, comme la forme d'Hercule est dans le bloc de marbre. Mais en Dieu se trouvent nécessairement et en acte, non seulement l'idée de l'étendue absolue et infinie, mais encore les idées de toutes les figures qui ne sont rien d'autre que des modifications de l'étendue absolue. D'ailleurs, lorsque nous percevons des couleurs ou des odeurs, nous n'avons point d'autre perception que celle de figures et de mouvements, mais de figures et de mouvements tellement nombreux et petits, que notre esprit, dans son état actuel, n'a pas la capacité de les considérer distinctement un à un. Par suite, il ne remarque pas que sa perception n'est qu'un composé de perceptions de figures et de mouvements extrêmement petits. Ainsi, en regardant un mélange de fines poudres jaunes et bleues, nous percevons une couleur verte ; cependant nous ne sentons pas autre chose que du jaune et du bleu très finement mélangés, bien que nous ne le remarquions pas et que nous nous figurions plutôt quelque être nouveau.

|ANIMADVERSIONES

IN PARTEM GENERALEM PRINCIPIORUM

CARTESIANORUM (*)

IN PARTEM PRIMAM

Ad articulum (1). Quod de omnibus in quibus vel minimum est incertitudinis dubitandum a Cartesio dicitur, praestabat hoc meliore atque expressiore praecepto complecti : cogitandum esse quem quodque assensus aut dissensus gradum mereatur ; vel simplicius inquirendum esse in cujusque dogmatis rationes. Ita cessassent de dubitatione Cartesiana vitilitigationes. Sed fortasse autor maluit παραδοξολογεῖν, ut torpentem lectorem novitate excitaret. Vellem autem praecepti ipse sui meminisset, vel potius, ut veram ejus vim concepisset animo. Rem reique usum optime explanabimus exemplo Geometrarum. Constat esse apud eos

(*) Afin de faciliter l'étude de ce texte, nous reproduisons en notes les sommaires des articles des *Principia* de Descartes, d'après l'*Index articulorum*, qu'il a lui-même rédigé (éd. Adam-Tannery, vol. VIII).

Pars prima. – De principiis cognitionis humanae.

I. Veritatem inquirenti, semel in vita de omnibus, quantum fieri potest, esse dubitandum.

REMARQUES SUR LA PARTIE GÉNÉRALE DES PRINCIPES DE DESCARTES (*)

SUR LA PREMIÈRE PARTIE

Sur l'article premier. Ce que Descartes dit ici sur la nécessité de douter de toute chose dans laquelle il y a la moindre incertitude, il eût été préférable de le ramasser dans le précepte suivant, plus satisfaisant et plus précis : il faut à propos de chaque chose considérer le degré d'assentiment ou de réserve qu'elle mérite, ou, plus simplement, il faut examiner les raisons de chaque assertion. Ainsi les chicanes sur le doute cartésien eussent cessé. Mais peut-être l'auteur a-t-il préféré émettre des paradoxes, afin de réveiller par la nouveauté le lecteur engourdi. Cependant je voudrais qu'il se fût souvenu lui-même de son précepte, ou plutôt qu'il en eût saisi la véritable portée. J'expliquerai par un exemple emprunté aux géomètres, quelle est la question et quel en est l'intérêt.

(*) Les notes au bas des pages reproduisent les sommaires des articles des *Principes de Descartes*, d'après la traduction de l'abbé Claude Picot (éd. Adam-Tannery, IX, 2, p. 331 *sq.*). Puis, figurent les notes du traducteur.

Première partie : Des principes de la connaissance humaine.
1. Que, pour examiner la vérité, il est besoin, une fois en sa vie, de mettre toutes choses en doute, autant qu'il se peut.

IV, 355   Axiomata et, Postu|lata, quorum veritati reliqua innituntur. Haec admittimus, tum quod statim satis faciunt animo, tum quod infinitis experimentis comprobantur, et tamen interesset ad perfectionem scientiae ut demonstrarentur. Hoc olim aggressi sunt in nonnullis Apollonius et Proclus, nuper Robervallius. Et sane quemadmodum demonstrare Euclides voluit Trianguli duo latera simul esse tertio majora (quod ut quidam veterum jocabatur, etiam asini norunt recta, non per ambages ad pabulum tendentes), quia scilicet volebat veritates Geometricas non imaginibus sensuum sed rationibus niti, ita poterat quoque demonstrare duas rectas (quae productae non coincidunt) unicum tantum punctum commune habere posse, si bonam rectae definitionem habuisset. Et magnum ego usum demonstrationis axiomatum esse scio ad veram analyticen seu artem inveniendi. Itaque si voluisset Cartesius id exequi, quod in praecepto ejus optimum est, debuisset elaborare in demonstrandis principiis scientiarum, et agere in Philosophia, quod Proclus volebat in Geometria, ubi minus necesse est. Sed nostro autori potius visum alicubi est applausum quam certitudinem habere. Nec reprehenderem verisimilitudine subinde

On sait qu'il y a, chez eux, des axiomes et des postulats, sur la vérité desquels tout le reste repose. Nous les admettons, d'une part, parce qu'ils sont immédiatement évidents à l'esprit, d'autre part parce qu'ils sont confirmés par une infinité d'expériences ; et cependant il importerait à la perfection de la science qu'ils fussent démontrés. Jadis Apollonius et Proclus ont entrepris certaines de ces démonstrations, et plus près de nous Roberval [1]. Et sans doute, de même qu'Euclide s'est proposé de démontrer que deux côtés du triangle sont ensemble plus grands que le troisième, – ce que, selon la plaisanterie d'un ancien, les ânes eux-mêmes savent, qui se dirigent vers l'étable en ligne droite et sans détours, – parce qu'il voulut que les vérités géométriques fussent fondées sur des raisons et non pas sur les images sensibles, de même il eût pu aussi démontrer que deux droites, qui, prolongées, ne coïncident pas, ne peuvent avoir qu'un seul point commun, si seulement il avait eu une bonne définition de la droite. Je suis convaincu que la démonstration des axiomes est d'une grande utilité pour la vraie analyse ou art d'inventer. Donc, si Descartes eût voulu exécuter ce qu'il y a de meilleur dans son précepte, il eût dû s'appliquer à démontrer les principes des sciences et faire en philosophie ce que Proclus voulut faire en géométrie, où c'est moins nécessaire. Mais parfois notre auteur a plutôt recherché les applaudissements que la certitude. Je ne lui reprocherais cependant pas de s'être contenté de la vraisemblance, s'il

1. Les démonstrations de Proclus se trouvent dans son Commentaire sur le premier Livre des *Éléments* d'Euclide, publié pour la première fois, à la suite de l'édition de ces *Éléments*, à Bâle, 1538. Proclus y mentionne les essais de démonstrations entreprises par Apollonius. Quant à Roberval, Leibniz parle de ses démonstrations en ces termes : « Quand j'étais à Paris, on se moquait de M. Roberval, parce qu'il avait voulu démontrer quelques axiomes d'Euclide » (*Philos. Schriffen*, éd. Gerhardt, I, p. 402 ; cf. *ibid.*, p. 372 ; *Nouveaux Essais*, liv. IV, chap. VII, § 1 ; *Opuscules*, éd. Couturat, p. 539).

contentum, nisi ipse tanta professione severitatis animos erexisset : Euclidem vero quaedam sine probatione assumentem reprehendo multo minus, qui vel id praestitit, ut sciamus paucis hypothesibus admissis, caetera tuta atque adeo jam fide illis paria esse ; cui simile aliquid si fecissent Cartesius aut alii Philosophi, non laboraremus. Atque hoc Sceptici quoque sibi dictum putare debent, qui scientias eo praetextu contemnunt, quod principiis non demonstratis passim utuntur. Ego contra potius Geometras laudandos censeo, quod his velut paxillis statuminaverunt scientiam, artemque repererunt progrediendi, atque ex paucis tam multa ducendi ; nam si voluissent differre theorematum aut problematum inventiones, dum omnia axiomata et postulata demonstrata fuissent, fortasse nullam hodie Geometriam haberemus.

Ad artic. (2). Caeterum non video quid prosit, dubia IV, 356 habere pro | falsis : hoc foret non exuere praejudicia, sed mutare. Quod si fictio tantum intelligitur, non erat illa abutendum, quemadmodum et apparebit hinc natum paralogismum infra artic. 8, cum de distinctione Mentis a corpore agetur.

Ad artic. (4). Nihil autem aliud de rebus sensibilibus aut scire possumus aut desiderare debemus, quam ut tam inter se quam cum indubitatis rationibus consentiant, atque adeo ut ex praeteritis praevideri aliquatenus futura possint.

---

2. Dubia etiam pro falsis habenda.
3. Hanc interim dubitationem ad usum vitae non esse referendam.
4. Cur possimus dubitare de rebus sensibilibus.

n'avait pas lui-même, par la rigueur de ses exigences, excité les esprits : je blâme bien moins Euclide qui a admis certaines propositions sans preuves; car il nous a donné la certitude qu'ayant adopté un petit nombre d'hypothèses, nous pouvons accepter tout le reste sans risque et même avec un égal degré de confiance. Si Descartes ou d'autres philosophes en eussent fait autant, nous ne serions pas en peine. Ceci soit dit aussi à l'adresse des sceptiques qui méprisent les sciences sous le prétexte qu'elles se servent parfois de principes non démontrés. Moi je pense, au contraire, que les géomètres sont dignes de louanges, parce qu'ils ont étayé la science sur ces principes comme sur des piliers et qu'ils ont inventé l'art de progresser en tirant de peu de principes tant de conséquences. En effet, s'ils eussent voulu remettre l'invention des théorèmes ou des problèmes jusqu'au jour où tous les axiomes et tous les postulats fussent démontrés, nous n'aurions peut-être encore aucune géométrie à l'heure actuelle.

Sur l'art. 2. D'ailleurs je ne vois pas l'avantage de considérer comme faux ce qui est douteux : ce ne serait pas se délivrer des préjugés, on ne ferait qu'en changer. Que s'il s'agit seulement d'une fiction, il ne fallait pas en abuser. On verra en effet plus bas (art. 8), lorsque nous traiterons de la distinction de l'âme et du corps, qu'un paralogisme en est né.

Sur l'art. 4. Au sujet des choses sensibles, tout ce que nous pouvons savoir et tout ce que nous devons désirer, c'est qu'elles s'accordent entre elles aussi bien qu'avec des principes incontestés et qu'ainsi les événements futurs puissent être prévus, jusqu'à un certain point, par la connaissance du passé.

2. Qu'il est utile aussi de considérer comme fausses toutes les choses dont on peut douter. – 3. Que nous ne devons point user de ce doute pour la conduite de nos actions. – 4. Pourquoi on peut douter de la vérité des choses sensibles.

Alia in illis veritas aut realitas frustra expetitur, quam quae hoc praestat, nec aliud vel postulare debent Sceptici vel dogmatici polliceri.

Ad artic. (5). De mathematicis demonstrationibus non aliter potest dubitari quam quomodo metui potest error in calculo Arithmeticorum. Cui rei mederi non licet nisi examinando calculum saepius aut per diversos, adhibitis etiam comprobationibus. Haec mentis humanae imbecillitas orta ex defectu attentionis et memoriae perfecte tolli non potest, frustraque huc adducitur a Cartesio tanquam remedium allaturo. Sufficeret quod in Mathematicis idem in aliis praestari, sane omnis, etiam Cartesiana, ratiocinatio utcunque proba aut accurata, huic tamen dubitationi obnoxia erit; quicquid demum de potente aliquo genio decepturiente, aut de somnii et vigiliae discrimine statuatur.

Ad artic. (6). Liberum arbitrium habemus non in sentiendo, sed in agendo. Non est in meo arbitrio utrum mel mihi dulce an amarum videatur, sed nec in meo arbitrio est, utrum theorema propositum mihi verum an falsum videatur, sed conscientiae tantum res est, inspicere quid videatur. Quisquis aliquid statuit, conscius est aut sensus rationisve praesentis aut saltem praesentis memoriae praeteritum sensum praeteritaeve rationis perceptionem referentis; quanquam in eo saepe infidelitate memoriae aut defectu attentionis fallamur. Conscientia autem praesentis aut praeteriti utique in

---

5. Cur etiam de Mathematicis demonstrationibus.

6. Nos habere liberum arbitrium, ad cohibendum assensum in dubiis, sicque ad errorem vitandum.

On ne saurait leur reconnaître une vérité ou réalité autre que celle qui permet ce résultat; les sceptiques ne doivent pas exiger autre chose, ni les dogmatiques promettre davantage.

Sur l'art. 5. Le seul doute que comportent les démonstrations mathématiques est exactement analogue à la crainte de l'erreur dans le calcul arithmétique. Pour obvier à ce risque, il n'est qu'à reprendre plusieurs fois le calcul, à le faire examiner par d'autres ou encore à le vérifier par des preuves. Cette faiblesse de l'esprit humain, effet du manque d'attention et de mémoire, ne saurait être complètement éliminée; et c'est en vain que Descartes y fait allusion ici, comme s'il y apportait un remède. Il suffirait qu'on arrivât dans les autres sciences aussi loin que dans les mathématiques. Tout raisonnement, – sans excepter le raisonnement cartésien, – quelles qu'en soient l'exactitude et la solidité, sera toujours exposé à ce doute, à quelque conclusion qu'on s'arrête au sujet d'un génie puissant et trompeur ou de la distinction entre le rêve et la veille.

Sur l'art. 6. Nous avons le libre arbitre, non pas quand nous percevons, mais quand nous agissons. Il ne dépend pas de mon arbitre de trouver le miel doux ou amer, mais il ne dépend pas non plus de mon arbitre qu'un théorème proposé m'apparaisse vrai ou faux ; la conscience n'a qu'à examiner ce qui lui apparaît. Lorsque nous décidons de quelque chose, nous avons toujours présentes à l'esprit ou bien une sensation ou une raison actuelles, ou tout au moins un souvenir actuel d'une sensation ou d'une raison passées ; bien qu'en ce dernier cas nous soyons souvent trompés par l'infidélité de la mémoire ou par l'insuffisance de l'attention. Mais la conscience de ce qui est présent ou de ce qui est passé ne dépend nullement de notre

---

5. Pourquoi on peut aussi douter des démonstrations de mathématique. – 6. Que nous avons un libre arbitre qui fait que nous pouvons nous abstenir de croire les choses douteuses, et ainsi nous empêcher d'être trompés.

IV, 357 arbitrio nostro non est. Unum hoc penes voluntatem esse | agnoscimus, ut attentionem et studium imperet, atque ita etsi sententiam in nobis non faciat, potest tamen ad eam oblique conferre. Ita fit ut saepe homines quod verum esse vellent, tandem credant, postquam assuevere animum, ut ad ea attendat potissimum quae favent: qua ratione postremo obtinent, ut non tantum voluntati, sed et conscientiae satisfiat. Add. artic. 31.

Ad artic. (7). Ego cogito, adeoque sum, inter primas veritates esse praeclare a Cartesio notatum est. Sed aequum erat ut alias non negligeret huic pares. In universum ergo sic dici potest: Veritates esse vel facti vel rationis. Veritatum rationis prima est principium contradictionis vel quod eodem redit identicorum, quemadmodum et Aristoteles recte animadvertit. Veritates facti primae tot sunt quot perceptiones immediatae sive conscientiae, ut sic dicam. Non tantum autem mei cogitantis sed et meorum cogitatorum conscius sum, nec magis verum certumve est me cogitare, quam illa vel illa a me cogitari. Itaque veritates facti primas non incommode referre licebit ad has duas: Ego cogito, et: Varia a me cogitantur. Unde consequitur non tantum me esse, sed et me variis modis affectum esse.

Ad artic. (8). Non procedit: possum assumere vel fingere corporea nulla existere, sed non possum fingere me non existere, aut non cogitare, ergo ego non sum corporeus, nec

---

7. Non posse a nobis dubitari, quin existamus dum dubitamus; atque hoc esse primum, quod ordine philosophando cognoscimus.

8. Distinctionem inter animam et corpus, sive inter rem cogitantem et corpoream, hinc agnosci.

arbitre. Nous ne reconnaissons à la volonté que le pouvoir de commander à l'attention et à l'intérêt ; et ainsi, quoiqu'elle ne fasse pas le jugement en nous, elle peut toutefois y exercer une influence indirecte. Ainsi il arrive souvent que les hommes finissent par croire ce qu'ils voudraient être la vérité, ayant accoutumé leur esprit à considérer avec le plus d'attention les choses qu'ils aiment ; de cette façon ils arrivent à contenter non seulement leur volonté mais encore leur conscience. Voir aussi l'art. 31.

Sur l'art. 7. Descartes a très bien signalé que la proposition : *je pense, donc je suis,* est une des vérités premières. Mais il eût été convenable de ne pas négliger les autres vérités de même ordre. En général, on peut dire que toutes les vérités sont ou bien des vérités de fait, ou bien des vérités de raison. La première des vérités de raison est le principe de contradiction ou, ce qui revient au même, le principe d'identité, ainsi qu'Aristote l'a remarqué justement. Il y a autant de vérités de fait premières, qu'il y a de perceptions immédiates ou, si l'on peut ainsi dire, de consciences. Car je n'ai pas seulement conscience de mon moi pensant, mais aussi de mes pensées, et il n'est pas plus vrai ni plus certain que je pense, qu'il n'est vrai et certain que je pense telle ou telle chose. Aussi est-on en droit de rapporter toutes les vérités de fait premières à ces deux-ci : *Je pense,* et *des choses diverses sont pensées par moi.* D'où il suit non pas seulement que je suis, mais encore que je suis affecté de différentes manières.

Sur l'art. 8. Il n'est pas concluant de raisonner comme suit : je peux supposer ou feindre qu'aucun corps n'existe, je ne puis feindre que je n'existe pas ou que je ne pense pas ; donc

---

7. Que nous ne saurions douter sans être, et que cela est la première connaissance certaine qu'on peut acquérir.

8. Qu'on connaît aussi ensuite la distinction qui est entre l'âme et le corps.

cogitatio est modus corporis. Et miror virum egregium tam
levi sophismati tantum tribuere potuisse, certe in hoc articulo
nihil ultra addit; quae in Meditationibus attulit, suo loco
examinabuntur. Qui putabit animam esse corpoream, non
admittet te posse ponere quod nulla corporea existant, sed hoc
tantum concedet te posse dubitare (quamdiu naturam animae
ignores), utrum corporea existant vel non existant; et cum
videas tamen clare animam tuam existere, hoc unum inde
sequi fatebitur, dubitare te adhuc gosse utrum anima sit
corporea; nec ullis fidiculis quicquam amplius extorquebitur
ex hoc argumento: paralogismo autem ansam praebuit illa
supra artic. 2. sumta licentia dubia rejiciendi tanquam falsa,
IV, 358 quasi, ponere liceat nulla esse cor|porea, quia dubitare licet
utrum existant, quod concedi non debet. Secus foret si tam
perfecte naturam animae quam existentiam cognosceremus,
ita enim quicquid in ea non appareret, constaret nec ei inesse.

Ad artic. (13). Jam notavi ad artic. 5, errores qui ex defectu
memoriae aut attentionis nasci et arithmeticis quoque calculis
intervenire possunt (etiam post perfectam methodum
repertam ut in Numeris), frustra hic memorari, quia
nulla ars excogitari potest, in qua non metui debeant,

9. Quid sit cogitatio.
10. Quae simplicissima sunt et per se nota, definitionibus Logicis
obscuriora reddi; et talia inter cognitiones studio acquisitas non esse
numeranda.
11. Quomodo mens nostra notior sit quam corpus.
12. Cur non omnibus aeque innotescat.
13. Quo sensu reliquarum rerum cognitio a Dei cognitione dependeat.

je ne suis pas corporel et la pensée n'est pas un mode du corps. Je m'étonne qu'un homme éminent ait pu attribuer à un sophisme si faible une si grande force. Tout au moins dans cet article il ne dit rien de plus ; les arguments des *Méditations* seront examinés en leur lieu. Celui qui pense que l'âme est corporelle, n'admet pas qu'on puisse soutenir qu'il n'y a point de corps ; il concède seulement qu'on peut douter (tant qu'on ignore la nature de l'âme) s'il existe des choses corporelles ou s'il n'en existe pas. Cependant comme chacun voit clairement que son âme existe, il concédera seulement qu'il suit de là, qu'on peut en outre douter si l'âme est corporelle. On aura beau torturer cet argument, on n'en arrachera jamais de plus amples conséquences. Ce qui favorise ce paralogisme, c'est le droit abusif, proclamé ci-dessus par l'art. 2, de rejeter comme faux ce qui n'est que douteux, comme s'il était permis de poser qu'il n'y a pas de corps, dès lors qu'on peut douter de leur existence, ce qu'on ne peut accorder. Il en serait autrement, si nous connaissions la nature de l'âme aussi parfaitement que son existence : en ce cas il serait certain que ce qui n'apparaîtrait pas en elle n'existerait pas en elle.

Sur l'art. 13. J'ai déjà signalé, à propos de l'art. 5, qu'il ne sert de rien d'alléguer ici les erreurs qui peuvent naître des défauts de la mémoire ou de l'attention et qui peuvent tout aussi bien se glisser dans les calculs arithmétiques (même si l'on possède la méthode parfaite, comme c'est le cas pour les nombres), parce que l'on ne saurait inventer une méthode sûre

---

9. Ce que c'est que la pensée. – 10. Qu'il y a des notions d'elles-mêmes si claires qu'on les obscurcit en les voulant définir à la façon de l'École ; et qu'elles ne s'acquièrent point par étude, mais naissent avec nous. – 11. Comment nous pouvons plus clairement connaître notre âme que notre corps. – 12. D'où vient que tout le monde ne la connaît pas en cette façon. – 13. En quel sens on peut dire que, si on ignore Dieu, on ne peut avoir de connaissance certaine d'aucune autre chose.

praesertim cum ratiocinatio longe producenda est, itaque ad
examina est recurrendum. Caeterum ad specimen quandam
sive pompam huc acciri Deus videtur, nam ut taceam,
exoticam illam fictionem vel dubitationem, an non ad
errandum etiam in evidentissimis facti simus, neminem
movere debere, cum obstet natura evidentiae, et contrarium
totius vitae experimenta successusque testentur; et si semel
jure moveri posset haec dubitatio, insuperabilis prorsus futura
sit, etiam ipsi Cartesio et alteri cuivis, cui licet evidentissima
afferenti semper obstaret: haec inquam ut taceam, sciendum
est nec Deo negato hanc dubitationem poni, nec admisso tolli.
Nam etsi Deus nullus esset, modo possibile maneret nos
existere, non ideo minus essemus capaces veri; et licet concedatur esse Deum, non ideo sequitur non existere creaturam
fallibilem admodum atque imperfectam, praersertim cum
fieri possit ut ejus imperfectio non sit nativa, sed forte peccato
magno superinducta, ut de originis peccato Theologi
Christiani docent, ita malum hoc non posset Deo imputari.
Etsi autem Deus hic non apte introductus videatur, sentio
tamen, sed alio modo, veram Dei cognitionem altioris sapientiae principium esse; est enim Deus non minus causa prima
quam ultima ratio rerum; nec res melius quam ex suis causis et
rationibus cognoscuntur.

Ad artic. (14). Argumentum pro existentia Dei ab ipsa
ejus notione sumtum, primus quantum constat, invenit propo-

---

14. Ex eo quod existentia necessaria in nostro de Deo conceptu
contineatur, recte concludi Deum existere.

pour les éviter, surtout lorsqu'il s'agit d'une longue suite de raisonnements. Il faut donc avoir recours à des vérifications. D'ailleurs Dieu ne survient ici que pour produire une sorte d'effet théâtral. Car, pour ne pas dire davantage, cette étrange fiction, ce doute sur la question de savoir si nous ne serions pas faits pour nous tromper même à propos des choses les plus évidentes, ne saurait émouvoir personne, puisque la nature même de l'évidence s'y oppose et que les expériences et les succès de toute la vie témoignent du contraire. Et si ce doute pouvait jamais s'élever avec raison, il serait à jamais insurmontable, et pour Descartes lui-même et pour tout autre philosophe : il leur ferait toujours obstacle, quelle que fût l'évidence de leurs assertions. Mais, laissant de côté cet argument, il faut savoir que même si l'on nie Dieu, on ne le supprime pas. Car s'il n'y avait pas de Dieu, pourvu toutefois que notre existence demeurât possible, nous n'en serions pas moins capables de saisir la vérité. Et, au contraire, si l'on admet l'existence de Dieu, il ne suit pas de là qu'il n'existe pas de créature très faillible et imparfaite, surtout quand il est possible que cette imperfection ne soit pas innée, mais ait été surajoutée comme conséquence d'un grand péché. C'est précisément la doctrine des théologiens chrétiens au sujet du péché originel. Ainsi ce mal ne pourrait pas être imputé à Dieu. D'ailleurs s'il ne me semble pas justifié qu'on fasse intervenir Dieu ici, je suis cependant d'avis (mais pour d'autres raisons), que la vraie connaissance de Dieu est le principe de la sagesse supérieure ; car Dieu n'est pas moins la cause première des choses que leur ultime raison ; et une chose ne saurait être mieux connue que par ses causes et ses raisons.

Sur l'art. 14. La démonstration de l'existence de Dieu, tirée de la notion de Dieu, paraît avoir été pour la première fois

---

14. Qu'on peut démontrer qu'il y a un Dieu de cela seul que la nécessité d'être ou d'exister est comprise en la notion que nous avons de lui.

suitque Anselmus Cantuariensis Archiepiscopus libro contra
insipientem qui extat. Et passim examinatur a Scholasticae
Theologiae scriptoribus, ipsoque Aquinate, unde videtur
IV, 359 hausisse Cartesius, ejus studii non expers. Continet aliquid |
pulchri haec ratiocinatio, sed est tamen imperfecta. Res huc
redit. Quicquid ex notione rei demonstrari potest, id rei
attribui potest. Jam ex notione Entis perfectissimi seu maximi
demonstrari potest existentia. Ergo Enti perfectissimo (Deo)
attribui Existentia potest, seu Deus existit. Probatur assumtio :
Ens perfectissimum seu maximum continet omnes perfectiones, ergo et existentiam, quae utique est ex numero per-
fectionum, cum plus majusve sit existere quam non existere.
Hactenus argumentum. Set omissa perfectione aut magnitudine potuisset formari argumentatio adhuc proprior stric-
tiorque hoc modo : Ens necessarium existit (seu Ens de cujus
Essentia est Existentia, sive Ens a se existit), ut ex terminis
patet. Jam Deus est Ens tale (ex Dei definitione). Ergo Deus
existit. Haec argumenta procedunt, si modo concedatur Ens
perfectissimum seu Ens necessarium esse possibile, nec

15. Non eodem modo in aliarum rerum conceptibus existentiam
necessariam, sed contingentem duntaxat contineri.

16. Praejudicia impedire, quominus ista necessitas existentiae Dei ab
omnibus clare cognoscatur.

17. Quo cujusque ex nostris ideis objectiva perfectio major est, eo ejus
causam esse debere majorem.

inventée et proposée par Anselme de Cantorbéry dans son livre *Contre l'insensé*[1], qui nous a été conservé. Cet argument a été plusieurs fois examiné par les théologiens scolastiques et par l'Aquinate lui-même[2], à qui Descartes semble l'avoir emprunté, car il n'ignorait pas ce philosophe. Ce raisonnement n'est pas sans beauté, cependant il est imparfait. Voici de quoi il s'agit. Tout ce que l'on peut démontrer en partant de la notion d'une chose peut être attribué à la chose même. Or, en partant de la notion de l'Être le plus parfait et le plus grand on peut démontrer l'existence de cet Être. Donc l'existence peut être attribuée à l'Être le plus parfait (Dieu), ou bien, Dieu existe. La mineure du syllogisme se démontre ainsi : l'Être le plus parfait ou le plus grand contient toutes les perfections, donc aussi l'existence qui est sans doute du nombre des perfections, puisque exister est plus, et mieux que ne pas exister. Tel est l'argument. Mais on peut arriver à une démonstration encore plus rigoureuse et plus stricte en omettant la perfection et la grandeur, et en raisonnant comme suit : l'Être nécessaire existe (ou bien l'Être dont l'essence contient l'existence, l'Être par soi, existe), comme il est manifeste par les termes mêmes. Or, Dieu est, par définition, un tel Être, donc Dieu existe. Ces arguments sont concluants, à condition de concéder que l'Être le plus parfait ou l'Être nécessaire est possible et

---

15. Que la nécessité d'être n'est pas comprise en la notion que nous avons des autres choses, mais seulement le pouvoir d'être. – 16. Que les préjugés empêchent que plusieurs ne connaissent clairement cette nécessité d'être qui est en Dieu. – 17. Que d'autant que nous concevons plus de perfection en une chose, d'autant devons-nous croire que sa cause doit aussi être plus parfaite.

1. Saint Anselme, *Liber apologeticus contra Gaunilonem respondentem pro insipiente* (Migne, *Patrol. lat.* CLVIII, p. 247 *sq.*). Une traduction française de cet opuscule et du *Proslogion* dont il est l'apologie a été publiée par M. A. Koyré, Paris, 1930.

2. Saint Thomas d'Aquin, *Summa contra Gentiles,* lib. I, cap. x *sq.*

implicare contradictionem, vel quod idem est, possibilem esse essentiam ex qua sequatur existentia. Sed quamdiu possibilitas ista non est demonstrata, utique nec Dei existentiam tali argumento perfecte demonstratam esse putandum est. Et in genere sciendum est (quemadmodum olim admonui) ex definitione aliqua nihil posse tuto inferri de definito, quam diu non constat definitionem exprimere aliquid possibile. Nam si contradictionem occultam forte implicet, fieri poterit ut aliquid absurdum inde deducatur. Interim ex hac argumentatione praeclarum hoc discimus divinae naturae privilegium, ut si modo sit possibilis, eo ipso existat, quod in caeteris rebus ad existentiam probandam non sufficit. Tantum ergo pro Geometrica divinae existentiae demonstratione superest, ut possibilitas Dei accurata ad Geometricum rigorem severitate demonstretur. Interea vel hinc magnam fidem accipit existentia rei quae tantum indiget possibilitate; caeterum esse aliquam rem necessariam, aliunde constat vel ex eo quod existunt res contingentes.

Ad artic. (18). Habere nos ideam Entis perfectissimi ejusque ideae adeo causam (id est Ens perfectissimum) IV, 360 existere quod secundum est | Cartesii argumentum, magis dubium est quam Dei possibilitas, et negatur ab illis quoque multis, qui Deum non tantum possibilem

---

18. Hinc rursus concludi Deum existere.

n'implique pas contradiction; ou bien, ce qui revient au même, que l'essence de laquelle suit l'existence est possible. Mais tant que cette possibilité n'est pas démontrée, on ne peut pas non plus admettre que l'existence de Dieu soit parfaitement démontrée par cet argument. Et, en général, il faut savoir, comme je l'ai autrefois fait remarquer, que d'une définition on ne peut rien inférer de certain au sujet de la chose définie, tant qu'il n'est pas établi que cette définition exprime une chose possible. Car si, par hasard, elle implique une contradiction cachée, il peut arriver qu'on en déduise une absurdité. Cette réserve faite, cet argument nous révèle cet insigne privilège de la nature divine, que si seulement elle est possible, elle existe par là même; tandis que, pour toutes les autres choses, l'existence ne suit pas de la possibilité. Afin de pouvoir démontrer géométriquement l'existence de Dieu, il ne reste donc plus qu'à démontrer avec une rigueur géométrique la possibilité de Dieu. Tel qu'il est, cet argument suffit à inspirer une grande confiance en l'existence d'une chose qui, pour exister, n'a besoin que d'être possible. Par ailleurs, il est manifeste que quelque chose de nécessaire existe, ne serait-ce que du fait qu'il existe des choses contingentes.

Sur l'art. 18. Le second argument de Descartes, – que nous avons l'idée de l'Être le plus parfait et que, par conséquent, la cause de cette idée (à savoir l'Être le plus parfait) existe, – cet argument est plus douteux que la possibilité de Dieu. Aussi est-il rejeté par beaucoup de ceux qui assurent avec une grande ferveur non seulement que Dieu est possible, mais

18. Qu'on peut derechef démontrer par cela, qu'il y a un Dieu. – 19. Qu'encore que nous ne comprenions pas tout ce qui est en Dieu, il n'y a rien toutefois que nous connaissions si clairement comme ses perfections.

sed et existentem summo studio profitentur. Nec valet quod
Cartesium alicubi dicere memini, nos cum de aliqua re
loquimur, intelligendo quod dicimus habere rei ideam. Nam
saepe fit ut combinemus incompatibilia, velut cum de Motu
celerrimo cogitamus quem impossibilem esse constat,
adeoque idea carere, et tamen concessum nobis est de eo cum
intellectu loqui. Scilicet alibi a me explicatum est, saepe nos
confuse tantum cogitare id de quo loquimur neque ideae in
mente nostra existentis conscios esse, nisi rem intelligamus et
quantum satis est resolvamus.

Ad artic. (20). Tertium argumentum praeter alia eodem
vitio laborat, dum scilicet assumit, esse in nobis summae Dei
perfectionis ideam, atque inde concludit esse Deum, quia nos
eam ideam habentes existimus.

Ad artic. (21). Ex eo quod jam sumus, sequitur, nos mox
adhuc futuros esse, nisi existat ratio mutationis. Itaque nisi
aliunde constaret nos ne existere quidem posse, nisi Dei bene-
ficio, nihil efficeretur pro Dei existentia ex nostra duratione ;

19. Etsi Dei naturam non comprehendamus, ejus tamen perfectiones
omni alia re clarius a nobis cognosci.

20. Nos non a nobis ipsis, sed a Deo factos, eumque proinde existere.

21. Existentiae nostrae durationem sufficere, ad existentiam Dei
demonstrandam.

encore qu'il existe. Il n'est pas non plus exact, – il me souvient avoir lu cela quelque part dans Descartes [1], – que lorsque nous parlons de quelque chose en comprenant ce que nous disons, nous ayons une idée de cette chose. Car souvent il arrive que nous combinons des notions incompatibles : ainsi quand nous pensons au mouvement le plus rapide, chose sans nul doute impossible et dont, par conséquent, il n'y a point d'idée. Il nous est cependant possible d'en parler en nous comprenant. C'est que nous ne pensons souvent que confusément ce dont nous parlons, ainsi que je l'ai expliqué ailleurs, et nous n'avons pas conscience de l'idée présente à notre esprit, à moins de connaître la chose par l'intelligence et de la résoudre, autant qu'il le faut, en ses éléments.

Sur l'art. 20. Le troisième argument présente entre autres le même défaut. Car il affirme qu'il y a en nous l'idée de la suprême perfection de Dieu, et il conclut de là que Dieu existe, puisque nous qui avons cette idée existons.

Sur l'art. 21. De ce que nous existons à présent, il suit que nous existerons encore plus tard, s'il n'y a pas une raison de changement. C'est pourquoi, à moins qu'il soit établi par une autre voie que nous ne pourrions même pas exister sans l'effet de la bonté divine, notre durée ne prouverait rien

---

20. Que nous ne sommes pas la cause de nous-mêmes, mais que c'est Dieu, et que par conséquent il y a un Dieu. – 21. Que la seule durée de notre vie suffit pour démontrer que Dieu est.

1. *Meditationes, Secundae Responsiones* (Ad.-T. VII, p. 160, l. 17-19; cf. Descartes à Mersenne, juillet 1641 : « Nous ne saurions rien exprimer par nos paroles, lorsque nous entendons ce que nous disons, que de cela même il ne soit certain que nous avons eu en nous l'idée de la chose qui est signifiée par nos paroles. » (Lettre 123 du tome III de l'éd. Clerselier; Ad.-T. III, p. 393). Les cartésiens se sont servis de ce passage pour en tirer la définition de l'idée; voir, par exemple, *Logique de Port-Royal,* Ire Partie, chap. I; Louis de la Forge, *Traité de l'esprit de l'homme,* chap. X; Spinoza, *Principia philos. cartes.,* Pars I, Definitio II.

quasi scilicet una pars durationis hujus ab alia esset penitus independens, quod concedendum non est.

Ad artic. (26). Etiamsi nos finiti simus, multa tamen de infinito possumus scire, ut de lineis Asymptotis, seu quae in infinitum productae semper sibi propiores fiunt, nunquam concurrunt, de spatiis longitudine infinitis finito quoad aream non majoribus, de summis serierum infinitarum. Alioqui nec de Deo quicquam certo cognosceremus. Aliud est autem scire aliquid de re, aliud rem comprehendere, hoc est quicquid in ea latet in potestate habere.

Ad artic. (28). Quod ad Fines attinet, quos Deus sibi proposuit, plane sentio, et cognosci eos Dei et summa utilitate investigari; et contemtum hujus inquisitionis periculo aut suspicione non carere. Et in universum, quotiescunque IV, 361 rem aliquam egregias utilitates habere videmus, | possumus tuto pronuntiare, hunc inter alios finem Deo eam rem producenti propositum fuisse, ut illas utilitates praeberet, cum usum hunc rei et sciverit et procurarit. Alibi notavi et

---

22. Ex nostro modo existentiam Dei cognoscendi, omnia ejus attributa naturali ingenii vi cognoscibilia simul cognosci.

23. Deum non esse corporeum, nec sentire ut nos, nec velle malitiam peccati.

24. A Dei cognitione ad creaturarum cognitionem perveniri, recordando eum esse infinitum, et nos finitos.

25. Credenda esse omnia quae a Deo revelata sunt, quamvis captum nostrum excedant.

26. Nunquam disputandum esse de infinito, sed tantum ea in quibus nullos fines advertimus, qualia sunt extensio mundi, divisibilitas partium materiae, numerus stellarum, etc., pro indefinitis habenda.

27. Quae differentia sit inter indefinitum et infinitum.

28. Non causas finales rerum creatarum, sed efficientes esse examinandas.

29. Deum non esse errorum causam.

pour l'existence de Dieu; car ce raisonnement suppose que chaque moment de notre durée est complètement indépendant de chaque autre, ce qu'il ne faut pas. concéder.

Sur l'art. 26. Bien qu'étant finis, nous pouvons savoir beaucoup de choses de l'infini, par exemple des lignes asymptotiques, c'est-à-dire de celles qui, prolongées à l'infini, se rapprochent de plus en plus sans jamais coïncider, des espaces infinis en longueur, dont l'aire n'est cependant pas plus grande que celle d'un espace fini donné, des sommes de séries infinies. Autrement nous n'aurions aucune connaissance certaine de Dieu. Car savoir quelque chose d'un objet n'est pas la même chose que le comprendre, c'est-à-dire tenir en sa possession tout ce qu'il y a de caché dans cet objet.

Sur l'art. 28. Quant aux fins que Dieu s'est proposées, je suis persuadé que nous pouvons les connaître et qu'il est très utile de les scruter; qui dédaigne cette recherche s'expose à des dangers et à des soupçons. En général, toutes les fois que nous constatons qu'une chose rend d'éminents services, nous pouvons déclarer sans risque, que l'une, entre autres, des fins que Dieu s'est proposées en créant cette chose, c'est précisément qu'elle assure ces services, puisqu'il a connu et produit cet usage de la chose. J'ai signalé ailleurs et montré par des

---

22. Qu'en connaissant qu'il y a un Dieu, en la façon ici expliquée, on connaît aussi tous ses attributs, autant qu'ils peuvent être connus par la seule lumière naturelle. – 23. Que Dieu n'est point corporel, et ne connaît point par l'aide des sens comme nous, et n'est point auteur du péché. – 24. Qu'après avoir connu que Dieu est, pour passer à la connaissance des créatures, il se faut souvenir que notre entendement est fini, et la puissance de Dieu infinie. – 25. Et qu'il faut croire tout ce que Dieu a révélé, encore qu'il soit au-dessus de la portée de notre esprit. – 26. Qu'il ne faut point tâcher de comprendre l'infini, mais seulement penser que tout ce en quoi nous ne trouvons aucunes bornes est indéfini. – 27. Quelle différence il y a entre *indéfini* et *infini*. –28. Qu'il ne faut point examiner pour quelle fin Dieu a fait chaque chose, mais seulement par quel moyen il a voulu qu'elle fût produite.

exemplis ostendi, arcanas quasdam magni momenti veritates Physicas consideratione causae finalis exui posse, quas non aeque facile licuit cognoscere per causam efficientem.

Ad artic. (30). Etiam admissa substantia perfecta, quae imperfectionum causa utique non est, non ideo illae verae vel fictitiae dubitandi rationes tolluntur, quas induxit Cartesius, quemadmodum jam animadversum est artic. 13.

Ad artic. (31. 35). Errores pendere magis a voluntate quam ab intellectu, non admitto. Credere vera vel falsa, quorum illud cognoscere, hoc errare est, nihil aliud quam conscienta aut memoria est quaedam perceptionum aut rationum, itaque non pendet a voluntate, nisi quatenus obliqua arte tandem efficitur etiam aliquando nobis ignaris, ut quae volumus nobis videre videamur. Add. artic. 6. Judicamus igitur non quia volumus, sed quia apparet. Et quod dicitur, voluntatem esse latiorem intellectu, argutum est magis quam verum, verbo dicam: ad populum phalerae. Nihil volumus

---

30. Hinc sequi omnia quae clare percipimus, vera esse, ac tolli dubitationes ante recensitas.

31. Errores nostros, si ad Deum referantur, esse tantum negationes; si ad nos, privationes.

32. Duos tantum in nobis esse modos cogitandi, perceptionem scilicet intellectus et operationem voluntatis.

33. Nos non errare, nisi cum de re non satis percepta judicamus.

exemples qu'il est possible de découvrir, par la considération des causes finales [1], des vérités de physique de grande importance, qu'il n'eût pas été aussi facile de connaître par les causes efficientes.

Sur l'art. 30. En admettant que la substance parfaite existe et qu'elle n'est nullement la cause des imperfections, on ne fait point par là même disparaître les raisons vraies ou fictives de douter que Descartes a introduites; c'est ce que j'ai déjà remarqué à propos de l'art. 13.

Sur les art. 31. 35. Je n'admets pas que les erreurs dépendent de notre volonté plutôt que de notre entendement. Croire le vrai ou croire le faux, c'est-à-dire connaître ou se tromper, n'est autre chose qu'une certaine conscience ou un certain souvenir de perceptions ou de raisons. Et cela ne dépend pas de la volonté, si ce n'est dans les cas où par des voies obliques nous en arrivons enfin, parfois même en dépit de notre ignorance, à croire que nous voyons ce que nous voulons voir. Ajoutez ce qui a été dit de l'art 6. Nous jugeons donc, non pas selon notre volonté mais selon ce qui se présente à notre conscience. Quant à l'opinion de Descartes, que la volonté s'étend plus loin que l'entendement, elle est plus ingénieuse que vraie : ce ne sont là que belles paroles pour le grand public. Nous ne voulons rien que ce qui s'offre à

29. Que Dieu n'est point la cause de nos erreurs. – 30. Et que par conséquent tout cela est vrai que nous connaissons clairement être vrai, ce qui nous délivre des doutes ci-dessus proposés. – 31. Que nos erreurs, au regard de Dieu, ne sont que des négations, mais au regard de nous, sont des privations ou des défauts. – 32. Qu'il n'y a en nous que deux sortes de pensée, à savoir, la perception de l'entendement, et l'action de la volonté. – 33. Que nous ne nous trompons que lorsque nous jugeons de quelque chose qui ne nous est pas assez connue.

1. *Unicum opticae, catoptricae et dioptricae principium*, 1682 (*Opera*, éd. Dutens, III, 145 *sq.*). Cf. *Discours de Métaphysique*, § 21, 22; *Nouveaux Essais*, liv. IV, chap. VII.

quin intellectui obversetur. Errorum omnium origo eadem est,
suo quodam modo, quae errorum calculi ratio apud Arith-
meticos observatur. Nam saepe fit defectu attentionis aut
memoriae ut agamus indebitum aut omittamus debitum, aut
putemus nos egisse quod non egimus, aut quod egimus non
egisse. Ita fit ut notae debitae in calculo (cui ratiocinatio
respondet in animo) non ponantur, indebitae ponantur,
transsiliatur aliquid inter colligendum, methodus turbetur.
Mens scilicet nostra lassata aut distracta non satis rei attendit
ad praesentes operationes suas, aut errore memoriae assumit
tanquam olim probatum, quod tantum inculcatum saepius aut
consideratum fixe, aut optatum studiose, altius in nobis haesit.
Remedium quoque errorum nostrorum idem est, quod
errorum calculi, ut materiae formaeque attendamus, ut
procedamus lente, ut repetamus operationem variemusque, ut
examina instituamus sive comprobationes, ut longiores ratio-
cinationes in partes secemus, quo respirare mens possit,
partemque quamlibet peculiaribus comprobationibus confir-
memus. Et quoniam in agendo aliquando festinandum est,
IV,362 magna res est, praesen|tiam animi sibi comparasse
assuescendo, velut illi qui in tumultu atque etiam sine
scriptura aut calculis, non ideo minus ingentes numeros
computare possunt, ut scilicet non distrahatur facile mens,
vel sensibus externis vel imaginibus affectibusque

---

34. Non solum intellectum, sed etiam voluntatem requiri ad judicandum.
35. Hanc illo latius patere, errorumque causam inde esse.
36. Errores nostros Deo imputari non posse.

l'entendement. L'origine de toutes les erreurs est, en un certain sens, la même que celle des erreurs de calcul, qui arrivent aux arithméticiens. En effet, il arrive souvent qu'à défaut d'attention ou de mémoire, nous faisons ce qu'il ne faut pas faire ou que nous omettons ce qu'il faut faire, ou bien que nous croyons avoir fait ce que nous n'avons pas fait, ou que nous avons fait ce que nous croyons n'avoir pas fait. Ainsi il arrive que, dans le calcul (auquel correspond le raisonnement dans l'esprit), on oublie de poser certains signes nécessaires ou qu'on en mette qu'il ne faut pas; qu'on néglige un des éléments du calcul en les rassemblant, ou qu'on opère contre la règle. Lorsque notre esprit est fatigué ou distrait, il ne fait pas suffisamment attention aux opérations qu'il est en train de faire, ou bien, par une erreur de mémoire, il accepte comme déjà prouvé ce qui s'est seulement profondément enraciné en nous par l'effet de répétitions fréquentes, ou d'un examen prolongé, ou d'un désir ardent. Le remède à nos erreurs est également le même que le remède aux erreurs de calcul : faire attention à la matière et à la forme, avancer lentement, répéter et varier l'opération, recourir à des vérifications et à des preuves, découper les raisonnements étendus, pour permettre à l'esprit de reprendre haleine, et vérifier chaque partie par des preuves particulières. Et puisque dans l'action on est quelquefois pressé, il est important de s'habituer à garder le sang-froid et la présence d'esprit, à l'exemple de ceux qui, même au milieu du bruit et sans calculer par écrit, savent exécuter des opérations sur des nombres très élevés. Ainsi l'esprit s'habitue à ne pas se laisser facilement distraire par les sensations externes ou par ses imaginations et ses affections

34. Que la volonté, aussi bien que l'entendement, est requise pour juger. – 35. Qu'elle a plus d'étendue que lui, et que de là viennent nos erreurs. – 36. Lesquelles ne peuvent être imputées à Dieu.

propriis, sed super id quod agit emineat, retineatque potestatem animadvertendi, seu ut vulgo dicimus reflectendi in sese,
ut subinde dicere sibi ipsi possit: vide quid agas, dic cur hic,
ruit hora; vice extranei monitoris. Germani egregie vocant,
sich begreiffen; Galli non minus pulchre *s'aviser*, quasi
monere se ipsum, suggerere sibi; ut nomenclatores Romanis
candidatis nomina ac merita civium prensari dignorum, ut
insusurrator comoedo initialia verba superstitis pensi, ut
ephebus quidam Philippo regi Macedonum illud: memento te
mortalem. Ipsum vero *animadvertere*, *s'aviser*, non est in
nostra potestate nec in arbitrio voluntatis, imo prius intellectui
occurrere oportet, pendetque a praesenti perfectionis nostrae
gradu. Voluntatis est in antecessum omni studio niti, ut mens
bene praeparetur, quod utiliter fit tum intuitu alienorum experi-
mentorum damnorumque aut periculorum, tum et usu proprio-
rum, sed (qua licet) periculo vacantium, aut levis saltem
vel ludicri damni, tum vero assuefactione animi ad seriem
quandam methodumque cogitandi, ut postea velut sponte
occurrat quod oportet. Sunt tamen quae sine culpa elabuntur
aut non subveniunt, ubi non judicii defectu, sed memoriae
aut ingenii laboramus, nec tam erramus quam ignoramus,
quod non est hujus loci, neque enim efficere possumus
ut aut nosse liceat aut meminisse quae vellemus. Sufficit

propres, mais à rester maître de ce qu'il est en train de faire, à conserver sa faculté critique ou, comme on dit communément, son pouvoir de faire retour sur lui-même, de manière à pouvoir, tel un moniteur étranger, se dire sans cesse à lui-même : vois ce que tu fais, pourquoi le fais-tu actuellement? Le temps passe! Les Allemands appellent cela très justement *sich begreifen*; les Français disent non moins bien *s'aviser*, comme si l'on se faisait des recommandations et se donnait des conseils à soi-même. Tels les nomenclateurs romains rappelant à leurs maîtres les noms et les mérites des citoyens dignes d'être sollicités, ou le souffleur qui chuchote à l'acteur les premiers mots de la réplique suivante, ou cet adolescent répétant au roi Philippe de Macédoine : Souviens-toi que tu es mortel! Mais il n'est pas en notre puissance, et il ne dépend pas non plus de notre volonté de faire retour sur nous-mêmes, de nous *aviser*; il faut d'abord que la chose s'offre à notre entendement, et alors cette capacité dépend du degré actuel de notre perfection. A la volonté il appartient de faire auparavant effort, avec tout le zèle possible, pour bien préparer l'esprit, préparation que nous demanderons utilement soit à l'étude des expériences, des fautes et des échecs des autres, soit à nos propres expériences, j'entends à celles qui ont été, dans la mesure du possible, exemptes de risques ou n'ont du moins causé aucun préjudice sérieux, soit enfin en accoutumant l'esprit à penser selon un certain ordre et une certaine méthode, de telle façon que par la suite ce qui est requis s'offre spontanément. Il peut cependant arriver, sans faute de notre part, que des choses nous échappent ou ne se présentent pas à propos; il s'agit alors d'un défaut non pas de notre jugement mais de notre mémoire ou de nos capacités naturelles, et dans ce cas nous ne sommes pas tant dans l'erreur que dans l'ignorance. Mais ceci n'appartient pas à notre sujet, puisqu'il n'est pas dans notre pouvoir que nous sachions ou que nous nous rappelions tout ce que nous voulons. Il suffit de nous

ea animadversionis species, qua pugnamus in defectum attentionis, et quoties memoria nobis praeteritas probationes refert, quae fortasse nullae fuerunt, suspectam habeamus confusam recordationem ; et vel repetamus inquisitionem, si licet, magnaque res est, vel non nisi testatae satis praeteritae diligentiae confidamas.

Ad artic. (37). Summa hominis perfectio non magis est quod libere quam quod cum ratione agit; aut potius idem est utrumque, cum tanto quisque sit liberior, quanto minus affectuum impetu rationis usus turbatur.

Ad artic. (39). Quaerere, utrum in nostra voluntate sit libertas, idem est ac quaerere utrum in nostra voluntate sit voluntas. Liberum et voluntarium idem significant. Est enim liberum idem quod spontaneum cum ratione, et velle est ob rationem intellectu perceptam ad agendum ferri : quanto autem purior IV, 363 ratio est minusque impetus bruti et confusae | perceptionis admistum habet, eo liberio actio est. A judiciis abstinere non est voluntatis nostrae, sed intellectus animadversionem quandam sibi suggerentis, ut jam dictum est ad artic. 35.

37. Summam esse hominis perfectionem, quod agat libere, sive per voluntatem ; et per hoc laude vel vituperio dignum reddi.

38. Esse defectum in nostra actione, non in nostra natura, quod erremus ; et saepe subditorum culpas aliis dominis, nunquam autem Deo tribui posse.

39. Libertatem arbitrii esse per se notam.

astreindre à cette sorte de réflexion critique par laquelle nous combattons contre le défaut d'attention; il suffit que, toutes les fois que la mémoire nous rapporte des preuves passées, lesquelles peut-être n'ont jamais été fournies, nous tenions ce souvenir confus pour suspect et que nous recommencions la recherche, si c'est possible et si la chose est importante, ne faisant état des preuves passées qu'avec la certitude de les devoir à la diligence nécessaire.

Sur l'art. 37. La plus grande perfection de l'homme ce n'est pas moins son pouvoir d'agir avec raison que son pouvoir d'agir librement; ou plutôt les deux choses n'en font qu'une, puisque chacun est d'autant plus libre, que l'usage de sa raison est moins troublé par la violence de ses passions.

Sur l'art. 39. Demander si notre volonté est libre est la même chose que de demander si notre volonté est volonté. En effet, *libre* et *volontaire* signifient la même chose [1]. *Librement* veut dire spontanément et par raison, et *vouloir* veut dire être porté à l'action par des raisons perçues par l'entendement. L'action est d'autant plus libre, que la raison est plus pure et moins mêlée d'impulsion aveugle et de perception confuse. Il n'appartient pas à notre volonté de nous abstenir de juger; c'est l'affaire de l'entendement s'imposant une certaine réserve, comme il a déjà été dit à propos de l'art. 35.

37. Que la principale perfection de l'homme est d'avoir un libre arbitre, et que c'est ce qui le rend digne de louange ou de blâme. – 38. Que nos erreurs sont des défauts de notre façon d'agir, mais non point de notre nature ; et que les fautes des sujets peuvent souvent être attribuées aux autres maîtres, mais non point à Dieu.

39. Que la liberté de notre volonté se connaît sans preuve, par la seule expérience que nous en avons.

1. Cf. Descartes : « Faire *librement* une chose, ou la faire *volontiers*, ou bien la faire *volontairement*, ne sont qu'une même chose. » (Ad.-T. III, p. 381, l. 26-28).

Ad artic. (40). Si quis ratus Deum omnia praeordinare, et se tamen liberum esse, argumentis pugnam inter haec ostentantibus, hoc unum respondeat, quod Cartesius jubet, nempe suam mentem esse finitam, quae talia non capiat, is mihi videtur respondere ad conclusionem, non ad argumentum, et scindere, non solvere nodum. Non quaeritur an rem ipsam capias, sed potius an non in ea me monstrante capias tuam absurditatem. Certe etiam in mysteriis fidei oportet contradictionem abesse, nedum in mysteriis naturae. Itaque si philosophum praestare velis, convenit, ut argumentum resumas, quod contradictorium ex assertis tuis aliqua veri specie infert, vitiumque in eo ostendas, quod utique semper fieri posse certum est, nisi errasti.

Ad artic. (43. 45. 46). Alibi a me admonitum est non magnam esse utilitatem jactatae illius regulae : de claris tantum et distinctis approbandis, nisi meliores afferantur notae clari et distincti, quam quas Cartesius dedit. Praestant regulae Aristotelis et Geometrarum, ut scilicet exceptis

---

40. Certum etiam omnia esse a Deo praeordinata.

41. Quomodo arbitrii nostri libertas et Dei praeordinatio simul concilientur.

42. Quomodo, quamvis nolimus falli, fallamur tamen per nostram voluntatem.

43. Nos nunquam falli, cum solis clare et distincte perceptis assentimur.

44. Nos semper male judicare, cum assentimur non clare perceptis, etsi casu incidamus in veritatem ; idque ex eo contingere, quod supponamus ea fuisse antea satis a nobis perspecta.

45. Quid sit perceptio clara, quid distincta.

46. Exemplo doloris ostenditur, claram esse posse perceptionem, etsi non sit distincta ; non autem distinctam, nisi sit clara.

Sur l'art. 40. Si quelqu'un, persuadé que Dieu a tout préordonné et que lui-même cependant est libre, se borne à répondre aux arguments qui prouvent l'incompatibilité de ces assertions, ce que Descartes recommande, à savoir que son esprit est fini et ne saurait comprendre ces choses, j'estime qu'il répond à la conclusion, mais non à l'argumentation et qu'il tranche le nœud, mais ne le dénoue pas. La question n'est pas de savoir si l'on comprend la chose elle-même, mais plutôt de savoir si l'on peut ne pas comprendre sa propre absurdité, une fois qu'on vous a montré la contradiction. Car les mystères de la foi eux-mêmes doivent être exempts de contradiction, à plus forte raison les mystères de la nature. Si l'on veut donc se conduire en philosophe, il faut reprendre l'argumentation qui fait apparaître, avec quelque apparence de raison, une contradiction résultant des prémisses, et il faut montrer où est la faute. Ce qui doit certainement toujours être possible, à moins que l'on n'ait mal cherché.

Sur les art. 43, 45, 46. J'ai signalé ailleurs[1] la médiocre utilité de la règle tant vantée, qu'il ne faut admettre que les connaissances claires et distinctes, tant qu'on n'a pas apporté de meilleures notions du *clair* et du *distinct*, que celles proposées par Descartes. Les règles d'Aristote et des géomètres sont encore préférables, celle-ci par exemple qu'en dehors des

---

40. Que nous savons aussi très certainement que Dieu a préordonné toutes choses. – 41. Comment on peut accorder notre libre arbitre avec la préordination divine. – 42. Comment, encore que nous ne veuillons jamais faillir, c'est néanmoins par notre volonté que nous faillons.

43. Que nous ne saurions faillir en ne jugeant que des choses que nous apercevons clairement et distinctement. – 44. Que nous ne saurions que mal juger de ce que nous n'apercevons pas clairement, bien que notre jugement puisse être vrai, et que c'est souvent notre mémoire qui nous trompe. – 45. Ce que c'est qu'une perception claire et distincte. – 46. Qu'elle peut être claire sans être distincte, mais non au contraire.

1. *Meditationes de Cognitione, Veritate et Ideis.* (p. 12-29 de ce volume).

principiis (id est primis veritatibus aut hypothesibus) nihil admittamus nisi legitimo argumento probatum : legitimo inquam, id est nec formae nec materiae vitio laborante. Materiae autem vitium est, si quicquam praeter principia, aut rursus ex principiis legitimo argumento probata assumatur. Formam autem rectam intelligo non tantum vulgarem syllogisticam, sed et aliam quamcunque praedemonstratam, quae vi suae dispositionis concludit ; quod faciunt etiam formae operationum arithmeticarum et Algebraicarum, formae librorum computatoriorum, quin et aliquo modo formae judiciarii processus : nam interdum contenti sumus ad agendum certo verisimilitudinis gradu. Quanquam supersit adhuc tractanda pars Logicae maxime in vita utilis de Gradibus Probabilitatum aestimandis, de qua non pauca a me sunt annotata. De forma adde infra ad artic. 75.

IV, 364 | *Ad artic.* (47, 48). Recte olim animadvertit nescio quis (puto Comenius) Cartesium artic. 47 promittentem summatim enumerare omnes simplices notiones, mox in sequente 48 nos deserere, et quibusdam nominatis subjicere : *et talia;* praeterquam quod pleraque quae nominat, simplicia non sunt. Est ea disquisitio majoris momenti quam putatur.

47. Ad primae aetatis praejudicia emendanda, simplices notiones esse considerandas, et quid in quaque sit clarum.

48. Omnia quae sub perceptionem nostram cadunt, spectari ut res rerumve affectiones, vel ut aeternas veritates ; et rerum enumeratio.

49. Aeternas veritates non posse ita numerari, sed nec esse opus.

principes (c'est-à-dire des vérités premières ou des suppositions), il ne faut rien admettre sans l'avoir démontré par un raisonnement correct, c'est-à-dire qui ne souffre d'aucun vice de forme ou de fond. C'est un vice de fond, d'admettre d'autres propositions que les principes et ce qui en est déduit ultérieurement par un argument légitime. J'appelle forme correcte non seulement le syllogisme vulgaire, mais encore toute autre forme auparavant démontrée qui conclut par la force de sa structure ; ce que font aussi les formes des opérations arithmétiques et algébriques, les formes des barèmes, et même, en un sens, les formes de la procédure judiciaire. Car quelquefois nous nous contentons dans la pratique d'un certain degré de vraisemblance. Il est vrai que la partie de la logique, si utile dans la vie, qui traite des degrés de probabilité, est encore à élaborer. J'ai noté pas mal de choses à ce sujet. Sur la forme, voir aussi plus loin, à propos de l'art. 75.

Sur les art. 47, 48. Je ne sais qui a autrefois remarqué avec raison, – je crois que c'est Coménius, – que Descartes, ayant promis dans l'art. 47 d'énumérer sommairement toutes les notions simples, nous abandonne aussitôt dans l'art. 48 et, après en avoir nommé quelques-unes, continue : *et telles autres.* J'ajoute que la plupart de celles qu'il énumère ne sont pas simples. Cependant cette question est plus importante qu'on ne croit.

---

47. Que, pour ôter les préjugés de notre enfance, il faut considérer ce qu'il y a de clair en chacune de nos premières notions. – 48. Que tout ce dont nous avons quelque notion est considéré comme une chose ou comme une vérité : et le dénombrement des choses. – 49. Que les vérités ne peuvent ainsi être dénombrées, et qu'il n'en est pas besoin.

Ad artic. (50). Veritates simplices admodum, sed quae tamen non admittuntur ob praejudicatas hominum opiniones, consultissimum est demonstrari per simpliciores.

Ad artic. (51). Definitio substantiae, quod solius Dei concursu indigeat ad existendum, nescio an ulli substantiae creatae nobis cognitae competat, nisi sensu quodam minus pervulgato interpreteris. Non tantum enim aliis substantiis indegimus, sed et multo magis accidentibus nostris. Cum ergo substantia et accidens sese mutuo indigeant, aliis indiciis opus erat ad substantiam ab accidente discriminandam, inter quae hoc esse potest quod licet substantia aliquo accidente indigeat, saepe tamen non opus habet uno determinato, sed eo sublato alterius surrogatione contenta est, accidens autem non tantum aliqua substantia indiget generaliter, sed etiam hac sua cui semel inest, ut eam non mutet. Supersunt tamen alia majoris momenti discussionisque profundioris de natura substantiae alias dicenda.

Ad artic. (52). Fateor unum esse praecipuum substantiae cujusque attributum, essentiam ejus exprimens, sed nescio an verbis iisque paucis explicari possit, si intelligas substantiam singularem, genera substantiarum ut alia definitionibus explicantur. Quod autem extensio substantiae corporeae naturam communem constituat, pronuntiatum video a multis magna

---

50. Eas clare percipi, sed non omnes ab omnibus, propter praejudicia.

51. Quid sit substantia, et quod istud nomen Deo et creaturis non conveniat univoce.

52. Quod menti et corpori univoce conveniat, et quomodo ipsa cognoscatur.

53. Cujusque substantiae unum esse praecipuum attributum, ut mentis cogitatio, corporis extensio.

Sur l'art. 50. Quant aux vérités relativement simples, que cependant les préjugés des hommes les empêchent d'admettre, il vaut mieux les démontrer par des vérités encore plus simples.

Sur l'art. 51. Si l'on définit la substance en disant qu'elle n'a besoin que du concours de Dieu pour exister, je ne sais si cette définition convient à aucune des substances créées qui nous sont connues, à moins d'en entendre les termes dans un sens peu répandu. En effet, nous avons besoin non seulement d'autres substances, mais aussi et plus encore de nos propres accidents. Puisque la substance et l'accident s'exigent mutuellement, il faut établir d'autres critères, afin de pouvoir distinguer la substance de l'accident; par exemple que la substance, il est vrai, a besoin de quelque accident, mais que souvent elle n'exige pas un tel accident déterminé, et que, si cet accident lui est ravi, elle admet qu'un autre s'y substitue; l'accident, au contraire, n'a pas seulement besoin d'une substance en général, mais encore de telle substance déterminée à laquelle il est inhérent, de sorte qu'il ne peut en changer. Cependant il reste à dire des choses de grande importance sur la nature de la substance et qui ont besoin d'une discussion plus approfondie.

Sur l'art. 52. Je concède que, dans chaque substance, il y a un attribut principal qui en exprime l'essence ; mais, lorsqu'il s'agit d'une substance singulière, je doute qu'on puisse l'expliquer en peu de mots, de la façon dont on explique par des définitions les autres genres de substances. Que l'étendue constitue la nature commune des corps, je trouve cette thèse proclamée par beaucoup de philosophes avec une grande

---

50. Que toutes ces vérités peuvent être clairement aperçues ; mais non pas de tous, à cause des préjugés. – 51. Ce que c'est que la substance ; et que c'est un nom qu'on ne peut attribuer à Dieu et aux créatures en même sens.

52. Qu'il peut être attribué à l'âme et au corps en même sens ; et comment on connaît la substance. – 53. Que chaque substance a un attribut principal ; et que celui de l'âme est la pensée, comme l'extension est celui du corps.

confidentia, probatum nusquam; certe nec motus sive actio, nec resistentia sive passio inde derivantur; nec leges naturae quae in corporum motu concursuque observantur ex sola notione extensionis nascuntur, quemadmodum alibi a me ostensum est. Et vero extensionis notio non primitiva est, sed resolubilis. Nam in extenso requiritur, ut sit totum continuum, in quo plura simul existant. Et ut amplius dicam, ad extensionem quippe cujus relativa est notio, requiritur aliquid, quod extenditur seu continuatur, ut in lacte albedo, in corpore id ipsum quod ejus essentiam fecit: hujus (qualecunque sit) repetitio extensio est. Et plane assentior Hugenio (cujus in rebus naturalibus et mathematicis magna apud me est opinio), eundem esse loci vacui et solius extensionis, conceptum; nec IV, 365 meo judico ipsa mo|bilitas aut ἀντιτυπία, ex sola extensione intelligi potest, sed ex subjecto extensionis a quo non constituatur tantum locus, sed et impleatur.

Ad artic. (54). Nondum perfecte demonstratum memini vel ab autore nostro vel ab ejus sectatoribus, substantiam cogitantem extensione aut extensam cogitatione carere, ut inde constet alterum attributum ad alterum non requiri in eodem subjecto, imo nec cum ea consistere posse.

54. Quomodo claras et distinctas notiones habere possimus, substantiae cogitantis, et corporeae, item Dei.

55. Quomodo duratio, ordo, numerus etiam distincte intelligantur.

56. Quid sint modi, qualitates, attributa.

57. Quaedam attributa esse in rebus, alia in cogitatione. Et quid duratio et tempus.

58. Numerum et universalia omnia esse tantum modos cogitandi.

59. Quomodo universalia fiant, et quae sint quinque vulgata: genus, species, differentia, proprium, accidens.

assurance, je ne la vois prouvée nulle part. Il est cependant certain que ni le mouvement ou l'action, ni la résistance ou la force passive ne dérivent de l'étendue ; et que les lois de la nature qu'on observe dans le mouvement et le choc des corps ne découlent point de la seule notion de l'étendue, comme je l'ai montré ailleurs. En effet, la notion d'étendue n'est pas primitive, mais peut être décomposée. Car la notion d'étendue implique la notion d'un tout continu, dans lequel il y a une pluralité de choses simultanément existantes. En outre, l'étendue, qui est une notion relative, exige quelque chose qui s'étend ou qui se continue, comme dans le lait la blancheur, et dans le corps cela même qui en constitue l'essence : c'est la répétition de cette chose, quelle qu'elle soit, qui est l'étendue. Je suis tout à fait d'accord avec Huygens (dont j'estime très haut les mérites dans les mathématiques et les sciences de la nature), qui prétend que les concepts de lieu vide et d'étendue seule sont identiques. Et à mon avis la mobilité ou l'ἀντιτυπία[1] ne sauraient être comprises par la seule étendue, mais il faut un sujet qui s'étende, dont le rôle ne soit pas seulement de constituer le lieu, mais de le remplir.

Sur l'art. 54. Il ne me souvient pas que l'auteur ou ses partisans aient jamais parfaitement démontré, que la substance pensante est privée d'étendue, et la substance étendue de pensée, de sorte qu'il soit établi que ces deux attributs ne s'exigent pas mutuellement dans le même sujet, voire qu'ils y

---

54. Comment nous pouvons avoir des pensées distinctes de la substance qui pense, de celle qui est corporelle, et de Dieu. – 55. Comment nous en pouvons aussi avoir de la durée, de l'ordre et du nombre. – 56. Ce que c'est que qualité, et attribut, et façon ou mode. – 57. Qu'il y a des attributs qui appartiennent aux choses auxquelles ils sont attribués, et d'autres qui dépendent de notre pensée. – 58. Que les nombres et les universaux dépendent de notre pensée. – 59. Quels sont les universaux.

1. Terme de la physique stoïcienne, qui désigne la résistance ou l'impénétrabilité des corps.

Neque id mirum est, recte enim animadvertit autor libri de inquirenda veritate (a quo nonnulla egregia monentur), nullam a Cartesianis afferri distinctam cogitationis notionem, itaque nihil mirum est, si, quid in ea lateat, ipsis non constat.

Ad artic. (60. 61). Distinctionem inter modos realem negare, non necessaria est usus verborum recepti mutatio. Hactenus enim et modi habiti sunt inter res, et realiter differre sunt visi, ut figura cerae sphaerica a quadrata ; certe vera est mutatio ex una figura in aliam, adeoque reale fundamentum habet.

Ad artic. (63). Cogitationem et extensionem concipere ut ipsam substantiam cogitantem aut extensam, mihi nec rectum videtur nec possibile. Machinatio haec est suspecta et illi similis, qua dubia pro falsis haberi jubebantur. Praeparantur animi his rerum detorsionibus ad pertinaciam et paralogismos.

Ad artic. (65 *usque ad* 68). Utilem Cartesius operam navavit post Veteres in eradicando hoc praejudicio, quo calores, colores aliaque phaenomena ut res quasdam spectamus extra nos, cum constet eadem manu quod valde calidum videbatur, mox tepidum sentiri ; et qui viridem colorem animadvertit in

---

60. De distinctionibus, ac primo de reali.

61. De distinctione modali.

62. De distinctione rationis.

63. Quomodo cogitatio et extensio distincte cognosci possint, ut constituentes naturam mentis et corporis.

64. Quomodo etiam ut modi substantiae.

65. Quomodo ipsarum modi sint etiam cognoscendi.

sont même incompatibles. Je n'en suis pas surpris. L'auteur de la *Recherche de la Vérité* (qui a signalé beaucoup de choses très remarquables) a fait observer très justement que les Cartésiens n'ont pas apporté de notion distincte de la pensée et que, par conséquent, il n'est pas étonnant qu'ils ne sachent pas exactement ce que recouvre cette notion [1].

Sur les art. 60, 61. Nier la distinction réelle entre les modes, c'est modifier sans nécessité l'usage reçu des mots. Car jusqu'ici, on a compté aussi les modes parmi les choses, et on a considéré qu'ils se distinguent réellement, comme la figure sphérique de la cire de la forme carrée; la transformation d'une figure en une autre est sans doute un vrai changement, et elle a, par conséquent, un fondement réel.

Sur l'art. 63. Concevoir la pensée et l'étendue comme la substance pensante ou la substance étendue elles-mêmes, cela ne me paraît ni exact ni possible. Cet expédient est suspect et semblable à celui qui commandait de considérer les choses douteuses comme fausses. Par de telles déformations des choses on prépare les esprits à l'entêtement et aux paralogismes.

Sur les art. 65 à 68. Après les anciens, Descartes nous a rendu des services en déracinant le préjugé qui nous fait considérer la chaleur, les couleurs et les autres phénomènes comme des choses au dehors de nous. On sait en effet que ce qui est senti maintenant comme très chaud, apparaît

---

60. Des distinctions, et premièrement de celle qui est réelle. – 61. De la distinction modale. – 62. De la distinction qui se fait par la pensée. – 63. Comment on peut avoir des notions distinctes de l'extension et de la pensée, en tant que l'une constitue la nature du corps, et l'autre celle de l'âme. – 64. Comment on peut aussi les concevoir distinctement en les prenant pour des modes ou attributs de ces substances.

65. Comment on conçoit aussi leurs diverses propriétés ou attributs.

1. Malebranche, *Recherche de la Vérité,* livre III, 2e partie, chap. VII, § IV, et XIe Éclaircissement.

mistura pulverea, eum armato mox oculo non virorem amplius, sed misturam flavi et caerulei deprehendere, et meliore armatura vel aliis experimentis aut rationibus et horum duorum causas deprehendi posse, ex quibus apparet nullam talem rem extra nos consistere, cujus phantasma imaginationi nostrae obversatur. Similes pueris vulgo sumus, quibus persuasum est reperiri patellam auream in ipso extremo arcus coelestis, quo scilicet terram attingit, quam frustra currendo invenire conantur.

IV, 366 | *Ad artic.* (71 *usque ad* 74). De causis errorum supra diximus nonnihil ad artic. 31. 35. Ex his etiam praesentium ratio reddi potest, nam infantiae quoque praejudicia pertinent ad assumtiones non probatas, defatigatio autem attentionem minuit, et verborum ambiguitas pertinet ad abusum notarum, facitque vitium in forma; et perinde est, ut Germani proverbio dicunt ac si in calculo ponatur x pro v, aut velut si pharmacopola pro sanguine draconis sandaracam in praescripta formula legat.

66. Quomodo sensus, affectus et appetitus clare cognoscantur, quamvis saepe de iis male judicemus.

67. In ipso de dolore judicio saepe nos falli.

68. Quomodo in istis id, quod clare cognoscimus, ab eo, in quo falli possumus, sit distinguendum.

69. Longe aliter cognosci magnitudinem, figuram etc., quam colores, dolores etc.

70. Nos posse duobus modis de sensibilibus judicium ferre : quorum uno errorem praecavemus, alio in errorem incidimus.

71. Praecipuam errorum causam a praejudiciis infantiae procedere.

72. Alteram errorum causam esse, quod praejudiciorum oblivisci nequeamus.

73. Tertiam causam esse, quod defatigemur ad ea, quae sensibus praesentia non sunt, attendendo; et ideo assueti sumus de illis non ex praesenti perceptione, sed ex praeconcepta opinione judicare.

74. Quartam causam esse, quod conceptus nostros verbis, quae rebus accurate non respondent, alligemus.

peu après à la même main comme tiède ; que celui qui aperçoit la couleur verte d'une poudre mélangée, ne la verra plus s'il arme son œil d'une loupe, mais observera un mélange de jaune et de bleu ; qu'avec des moyens encore plus puissants, d'autres expériences et d'autres raisonnements, il découvrira les causes elles-mêmes de ces deux couleurs. D'où il apparaît qu'il n'existe en dehors de nous rien de pareil à l'image qui s'offre à notre imagination. Nous ressemblons à cet égard aux enfants qui croient qu'à l'extrémité de l'arc-en-ciel, là où il touche la terre, il y a une coupe en or et qui courent en vain pour la trouver.

Sur les art. 71 *à* 74. Nous avons déjà fait ci-dessus quelques remarques sur la cause de nos erreurs, à propos des art. 31, 35. Par ce que nous y avons dit s'expliquent aussi les erreurs signalées dans les articles 71 à 74. Car les préjugés de l'enfance sont aussi des affirmations non prouvées, la fatigue diminue l'attention, et l'ambiguïté des mots est un cas spécial du mauvais usage des signes et constitue un vice de forme. C'est la même erreur que celle qui, selon le proverbe allemand, consiste à mettre, dans un calcul, un x au lieu d'un u, ou celle que commet le pharmacien, lisant dans une ordonnance *sandaraca* [sulfure rouge d'arsenic] pour *sanguis draconis*.

66. Que nous avons aussi des notions distinctes de nos sentiments, et de nos affections, et de nos appétits, bien que souvent nous nous trompions aux jugements que nous en faisons. – 67. Que souvent même nous nous trompons en jugeant que nous sentons de la douleur en quelque partie de notre corps. – 68. Comment on doit distinguer en telles choses ce en quoi on peut se tromper d'avec ce qu'on conçoit clairement. – 69. Qu'on connaît tout autrement les grandeurs, les figures, etc., que les couleurs, les douleurs, etc. – 70. Que nous pouvons juger en deux façons des choses sensibles, par l'une desquelles nous tombons en erreur, et par l'autre nous l'évitons.

71. Que la première et principale cause de nos erreurs sont les préjugés de notre enfance. – 72. Que la seconde est que nous ne pouvons oublier ces préjugés. – 73. La troisième, que notre esprit se fatigue quand il se rend attentif à toutes les choses dont nous jugeons. – 74. La quatrième, que nous attachons nos pensées à des paroles qui ne les expriment pas exactement.

Ad artic. (75). Aequum mihi videtur ut suum quoque tribuamus veteribus, neque maligno silentio et nobis ipsis damnoso eorum merita obruamus. Quae in Logica sua praescripsit Aristoteles, etsi non sufficiant ad inveniendum, sufficiunt tamen fere ad judicandum, ubi de necessariis saltem consequentiis agitur: magnaque res est consequentias humanae mentis velut mathematicis quibusdam regulis stabilitas haberi. Et a me notatum est, qui paralogismos in rebus seriis admittunt, saepius in formam Logicam peccare quam vulgo creditur. Itaque ad vitandos errores omnes nihil aliud opus est quam magna constantia et severitate logicorum vulgatissimis regulis uti. Sed quoniam saepe rerum complicatio non patitur hanc morositatem, hinc speciales quasdam formas Logicas adhibemus in scientiis et rebus agendis, quae per regulas illas generales accedente peculiari natura subjecti debent esse praedemonstratae; prorsus quemadmodum Euclides suam quandam Logicam propriam habet circa rationum conversiones, compositiones, divisiones, peculiari libro Elementorum prius comprobatam, et postea in tota Geometria regnantem. Ita simul et compendio et securitati consulitur; et quanto plura ejus generis habentur, eo magis scientia quaeque exculta est. Addantur quae notavimus ad artic. 43 seq. de argumentationibus quas dicunt fieri in forma, latius quam vulgo creditur extendendis.

75. Summa eorum, quae observanda sunt ad recte philosophandum.

76. Auctoritatem divinam perceptioni nostrae esse praeferandam; sed ea seclusa, non decere Philosophum aliis quam perceptis assentiri.

Sur l'art. 75. Il me semble qu'il serait équitable d'attribuer aux anciens ce qui leur est dû et de ne pas cacher leurs mérites par un silence malveillant et préjudiciable à nous-mêmes. Ce qu'Aristote a enseigné dans sa logique, tout en ne suffisant pas à découvrir la vérité, suffit cependant d'ordinaire à bien juger, tout au moins lorsqu'il s'agit de déduire des conséquences nécessaires. Et il est très important que les conséquences déduites par l'esprit humain soient garanties par certaines règles en quelque sorte mathématiques. J'ai remarqué que ceux qui, dans des travaux sérieux, tombent dans les paralogismes, pèchent plus souvent qu'on ne le croit d'ordinaire par un vice de forme logique. Afin d'éviter toutes les erreurs, on n'a donc besoin que d'appliquer les règles les plus vulgaires des logiciens avec beaucoup de constance et de rigueur. Mais souvent la complication des choses ne permet pas ce travail minutieux. C'est pourquoi, dans les sciences et les choses de la pratique, nous appliquons certaines formes logiques spéciales qui doivent avoir été préalablement démontrées par les règles générales et qui sont adaptées à la nature particulière de l'objet. Exactement ainsi procède Euclide : il a sa propre logique pour la conversion, la composition et la division des proportions, logique qu'il établit d'abord dans un livre spécial de ses *Éléments*[1] et qui ensuite est appliquée à toute la géométrie. De cette façon on tient compte en même temps de l'économie et de la sécurité de la pensée ; et plus une science possède de méthodes de ce genre, plus elle est avancée. On peut ajouter ici ce que j'ai dit à propos des art. 43 à 46 sur la nécessité d'user plus largement qu'on ne croit devoir le faire ordinairement des raisonnements dits « en forme ».

75. Abrégé de tout ce qu'on doit observer pour bien philosopher. – 76. Que nous devons préférer l'autorité divine à nos raisonnements, et ne rien croire de ce qui n'est pas révélé, que nous ne le connaissions fort clairement.

1. C'est le livre V.

Ad artic. (1). Infirmum est argumentum quo Cartesius demonstrare conatur res materiales existere; praestabat igitur non tentare. Vis argumenti haec est: ratio cur materialia sentiamus, extra nos est, itaque vel a Deo, vel ab alio, vel ab ipsis; non a Deo, si nulla existunt, foret enim deceptor; non ab IV, 367 alio, hoc probare oblitus est; Ergo ab ipsis, ipsa, igitur | existunt. Responderi potest, posse sensionem ab alio esse quam a Deo, qui ut alia mala permittit, ob graves quasdam rationes, ita hanc quoque deceptionem nostram permittere potest sine nota deceptoris; praesertim quia cum nullo est damno conjuncta, cum potius ingratum nobis futurum sit non falli. Praeterea captio in eo est, quod dissimulat argumentatio, fieri posse, ut sensiones quidem sint a Deo vel alio, judicium tamen (de causa sensionis utrum sit ab objecto reali extra nos) adeoque deceptio, oriatur a nobis. Quemadmodum et contingit, quando colores aliaque id genus pro realibus objectis habentur. Praeterea possent animae peccatis anterioribus meruisse, ut ad hanc vitam deceptionis plenam agendam damnarentur, ubi umbras pro rebus captent; a quo Platonici non

Pars secunda. – De principiis rerum materialium.

1. Quibus rationibus rerum materialium existentia certo cognoscatur.

Sur l'art. premier. Faible est l'argument par lequel Descartes essaye de démontrer l'existence des choses matérielles ; mieux eût valu ne pas le proposer. Voici l'essentiel de cet argument : la raison des sensations que nous avons de choses matérielles est au dehors de nous ; donc ces sensations nous viennent ou bien de Dieu, ou bien d'un autre être, ou bien des choses elles-mêmes ; or, ces sensations ne viennent pas de Dieu, si les choses n'existent pas, car autrement Dieu serait trompeur ; elles ne viennent pas d'un autre être, ce que Descartes a oublié de prouver ; donc elles viennent des choses mêmes, et par conséquent ces choses existent. On y peut répondre que les sensations peuvent venir d'un être différent de Dieu ; car de même que Dieu, pour certaines raisons importantes, permet d'autres maux, il peut aussi permettre cette tromperie, sans être pour cela trompeur ; surtout puisque cette tromperie ne nous fait pas de tort et qu'à cet égard il nous serait plutôt dommageable de ne pas être trompés. En outre, il y a un sophisme dans cet argument, puisqu'il omet de considérer que nos sensations pourraient venir de Dieu ou d'un autre être et que cependant le jugement (sur la cause de la sensation, sur la question de savoir si elle provient d'un objet réel hors de nous) et par conséquent la tromperie pourrait être de notre fait. C'est ce qui arrive, par exemple, lorsque nous considérons les couleurs et les autres choses de ce genre comme des objets réels. Au surplus les âmes peuvent avoir mérité par des péchés antérieurs d'être condamnées à vivre cette vie pleine d'erreurs et à prendre les ombres pour des réalités. Les Platoniciens ne

---

Seconde partie : Des principes des choses matérielles.

1. Quelles raisons nous font savoir certainement qu'il y a des corps.

videntur abhorruisse, quibus haec vita velut in antro Morphei somnio similis visa est, dementata mente lethaeis haustibus, antequam huc veniret, ut Poëtae canebant.

Ad artic. (4). Corpus in sola extensione consistere, demonstrare tentat Cartesius enumeratione aliorum attributorum quae removet, sed ostendendum erat enumerationem esse sufficientem ; deinde non omnia bene removentur, certe qui atomos id est corpora summae duritiei admittunt, negabant duritiem in eo consistere, ut motui manuum corpus non cedat, sed in hoc ut figuram servet. Et qui corporis essentiam constituunt in ἀντιτυπίᾳ seu impenetrabilitate, non a manibus nostris aut sensibus repetent ejus notionem, sed ab hoc ut alteri homogeneo locum non det, nisi aliorsum abire possit. Velut si fingamus in cubum eodem momento aequali celeritate incurrere sex alios cubos, ipsi et prorsus geminos ac similes, ita ut unusquisque eorum una sua hedra uni hedrae cubi excipientis accurate congruat ; eo posito impossibile erit vel ipsum excipientem cubum, vel partem ejus loco moveri, sive flexilis sive rigidus intelligatur. Quod si cubus ille medius ponatur esse extensum penetrabile seu spatium nudum, tunc cubi sex concurrentes angulis quidem suis sibi mutuo obsistent; si tamen flexiles IV, 368 sint, nihil obstabit, quo minus, partes eorum mediae in lo|cum

2. Quibus etiam cognoscatur corpus humanum menti esse arcte conjunctum.

3. Sensuum perceptiones, non quid revera sit in rebus, sed quid humano composito prosit vel obsit, docere.

4. Naturam corporis non in pondere, duritie, colore, aut similibus, sed in sola extensione consistere,

semblent pas avoir repoussé cette idée ; cette vie leur apparaissait semblable à un songe dans l'antre de Morphée, l'esprit, avant de venir dans ce monde, ayant perdu la raison en s'abreuvant au Léthé, ainsi que chantaient les poètes.

Sur l'art. 4. Descartes essaie de démontrer que le corps consiste uniquement dans l'étendue, en énumérant les autres attributs du corps et en les écartant. Mais il eût fallu montrer que cette énumération est complète. En outre la façon dont il écarte des attributs n'est pas toujours la bonne. Certainement ceux qui admettent les atomes, c'est-à-dire des corps parfaitement durs, n'ont pas soutenu que la dureté consiste en ce qu'un corps résiste au mouvement de nos mains, mais en ce qu'il conserve sa figure. Et ceux qui pensent que l'essence des corps est constituée par l'ἀντιτυπία ou l'impénétrabilité ne tirent pas leur conception du corps de ce que nous enseignent nos mains ou nos sens, mais du fait que le corps ne cède pas sa place à un autre corps, s'il ne peut lui-même partir vers un autre lieu. Si nous nous figurons, par exemple, qu'un cube soit heurté, en même temps et avec la même vitesse, par six autres cubes, semblables entre eux et au premier, de sorte que chacun d'eux couvre exactement avec une de ses faces une face du cube qui les reçoit ; alors il sera impossible que le premier cube ou une de ses parties se meuve, qu'on le conçoive rigide ou flexible. Si l'on suppose maintenant que ce cube placé au milieu soit une étendue pénétrable, c'est-à-dire un simple espace nu, alors les six cubes concourants pourront se faire obstacle par leurs angles ; mais s'ils sont flexibles, rien ne s'opposera à ce que leurs parties moyennes pénètrent dans l'espace

2. Comment nous savons aussi que notre âme est jointe à un corps. – 3. Que nos sens ne nous enseignent pas la nature des choses, mais seulement ce en quoi elles nous sont utiles ou nuisibles.

    4. Que ce n'est pas la pesanteur, ni la dureté, ni la couleur, etc., qui constitue la nature du corps, mais l'extension seule.

cubicum excipientem irrumpant. Unde etiam intelligitur, quod sit discrimen inter duritiem quae quorundam est corporum, et inter impenetrabilitatem, quae est omnium, cujus Cartesium meminisse aequum erat, non minus quam duritiei.

Ad artic. (5. 6. 7). Egregie explicuit Cartesius, rarefactionem et condensationem, quales sensu percipimus, posse locum habere, licet nec vacuum interspersum nec mutatio dimensionum ejusdem partis materiae admittatur.

Ad artic. (8 *usque ad* 19). Qui vacuum tuentur, eorum non pauci spatium habent pro substantia, nec Cartesianis argumentis refutari possunt ; aliis principiis opus est ad hanc litem finiendam. Concedent quantitatem et numerum non subsistere extra res quibus attribuuntur, negabunt vero spatium seu locum esse quantitatem corporis, et potius ipsummet habere credent quantitatem seu capacitatem, ei quam contentum corpus habet aequalem. Ostendendum a Cartesio erat, spatium seu locum internum non differre a substantia corporis.

---

5. Praejudicia de rarefactione et de vacuo, hanc corporis naturam obscuriorem facere.

6. Quomodo fiat rarefactio.

7. Eam non posse ullo alio modo intelligibili explicari.

8. Quantitatem et numerum differre tantum ratione a re quanta et numerata.

9. Substantiam corpoream, cum a quantitate sua distinguitur, confuse concipi tanquam incorpoream.

10. Quid sit spatium, sive locus internus.

11. Quomodo in re non differat a substantia corporea.

12. Quomodo ab eadem differat in modo quo concipitur.

13. Quid sit locus externus.

14. In quo differant locus et spatium.

15. Quomodo locus externus pro superficie corporis ambientis recte sumatur.

16. Repugnare ut detur vacuum, sive in quo nulla plane sit res.

17. Vacuum ex vulgi usu non excludere omne corpus.

18. Quomodo emendandum sit praejudicium de vacuo absolute sumpto.

19. Ex his ea confirmari, quae de rarefactione dicta sunt.

du cube au milieu. On voit par là la différence entre la dureté, qui n'appartient qu'à certains corps, et l'impénétrabilité, qui appartient à tous. Descartes aurait donc dû prendre en considération l'impénétrabilité tout aussi bien que la dureté.

Sur les art. 5.6.7. Ici Descartes explique très bien, que la raréfaction et la condensation, telles que nous les observons par nos sens, peuvent avoir lieu, sans que l'on soit forcé d'admettre que la matière est parsemée d'espaces vides, ni que la même partie de la matière change de dimensions.

Sur les art. 8 *à* 19. Plusieurs de ceux qui admettent le vide considèrent l'espace comme une substance, et ne peuvent être réfutés par les arguments cartésiens. Afin de clore cette discussion, il faut d'autres principes. Ces philosophes concéderont que la quantité et le nombre ne subsistent pas au dehors des choses auxquelles ils sont attribués ; mais ils nieront que l'espace ou le lieu soit la quantité du corps, estimant plutôt que l'espace lui-même a une certaine quantité ou capacité, égale à celle qu'a le corps contenu dans cet espace. Descartes aurait dû montrer que l'espace ou le lieu intérieur ne se distingue pas de la substance du corps.

5. Que cette vérité est obscurcie par les opinions dont on est préoccupé touchant la raréfaction et le vide. – 6. Comment se fait la raréfaction. – 7. Qu'elle ne peut être intelligiblement expliquée qu'en la façon ici proposée.

8. Que la grandeur ne diffère de ce qui est grand, ni le nombre des choses nombrées, que par notre pensée. – 9. Que la substance corporelle ne peut être clairement conçue sans son extension. – 10. Ce que c'est que l'espace ou le lieu intérieur. – 11. En quel sens on peut dire qu'il n'est point différent du corps qu'il contient. – 12. Et en quel sens il en est différent. – 13. Ce que c'est que le lieu extérieur. – 14. Quelle différence il y a entre le lieu et l'espace. – 15. Comment la superficie qui environne un corps peut être prise pour son lieu extérieur. – 16. Qu'il ne peut y avoir aucun vide, au sens que les Philosophes prennent ce mot. – 17. Que le mot de vide, pris selon l'usage ordinaire, n'exclut point toute sorte de corps. – 18. Comment on peut corriger la fausse opinion dont on est préoccupé touchant le vide. – 19. Que cela confirme ce qui a été dit de la raréfaction.

Contra sentientes se communi mortalium notione tuebuntur, qui existiment corpus corpori succedens eundem locum idemque spatium ingredi quod a priore corpore erat desertum, id vero dici utique nequit, si spatium cum ipsa corporis substantia coincidit. Etsi autem situm quendam habere, vel in loco dato esse sit accidens corporis, ipsum tamen locum esse corporis accidens, non magis admittent, quam ut contactus est accidens, ita quoque quod tangitur accidens esse. Et quidem videtur mihi Cartesius non tam suae sententiae probas rationes afferre, quam contrariis argumentis respondere, quod hoc loco non infeliciter praestat. Eoque artificio saepe utitur in demonstrationis vicem. Sed nos expectabamus majus aliquid, et ni fallor expectare jussi eramus. Quod nihili nulla sit extensio, fatendum est, recteque in illos torquetur, qui statuunt spatium nescio quod imaginarium. Sed quibus spatium substantia est, hoc argumento non tanguntur; tangerentur utique si demonstrasset supra Cartesius, quod hic assumit, omnem substantiam extensam esse corpus.

Ad artic. (20). Non videtur Autor satis bene pugnare in Atomos; concedent earum defensores, posse eas dividi tam IV, 369 cogitatione, quam divina | potentia. An vero naturaliter existere possint corpora, quae firmitatem habeant naturae viribus insuperabilem (quae vera apud eos Atomi notio est), quaestio est quam Cartesius (quod mirere) hoc loco ne attingit quidem, et tamen Atomos a se profligatas hic profitetur, et in

20. Ex his etiam demonstrari, nullas atomos dari posse.

Ceux qui sont d'un avis contraire s'appuieront sur la conception ordinaire des mortels, à savoir qu'un corps succédant à un autre remplit le même lieu et le même espace que l'autre a abandonnés ; ce que l'on ne peut plus soutenir, si l'espace coïncide avec la substance même du corps. Car bien qu'il soit accidentel au corps d'avoir une certaine position ou d'être dans un lieu donné, on n'admettra cependant pas que le lieu même soit un accident du corps : autant vaudrait conclure, du fait que le contact est accidentel, que ce qui est touché est aussi un accident. J'ai l'impression que Descartes a moins voulu apporter des preuves valables de sa propre opinion, que répondre à ses adversaires, ce dont il s'acquitte ici non sans succès. Il se sert souvent de cet artifice, au lieu d'apporter des démonstrations. Mais nous nous attendions à quelque chose de plus solide, et, si je ne me trompe, on nous l'avait fait espérer. Que le néant n'a pas d'étendue, il faut le reconnaître, et Descartes a raison de s'irriter contre ceux qui admettent je ne sais quel espace imaginaire. Mais ceux qui considèrent l'espace comme une substance ne sont pas touchés par cet argument ; ils ne seraient réfutés qu'à condition que Descartes eût démontré plus haut ce qu'il suppose ici, à savoir que toute substance étendue est un corps.

Sur l'art. 20. L'auteur ne me paraît pas réfuter l'atomisme de façon satisfaisante. Les atomistes concéderont que les atomes peuvent être divisés aussi bien dans notre pensée que par la puissance divine. Mais si, dans la nature, il peut y avoir des corps d'une dureté dont ne peuvent triompher les forces naturelles (ce qui est la véritable conception des atomistes), c'est une question que Descartes, – et l'on peut s'en étonner, – n'effleure même pas en cet endroit ; et néanmoins il se vante ici d'avoir détruit les atomes, et il prend cela pour acquis dans

---

20. Qu'il ne peut y avoir aucuns atomes, ou petits corps indivisibles.

toto operis decursu assumit. Plura infra de Atomis dicturi sumus ad artic. 54.

Ad artic. (21. 22. 23). Mundum nullos extensionis fines habere adeoque non nisi unicum esse posse, tum totam materiam ubique esse homogeneam nec nisi motibus adeoque et figuris discriminari, sententiae sunt quae hic inaedificantur pronuntiato neque ab omnibus admisso, neque ab autore demonstrato, quod idem sit extensum et corpus.

Ad artic. (25). Si motus nihil aliud est quam mutatio contactus seu viciniae immediatae, sequitur nunquam posse definiri, quaenam res moveatur. Ut enim in Astronomicis eadem phaenomena diversis hypothesibus praestantur, ita semper licebit, motum realem vel uni vel alteri eorum tribuere quae viciniam aut situm inter se mutant; adeo ut uno ex ipsis pro arbitrio electo, tanquam quiescente, aut data ratione in data linea moto, geometrice definiri queat, quid motus quietisve reliquis tribuendum sit, ut data phaenomena prodeant. Unde si nihil aliud inest in motu, quam haec respectiva mutatio, sequitur nullam in natura rationem dari cur uni rei potius quam aliis ascribi motum oporteat. Cujus consequens erit, motum realem esse nullum. Itaque ad hoc, ut moveri aliquid dicatur, requiremus non tantum ut mutet situm

---

21. Item mundum esse indefinite extensum.

22. Item unam et eandem esse materiam coeli et terra; ac plures mundos esse non posse.

23. Omnem materiae variationem, sive omnem ejus formarum diversitatem, pendere a motu.

24. Quid sit motus juxta vulgarem sensum.

25. Quid sit motus proprie sumptus.

toute la suite de son ouvrage. J'ajouterai encore quelque chose sur les atomes, à propos de l'art. 54.

Sur les art. 21, 22, 23. Que l'étendue du monde n'a point de bornes et que, par conséquent, il ne peut y avoir qu'un seul monde ; que la matière est partout homogène et ne peut être diversifiée que par le mouvement et les figures : ces thèses sont ici proclamées sans que la proposition que l'étendue et le corps sont identiques ait été acceptée par tout le monde ou démontrée par l'auteur.

Sur l'art. 25. Si le mouvement n'est rien d'autre qu'un changement de contact ou de voisinage immédiat, il s'ensuit qu'on ne peut jamais déterminer quel objet est en mouvement. Car de même qu'en astronomie on peut expliquer les mêmes phénomènes par des hypothèses différentes, de même il sera toujours possible d'attribuer le mouvement réel à l'un ou à l'autre des corps qui changent de voisinage ou de position, l'un par rapport à l'autre. Si bien qu'on pourra arbitrairement considérer l'un des deux comme étant en repos ou bien en mouvement sur une ligne et avec une vitesse données, et qu'on pourra alors définir géométriquement le mouvement ou le repos qu'il faut attribuer aux autres, afin que les phénomènes donnés se produisent. D'où il suit que, s'il n'y a rien dans le mouvement que ce changement réciproque, il n'y a aucune raison dans la nature qui puisse nous obliger à attribuer le mouvement plutôt à un objet qu'aux autres. Alors la conséquence s'impose, qu'il n'y a pas de mouvement réel. Pour pouvoir dire qu'un objet est en mouvement, nous ne demanderons donc pas seulement qu'il change de position par

---

21. Que l'étendue du monde est indéfinie. – 22. Que la terre et les cieux ne sont faits que d'une même matière, et qu'il ne peut y avoir plusieurs mondes. – 23. Que toutes les variétés qui sont en la matière dépendent du mouvement de ses parties. – 24. Ce que c'est que le mouvement pris selon l'usage commun. – 25. Ce que c'est que le mouvement proprement dit.

respectu aliorum, sed etiam ut causa mutationis, vis, actio, sit in ipso.

Ad artic. (26). Ex dictis paragrapho praecedente intelligitur, stare non posse quod affirmat Cartesius, non plus actionis in corpore requiri ad motum, quam ad quietem. Fateor vi opus esse, ut quiescens quietem tueatur contra corpora incurrentia; sed ea vis non est in quiescente, nam ipsa ambientia mutua vi motus sui sibi obluctantia efficiunt ut quiescens in situ priore manere cogatur.

Ad artic. (32). Primus autorum qui ad nos pervenerunt compositionem motuum attigit Archimedes, de spiralibus tractans; primus eam ad reddendam rationem aequalitatis angulorum incidentiae et reflexionis in Paralipomenis opticis IV, 370 applicuit Keplerus, diviso motu obliquo in perpendi|cularem et parallelum quem ea in re hic pariter et in dioptricis secutus est Cartesius; primus amplissimum in Physicis et Mechanicis compositionis motuum usum ostendit Galilaeus.

26. Non plus actionis requiri ad motum, quam ad quietem.

27. Motum et quietem esse tantum diversos modos corporis moti.

28. Motum proprie sumtum non referri, nisi ad corpora contigua ejus quod movetur.

29. Nec referri, nisi ad ea corpora contigua, quae tanquam quiescentia spectantur.

30. Cur, ex duobus corporibus contiguis quae separantur ab invicem, unum potius quam aliud moveri dicatur.

31. Quomodo in eodem corpore innumeri diversi motus esse possint.

32. Quomodo etiam motus proprie sumptus, qui in quoque corpore unicus est, pro pluribus sumi possit.

rapport aux autres, mais encore qu'il y ait en ce corps même une cause du changement, une force, une action.

Sur l'art. 26. Il apparaît de ce que nous avons dit dans le paragraphe précédent, que ce que Descartes affirme ici, à savoir qu'il n'est pas requis plus d'action dans le corps pour le mouvement que pour le repos, ne peut pas être maintenu. Je concède qu'il faut une force pour qu'un corps en repos reste en repos malgré le choc des corps qui viennent le heurter. Cependant cette force n'est pas dans le corps en repos ; les corps environnants s'opposent mutuellement les forces de leurs mouvements et font ainsi que le corps en repos soit forcé de rester dans sa position.

Sur l'art. 32. Le premier de tous les auteurs qui nous sont parvenus, qui se soit occupé de la composition des mouvements, c'est Archimède, quand il traite des spirales. Le premier qui s'en soit servi pour expliquer l'égalité de l'angle d'incidence avec l'angle de réflexion, c'est Kepler, dans ses *Paralipomena optica* [1], où il décompose le mouvement oblique en un mouvement perpendiculaire et en un mouvement parallèle. C'est lui que Descartes a suivi à cet égard, aussi bien ici que dans sa Dioptrique. Mais c'est Galilée qui, le premier, a montré l'ample usage qu'on peut faire de la composition des mouvements en physique et en mécanique.

---

26. Qu'il n'est pas requis plus d'action pour le mouvement que pour le repos. – 27. Que le mouvement et le repos ne sont rien que deux diverses façons dans le corps où ils se trouvent. – 28. Que le mouvement en sa propre signification ne se rapporte qu'aux corps qui touchent celui qu'on dit se mouvoir. – 29. Et même qu'il ne se rapporte qu'à ceux de ces corps que nous considérons comme en repos. – 30. D'où vient que le mouvement qui sépare deux corps qui se touchent, est plutôt attribué à l'un qu'à l'autre. – 31. Comment il peut y avoir plusieurs divers mouvements en un même corps.– 32. Comment le mouvement unique proprement dit, qui est unique en chaque corps peut aussi être pris pour plusieurs.

1. Kepler, *Astronomiae pars optica, seu Paralipomena in Vitellionis Opticam,* Francofurti, 1604, in-4°(trad. C. Chevalley, Paris, Vrin, 1980.)

Ad artic. (33. 34. 35). Quae hoc loco dicit Cartesius, pulcherrima sunt, et ingenio ejus digna, quod scilicet omnis motus in loco pleno involvat circulationem, et quod necesse sit materiam actu dividi alicubi in partes data quavis minores, cujus postremae conclusionis momentum non videtur ipse satis expendisse.

Ad artic. (36). Eandem motus quantitatem conservari in rebus, celebratissima est sententia Cartesianorum; demonstrationem tamen nullam dedere, nam quae hic ratio sumitur a constantia Dei, quam debilis sit, nemo non videt, quoniam etsi constantia Dei summa sit, nec quicquam ab eo nisi secundum praescriptae dudum seriei leges mutetur, id tamen quaeritur, quidnam conservare in serie decreverit; utrumne quantitatem motus, an aliud quiddam ab ea diversum, qualis est quantitas virium quam a me demonstratum est eandem potius conservari, et a Motus quantitate esse diversam, et saepissime contingere, ut quantitas motus mutetur, quantitate tamen virium semper permanente. Quibus argumentis hoc evicerim, et ab objectionibus vindicaverim, alibi legi pluribus potest. Quia tamen magni momenti res est, meditationis meae fontem summatim aperiam in exemplo. Sint duo corpora, *A* mole ut 4, celeritate ut I, et *B* mole ut I, celeritate ut 0, seu quiescens. Ponamus vel fingamus effici ut mox tota vis ipsius

---

33. Quomodo in omni motu integer circulus corporum simul moveatur.

34. Hinc sequi divisionem materiae in particulas revera indefinitas, quamvis eae nobis sint incomprehensibiles.

35. Quomodo fiat ista divisio; et quod non sit dubitandum quin fiat, etsi non comprehendatur.

36. Deum esse primariam motus causam, et eandem semper motus quantitatem in universo conservare.

Sur les art. 33, 34, 35. Ce que Descartes avance ici est très beau et digne de son génie, à savoir que tout mouvement dans un lieu plein entraîne un mouvement circulaire, et qu'il est nécessaire que la matière soit divisée actuellement quelque part en des parties moindres que toute grandeur donnée. Mais il ne paraît pas lui-même avoir suffisamment examiné l'importance de cette dernière conclusion.

Sur l'art. 36. Qu'il se conserve toujours la même quantité de mouvement dans l'univers, c'est la plus célèbre théorie des Cartésiens. Cependant ils n'en ont pas donné de démonstration ; car la raison tirée de la constance de Dieu est tellement faible que cela n'échappera à personne. En effet, même si la constance de Dieu est absolue et s'il ne change rien que selon les lois d'un ordre établi depuis longtemps, la question se pose cependant de savoir ce que Dieu a décidé de conserver dans la série des changements : si c'est la quantité du mouvement, ou bien quelque autre chose différente, comme par exemple la quantité des forces. J'ai démontré que c'est cette quantité des forces qui se conserve, qu'elle est différente de la quantité du mouvement et qu'il arrive très souvent que cette dernière subit un changement, alors que la quantité des forces reste toujours égale. On peut lire ailleurs, par quels arguments j'ai obtenu ce résultat et comment je l'ai assuré contre les objections. Mais puisque la question est d'une grande importance, je veux entrouvrir un instant la source de mes réflexions et apporter un exemple. Soient deux corps, A de masse 4 et de vitesse 1, et B de masse 1 et de vitesse 0, donc en repos. Supposons ou figurons-nous que toute force de

---

33. Comment en chaque mouvement il doit y avoir tout un cercle ou anneau de corps qui se meuvent ensemble. – 34. Qu'il suit de là que la matière se divise en des parties indéfinies et innombrables. – 35. Que nous ne devons point douter que cette division ne se fasse, encore que nous ne la puissions comprendre. – 36. Que Dieu est la première cause du mouvement, et qu'il en conserve toujours une égale quantité en l'univers.

A transferatur in *B*, id est ut *A* redigatur ad quietem, *B* vero pro ipso solum moveatur : Quaeritur quantum celeritatis nancisci debeat *B*? Secundum Cartesianos respondebitur : debere *B* habere celeritatem ut 4; ita enim quantitas motus pristina et praesens aequabuntur, quia moles 4 in celeritatem 1 tantum producit, quantum moles 1 in celeritatem 4; celeritate scilicet in tantum aucta in quantum diminutum fuit corpus. Mea sententia respondendum est, *B*.1 debere accipere celeritatem 2, ut tantum potentiae habeat quantum *A*.4, celeritatem habens ut 1, cujus ratio qua licet paucis explicanda est, ne nulla ratione dictum videatur. Nimirum hoc modo tantum potentiae nunc habebit *B*, quantum antea habebat *A,* seu potentia praesens et pristina erunt aequales, quod ostendi operae pretium est. Scilicet, ut altius ordiar, verumque aestimandi modum explicem (quod est officium Matheseos cujusdam vere universalis nuspiam traditae) ante omnia potentiam duplam, triplam, quadruplam fieri manifestum IV, 371 est, cum | id quod simplam habet, bis, ter, quater praecise repetitur. Itaque duo corpora mole et celeritate aequalia duplum potentiae habent unius ex ipsis. Non tamen inde sequitur, unum corpus dupla celeritate praeditum esse uno, simplam habente, duplo tantum potentius; licet enim repetatur adhuc semel gradus celeritatis, non tamen replicatur et subjectum : quemadmodum revera fit cum corpus duplo majus vel bina corpora aequalium celeritatum ponunutur pro uno, ubi plena unius ex ipsis fit repetitio tam magni- tudine quam motu. Similiter duae librae super hori- zontem altitudine pedis elevatae praecise re et virtute duplum sunt unius tantundem elevatae; et duo elastra

A soit transportée ensuite en *B*, c'est-à-dire que *A* soit réduit au repos et qu'à sa place *B* seul soit en mouvement : on demande quelle vitesse *B* doit acquérir. Selon les Cartésiens il faudra répondre : *B* aura la vitesse 4 ; car ainsi la quantité de mouvement avant et après le transfert sera égale, parce que le produit de la masse 4 et de la vitesse 1 est égal au produit de la masse 1 et de la vitesse 4. La vitesse sera donc augmentée dans la même proportion que le corps a été diminué. Selon ma théorie, il faut répondre que *B* (de masse 1) doit prendre la vitesse 2, afin d'avoir la même puissance qu'avait *A* (de masse 4) avec la vitesse 1. Mais il faut expliquer la raison de cela en peu de mots, pour que ma théorie n'apparaisse pas arbitraire. Je soutiens donc que *B* aura maintenant autant de puissance que *A* avait auparavant, ou bien que la puissance avant et après le transfert reste égale ; ce qui vaut la peine d'être prouvé. Pour prendre les choses de plus haut et pour expliquer la vraie méthode d'estimation (ce qui est la fonction d'une mathématique véritablement universelle et qui n'a jamais encore été enseignée), disons d'abord qu'il est évident, que la puissance devient double, triple, quadruple, lorsque ce qui a la puissance simple est exactement répété deux, trois, quatre fois. Ainsi deux corps égaux en masse et en vitesse ont le double de la puissance d'un seul d'entre eux. Mais il ne suit pas de là qu'un corps ayant la vitesse double d'un autre n'ait que la puissance double de l'autre ; car quoique le degré de vitesse se trouve une fois répété dans le premier, le sujet du mouvement ne s'en trouve pas doublé, comme il arrive en fait, quand un corps est remplacé par un autre de masse double ou par deux corps égaux et de la même vitesse, car alors il y a effectivement duplication parfaite du corps remplacé, tant en ce qui concerne la grandeur qu'en ce qui concerne la quantité de mouvement. De la même façon deux poids, chacun d'une livre, enlevés à la hauteur d'un pied sont exactement le double, quant à la masse et quant à la force, d'un seul, élevé à la même hauteur ; et deux ressorts de la même tension sont

aequaliter tensa sunt duplum unius ex ipsis. Sed quando duo
potentiam habentia non plane homogenea sunt, neque hoc
modo inter se comparari aut ad mensuram re pariter et virtute
metientem revocari possunt, tentanda est comparatio per am-
bages, comparando scilicet effectus eorum homogeneos vel
causas. Nam unaquaeque causa aequalem potentiam habet
cum effectu integro seu quem ipsa potentiam suam consu-
mendo producit. Cum ergo duo corpora supradicta A mole 4,
celeritate 1, et B mole 1, celeritate 2 per se praecise non sint
comparabilia, neque unum aliquod potentia praeditum assi-
gnari possit, cujus simplici repetitione producatur utrumque,
inspiciamus eorum effectus. Nempe ponantur haec duo
corpora esse gravia; itaque si A directionem suam sursum
convertat et ope celeritatis ut 1 assurgere possit ad unius pedis
altitudinem, poterit B celeritate ut 2 assurgere ad altitudinem
pedum 4, ex demonstratis a Galilaeo aliisque, isque effectus
uterque erit integer et potentiam consumens, adeoque causae
producenti aequalis. Sed hi duo effectus sunt virtute seu
potentia aequales inter se, librarum scilicet 4, seu corporis A
elevatio ad pedem unum, et librae unius seu corporis B
elevatio ad quatuor. Ergo et causae, nempe A. 4 celeritate 1 et
B.1 celeritate 2 virtute seu potentia erunt aequales, quod
asserebatur. Si quis autem neget ejusdem potentiae esse 4
libras ad pedem 1 et unam lib. ad ped. 4 elevare seu duos hos
effectus aequipollere (quanquam admittant ni fallor fere
omnes), ex eodem principio convinci potest. Nam adhibita
inaequalium brachiorum bilance utique per libram 1 descen-
dentem ex pedibus 4, praecise attolli possunt librae 4 ad
pedem 1, nec quicquam ultra licet praestare; ita ut hic effectus

également le double de l'un d'eux. Mais lorsque deux objets ayant une certaine puissance ne sont pas complètement homogènes et ne peuvent ni être comparés de cette façon entre eux, ni être réduits à une commune mesure de grandeur et de force, il faut tâcher de les comparer indirectement, à savoir par la comparaison des effets homogènes qu'ils produisent, ou de leurs causes. Car toute cause a la même puissance que l'effet total, c'est-à-dire l'effet qu'elle produit en épuisant sa puissance. Comme les deux corps susdits : *A* de masse 4 et de vitesse 1, et *B* de masse 1 et de vitesse 2, ne sont pas exactement comparables et qu'on ne peut pas leur assigner comme unité un sujet pourvu de puissance, dont chacun d'eux ne serait que la simple multiplication, il faut examiner les effets qu'ils produisent. Supposons donc que ces deux corps soient lourds ; alors si *A*, en prenant un mouvement ascendant, peut, avec la vitesse 1, monter jusqu'à la hauteur d'un pied, *B*, avec la vitesse 2, pourra monter jusqu'à la hauteur de quatre pieds, ainsi que l'ont démontré Galilée et d'autres ; et cet effet, dans les deux cas, sera total, épuisera la puissance de sa cause et sera donc égal à la cause qui le produit. Mais ces deux effets sont, quant à la puissance ou à la force, égaux entre eux : l'élévation de quatre livres (corps *A*) à la hauteur d'un pied et l'élévation d'une livre (corps *B*) à la hauteur de quatre pieds épuisent la même puissance. Par conséquent, les causes aussi, à savoir *A* de masse 4 et de vitesse 1 et *B* de masse 1 et de vitesse 2, sont égales en force ou en puissance, ainsi que je l'ai soutenu. S'il y a quelqu'un pour nier qu'il faut la même puissance pour élever quatre livres à la hauteur d'un pied, et une livre à la hauteur de quatre pieds, c'est-à-dire que ces deux effets sont équivalents (bien que, autant que je sache, presque tout le monde l'admette), on peut le convaincre par le même principe. Prenons une balance ayant des bras inégaux : si d'un côté une livre descend de quatre pieds, de l'autre côté quatre livres seront exactement élevées d'un pied, et ce sera tout l'effet

causae potentiam praecise consumat, adeoque sit ei virtute aequalis. Itaque hinc tandem colligo : Si tota potentia ipsius A. 4 praediti celeritate 1 transferri debeat in B.1, debere B accipere celeritatem 2, vel quod eodem | redit, si prius B quiescente, motum fuisset A, nunc vero A quiescente in motu debeat esse B (caeteris paribus manentibus), debere celeritatem ipsius B esse duplam, cum moles ipsius A quadrupla sit. Si vero ut vulgo volunt, B subquadruplum ipsius A seu quartae ejus parti pondere aequale acciperet celeritatem quadruplam, acquireremus motum perpetuum seu effectum potentiorem causa; nam initio cum moveretur A, tantummodo poterant 4 librae attolli ad pedem 1, seu una libra ad pedes 4; postea vero, moto B, posset una libra attolli ad pedem 16, nam altitudines sunt ut quadrata celeritatum quarum vi ad eas assurgi potest, et quadrupla celeritas ad altitudinem sedecuplam attollit. Ita ope ipsius B non possemus tantum A rursus attollere ad pedem 1, unde redescendendo celeritatem pristinam reciperet, sed et plura alia efficere, quod est motum mechanicum perpetuum exhibere, cum scilicet potentia prima redit et tamen aliquid ultra praestitum est. Etsi autem suppositio illa de translatione totius potentiae ipsius A in B non posset actu ipso praestari, id tamen ad rem non facit, cum hoc loco de vera aestimatione agatur seu quantum ex tali hypothesi B accipere oporteret. Imo etsi pars virium retineatur, parte tantum translata, easdem tamen absurditates nasci necesse est, nam si quantitas motus servanda est, quantitatem virium servari semper non posse patet, cum quantitatem motus constet esse in

qui se produira ; de sorte que cet effet épuise exactement la puissance de la cause, ce qui prouve qu'il lui est équivalent du point de vue de la force. J'en conclus : si la puissance totale du corps A (masse 4, vitesse 1) doit être transmise à B (masse 1), B doit recevoir la vitesse 2, ou bien, ce qui revient au même, si B a été d'abord en repos et A en mouvement, et que maintenant B doive être en mouvement et A en repos (toutes les autres conditions restant inchangées), la vitesse de B doit être double de celle qu'avait A, la masse de A étant quadruple de celle de B. Si, comme le prétend la théorie vulgaire, B, sous-quadruple de A ou égal à un quart du poids de A, recevait la vitesse 4, nous aurions un mouvement perpétuel ou un effet plus puissant que la cause ; car, d'abord, lorsque A était en mouvement, 4 livres pouvaient être élevées à la hauteur d'un pied, ou bien une livre à la hauteur de quatre pieds ; mais ensuite, lorsque B a été mis en mouvement, une livre pourrait être élevée à la hauteur de seize pieds, car les hauteurs d'élévation sont comme les carrés des vitesses par lesquelles elles peuvent être atteintes, et une vitesse quatre fois plus grande élève à une hauteur seize fois plus grande. Par la force de ce B nous pourrions donc non seulement élever de nouveau A à la hauteur d'un pied, d'où il redescendrait pour retrouver sa vitesse primitive, mais encore produire plusieurs autres effets ; ce qui constitue bien un mouvement mécanique perpétuel, puisque, la puissance primitive une fois restituée, un excédent demeure disponible. Même si le transfert supposé de la puissance totale de A en B ne se laissait pas réaliser en fait, cela ne changerait rien à l'affaire, car il s'agit ici de la vraie estimation, c'est-à-dire de déterminer dans cette hypothèse quelle vitesse B devrait recevoir. Car même si une partie seulement des forces est transmise et une autre partie retenue, il en résulterait nécessairement les mêmes absurdités ; car, s'il faut conserver la quantité du mouvement, on ne pourra pas toujours conserver la quantité des forces, puisqu'il est constant que la quantité du mouvement est en

ratione composita molis et celeritatis, quantitas autem potentiae, ut ostendimus, sit in ratione composita molis et altitudinis ad quam grave vi potentiae attolli potest, altitudines vero sint in ratione celeritatum attollentium duplicata. Interim haec regula constitui potest : eandem tam virium quam motus quantitatem servari, cum corpora tam ante quam post concursum tendunt in easdem partes, item cum corpora concurrentia aequalia sunt.

Ad artic. (37. 38). Verissima et indubitata naturae lex est, quod eadem res, quantum in se est, semper in eodem statu perseverat, quam et Galilaeus et Gassendus, et plerique alii dudum tenuere. Ut mirum sit fuisse, quibus in mentem venit projecta continuationem motus aëri debere, non cogitantibus pari jure hoc modo novam rationem motus continuandi quaerendam fore pro aëre ipso ; neque enim ille lapidem projectum impellere posset ut illi volunt, nisi vim recepti motus continuandi in se haberet, eaque in re ab obstante lapide impediretur.

Ad artic. (39). Pulcherrimam naturae legem, qua fit ut circulum vel lineam quamcunque curvam describentia recedere conentur a linea per rectam tangentem, non tantum IV, 373 observavit Keplerus (post alios fortasse), | sed etiam ea jam tum usus est, quod palmarium judico ad illustrandam causam gravitatis, ut apparet ex Epitoma Astronomiae Copernicanae.

37. Prima lex naturae : quod unaquaeque res, quantum in se est, semper in eodem statu perseveret, sicque quod semel movetur, semper moveri pergat.

38. De motu projectorum.

39. Altera lex naturae : quod omnis motus ex se ipso sit rectus, et ideo quae circulariter moventur, tendere semper ut recedant a centro circuli quem describunt.

proportion de la masse et de la vitesse, alors que la quantité de la puissance, ainsi que nous l'avons montré, est en proportion de la masse et de la hauteur à laquelle un grave peut être élevé par cette puissance, et que les hauteurs sont comme les carrés des vitesses des corps qui s'élèvent. Cependant on peut énoncer cette règle : Il se conserve la même quantité tant de force que de mouvement, lorsque les corps, avant et après leur rencontre, se meuvent dans les mêmes directions, et aussi lorsque les corps qui se rencontrent sont égaux.

Sur les art. 37, 38. C'est une loi très vraie et incontestable de la nature, que chaque chose demeure dans le même état, en tant qu'elle ne dépend que d'elle-même, loi connue de Galilée, de Gassendi et de beaucoup d'autres. Il est d'autant plus étonnant qu'il y ait eu des savants pour croire que la continuation du mouvement soit due à l'air, sans réfléchir qu'il y aurait égale obligation, en ce cas, de chercher semblablement la raison pour laquelle l'air continue son mouvement. Car l'air ne pourrait pousser une pierre lancée, comme ces savants le soutiennent, s'il n'avait pas en lui-même la force de continuer le mouvement reçu, et si cette force n'était pas entravée par la résistance de la pierre.

Sur l'art. 39. L'admirable loi de la nature, selon laquelle un corps, décrivant un cercle ou quelqu'autre courbe, tend à s'éloigner de cette ligne selon la droite tangente, cette loi n'a pas seulement été observée par Kepler, peut-être après d'autres savants, mais il s'en est déjà servi, ce que j'estime digne d'éloges, pour éclaircir la cause de la gravité, comme il apparaît dans son *Epitome Astronomiae Copernicanae*[1].

---

37. La première loi de la nature : que chaque chose demeure en l'état qu'elle est, pendant que rien ne le change. – 38. Pourquoi les corps poussés de la main continuent de se mouvoir après qu'elle les a quittés. – 39. La deuxième loi de la nature : que tout corps qui se meut tend à continuer son mouvement en ligne droite.

1. Kepler, *Epitome astronomiae copernicanae*, Lintiis, 1618, in-8°.

A Cartesio recte posita est haec lex, et egregie explicata, sed non tamen demonstrata, quod ab ipso expectandum videbatur.

Ad artic. (40 *usque ad* 44). Duas Naturae Leges verissimas attulit Cartesius artic. 37 et 39, et sua quadam luce claras, sed tertia mihi tam videtur aliena non tantum a veritate, sed etiam a verisimilitudine, ut mirari subeat, quomodo in mentem tanti viri irrepserit. Et huic tamen ille mox suas motuum atque concursuum regulas inaedificat, aitque omnes causas mutationum particularium in corporibus in ea contineri. Ita autem concepta est: Unum corpus alteri fortiori occurrendo nihil amittit de suo motu, sed tantum mutat determinationem, accipere tamen aliquid motus a fortiori potest ; occurrendo autem minus forti, tantum amittit quantum transfert. Verum enim vero, ut corpus fortiori impingendo nihil amittat de suo motu, sed celeritatem vel retineat vel augeat, tantummodo locum habet in casu concursus contrarii ; sed quando corpus debilius et tamen celerius impingitur fortiori tardius antecedenti, quod scilicet assequitur, tunc contrarium evenit, generaliterque verum esse reperio, observari a natura ut corporis aliud

40. Tertia lex : quod unum corpus, alteri fortiori occurrendo, nihil amittat de suo motu ; occurrendo vero minus forti, tantum amittere, quantum in illud transfert.

41. Probatio prioris partis hujus regulae.

42. Probatio posterioris partis.

43. In quo consistat vis cujusque corporis ad agendum vel resistendum.

44. Motum non esse motui contrarium, sed quieti ; et determinationem in unam partem determinationi in partem oppositam.

Descartes a exactement formulé cette loi, et il l'a très bien expliquée; mais il ne l'a pas démontrée, comme on pouvait l'attendre de lui.

Sur les art. 40 à 44. Dans les art. 37 et 39, Descartes a énoncé deux lois de la nature, très vraies et à peu près évidentes par elles-mêmes; mais la troisième me semble tellement éloignée non seulement de la vérité mais même de la vraisemblance, que je m'étonne qu'un si grand homme ait pu la concevoir. Et cependant c'est sur ce fondement qu'il établit bientôt après presque toutes ses règles du mouvement et du choc des corps, et il prétend même que les causes particulières des changements qui arrivent aux corps sont toutes comprises en cette règle, qu'il formule ainsi : Si un corps qui se meut et qui en rencontre un autre a moins de force que cet autre, il ne perd rien de son mouvement, mais il change sa détermination : il peut cependant recevoir quelque mouvement du corps qui a plus de force que lui. Si, au contraire, il rencontre un autre corps qui a moins de force que lui, il perd autant de son mouvement qu'il lui en donne. A la vérité, la loi selon laquelle un corps rencontrait un autre plus fort ne perd rien de son mouvement mais conserve ou augmente sa vitesse, ne vaut que dans le cas du choc de corps venant de directions opposées. Mais lorsqu'un corps plus faible et cependant plus rapide vient heurter un corps plus fort qui le précède avec une moindre vitesse, que par conséquent il poursuit, c'est le contraire qui se produit. Et en général, je constate que la nature suit une loi, selon laquelle la vitesse du corps

40. La troisième : que si un corps qui se meut en rencontre un autre plus fort que soi, il ne perd rien de son mouvement; et s'il en rencontre un plus faible qu'il puisse mouvoir, il en perd autant qu'il lui en donne. – 41. La preuve de la première partie de cette règle. – 42. La preuve de la seconde partie. – 43. En quoi consiste la force de chaque corps pour agir ou pour résister. – 44. Que le mouvement n'est pas contraire à un autre mouvement, mais au repos; et la détermination d'un mouvement vers un côté, à sa détermination vers un autre.

assequentis celeritas ictu imminuatur. Nam si continuet motum post ictum, utique continuare eum priore celeritate non potest, nisi eam et antecedenti tribuat, quo casu in summa augeretur aggregatum potentiae. Si quiescat post ictum, per se patet celeritatem ejus esse ictu imminutam, imo sublatam : contingit autem quies in duris (quae hic semper subintelligo), cum ratio excessus praecedentis super assequens est ad assequens[1] duplum, ut celeritas praecedentis ad celeritatem assequentis. Denique si reflectatur incurrens corpus post assecutionem, rursus patet motum reflexi esse minorem quam ante, alioqui cum a superveniente incurrentis impulsu necessario aucta sit celeritas excipientis seu praecedentis, utique volentibus nobis ipsius quoque insequentis et jam reflexi celeritatem augere, vel saltem eandem quae prius retinere,

1. *Il faut sans doute lire* : ad praecedens. *P. S.*

qui en rattrape un autre est diminuée par le choc. Car lorsqu'après le choc il continue son mouvement, il ne peut cependant pas le continuer avec la vitesse primitive : il ne le pourrait qu'en communiquant cette vitesse au corps qui le précède ; et dans ce cas la somme des puissances se trouverait augmentée. S'il s'arrête après le choc, c'est donc que le choc a non seulement diminué sa vitesse, mais l'a anéantie. Cet arrêt se produit chez les corps durs (je les suppose ici toujours tels), lorsque le rapport de l'excédent du corps qui précède sur celui qui le suit à ce dernier est le double du rapport de la vitesse du corps qui précède à la vitesse de celui qui le rattrape [1]. Enfin, lorsque le corps qui suit est réfléchi après le choc, il est encore évident, que le mouvement du corps réfléchi est moindre qu'avant le choc. Autrement, comme la vitesse du corps qui précède se trouve nécessairement augmentée par le choc de celui qui le rattrape, si nous voulons à toute force que la vitesse du corps poursuivant et déjà réfléchi soit elle aussi augmentée ou du moins conservée égale à ce qu'elle était auparavant,

---

1. C'est ainsi que s'exprime le texte de Leibniz. Mais il faut sans doute corriger en : ... *lorsque le rapport de l'excédent du corps qui précède sur celui qui le suit au corps qui précède est le double...* Désignons la masse du corps précédent par m, ses vitesses avant et après le choc par v et v', la masse du corps qui le rattrape par m_1, ses vitesses par v_1 et v_1'. Leurs rapports sont déterminés par ces deux équations

$mv^2 + mv_1{}^2{}^t = mv'^2 + m_1v_1'^2$ (conservation de la force)

$mv + m_1v_1 = mv' + m_1v_1$ (conservation du mouvement)

Pour que m_1 s'arrête après le choc, c'est-à-dire que $v_1' = 0$, il faut en effet que $m - m_1 = 2\,v$.

On pourra, à l'aide de ces deux équations fondamentales, s'expliquer sans difficulté toute la discussion qui suit sur les lois du choc des corps, en remarquant cependant que, selon la deuxième équation, c'est la somme *algébrique* des quantités de mouvement qui se conserve et non pas la somme absolue, comme l'avait prétendu Descartes. Les vitesses à directions opposées y doivent donc figurer avec des signes opposés. C'est la raison pour laquelle Leibniz, à la fin de l'art. 36, a restreint le principe de la conservation de la quantité de mouvement, compris dans le sens cartésien, aux cas où les deux corps, avant et après la rencontre, se meuvent dans les mêmes directions.

totius potentiae aggregatum rursus auctum prodiret, quod absurdum est. Si quis excusando Cartesio excipiat, hanc Tertiam ejus Legem de occursu corporum loquentem de solis concursibus contrariis intelligi debere, facile id quidem patiar; sed tunc fatendum est non esse provisum ab ipso concursui corporum ad easdem partes tendentium, cum tamen ipsemet legem hanc, quemadmodum jam notavimus, ad omnes casus IV, 374 particulares porrigi pro|fiteatur. Demonstratio quoque quam molitur artic. 41, si proba est, omnem concursum ad easdem aut contrarias partes tendentium comprehendit. Sed mihi ne speciem quidem argumenti habere videtur. Fateor recte distingui motus quantitatem et determinationem, et unam aliquando mutari altera servata; verum non raro contra evenit ut simul mutentur, et sane ambo ad se mutuo tuendum conspirant, corpusque tota sua vi totaque motus sui quantitate huc tendit, ut determinationem suam sive directionem servet, et quicquid manente directione de celeritate detrahitur, decedit etiam determinationi; tardius enim procedens in eandem plagam, minus ad eam servandam determinatum est. Praeterea si corpus A incurrat in quiescens minus B, perget in eadem directione, imminuto licet motu, seu incurrat in quiescens sibi aequale B, sistetur, ita ut ipsummet quiescat omnino, motu translato in B; denique si A incurrat in B, quiescens majus vel aequale quidem, sed contratendens, tunc A plane reflectetur. Unde intelligitur, majore oppositione opus esse ut A reflectatur in plagam directioni suae oppositam, quam ut redigatur ad quietem; quae res prorsus pugnat cum Cartesii decretis.

la somme des puissances se trouverait encore augmentée, ce qui est absurde. Si quelqu'un, pour excuser Descartes, alléguait que cette troisième loi du choc des corps ne s'applique qu'au choc de corps de directions opposées, je serais tout à fait d'accord avec lui. Mais alors il faudrait avouer que Descartes ne s'est pas préoccupé du choc des corps se mouvant dans la même direction, cependant qu'il a prétendu, comme nous l'avons déjà noté, que cette loi s'applique à tous les cas particuliers. La démonstration à laquelle est consacré l'art. 41, si toutefois elle est exacte, vise tous les cas de chocs, que les corps se dirigent dans la même direction ou dans des directions opposées. Il est vrai, qu'à mon sens, elle n'apporte même pas l'ombre d'une preuve. Je reconnais que Descartes y distingue avec raison la quantité et la détermination du mouvement, et que quelquefois l'une se trouve changée, sans que l'autre le soit; mais il arrive assez souvent qu'au contraire elles changent simultanément; et toutes les deux s'accordent sans doute à se maintenir mutuellement. En effet, le corps tend de toute la force et de toute la quantité du mouvement dont il est pourvu, à conserver la détermination ou la direction de ce mouvement et ce qu'il perd en vitesse, la direction restant la même, est aussi retranché à la détermination; car en avançant plus lentement dans la même direction, le corps est aussi moins déterminé à la conserver. En outre, si le corps A vient heurter le corps B, plus petit et en repos, il continuera dans la même direction, bien qu'avec un mouvement diminué; si le corps en repos B est de grandeur égale à A, celui-ci s'arrêtera, de sorte qu'il sera en repos, tandis que le mouvement sera transmis à B; enfin si A heurte le corps B, plus grand que lui et en repos, ou de grandeur égale mais en mouvement opposé, alors A sera évidemment réfléchi. D'où il apparaît qu'il est besoin d'une plus grande opposition pour faire réfléchir le corps A dans la direction opposée à la sienne primitive, que pour le réduire au repos; ce qui est encore contraire aux assertions de Descartes.

Major enim oppositio est, cum oppositum est majus, aut cum magis contra tendit. Quod autem ait motum, tanquam rem simplicem, perseverare, donec a causa externa destruatur, agnosco non tantum de quantitate motus, sed et de determinatione. Et determinatio ipsa corporis moti, seu ipse progrediendi nisus suam habet quantitatem, quae facilius minui quam ad nihilum id est quietem redigi, et facilius (id est minore oppositione) sisti prorsus et reduci ad quietem, quam in regressum seu motum contrarium mutari potest, quemadmodum proxime animadvertimus. Itaque licet motus motui in genere contrarius non sit, tamen obstat motus praesens praesenti concurrentis, seu progressus progressui contrario; quandoquidem minore mutatione minoreque, ut ostendimus, oppositione opus est ad minuendum progressum quam ad eundem plane tollendum et transformandum in regressum. Perinde autem mihi sese habere videtur Cartesii ratiocinatio, ac si quis argutari vellet, cum duo corpora sibi obstant, nunquam debere frangi et in partes dissilire, sed semper flectere sese atque accommodare sibi mutuo suas figuras, quia scilicet materia distinguitur a figura, nec materia materiae, sed figura figurae contraria est, et quantitas materiae servari in corpore potest, mutata figura, atque hinc proinde magnitudine ejusdem corporis nunquam imminuta figuram solam mutari IV,375 debere concludat. Si considerasset Cartesius | corpus omne in aliud incurrens, antequam reflectatur, a progressu suo remittere, deinde sisti, ac tum demum reflecti, atque ita non per saltum sed per gradus ab una determinatione ad oppositam transire: alias nobis motuum regulas constituisset.

Car l'opposition est plus grande, lorsque la chose qui s'oppose est plus grande ou lorsqu'elle tend davantage en sens opposé. Ce que Descartes soutient du mouvement comme d'une chose simple, à savoir qu'il continue tant qu'il n'est pas détruit par une cause extérieure, je le reconnais non seulement de la quantité, mais encore de la détermination du mouvement. Et cette détermination du corps en mouvement, c'est-à-dire son effort d'avancer dans la même direction, a elle-même une certaine quantité, qu'il est plus facile de diminuer que de réduire à zéro, c'est-à-dire au repos, et plus facile (c'est-à-dire exigeant moins d'opposition) d'arrêter et de réduire au repos que de faire retourner en arrière ou de transformer en mouvement opposé, comme nous venons de le remarquer. Ainsi, bien que le mouvement en général ne soit pas contraire au mouvement, le mouvement actuel s'oppose cependant au mouvement actuel contraire, ou la progression à la progression contraire ; puisque, comme nous l'avons montré, il n'est besoin que d'un changement et d'une opposition moindres pour diminuer la progression, que pour l'arrêter tout à fait et pour la transformer en régression. Descartes me paraît tout à fait argumenter comme celui qui ratiocinerait pour établir que, lorsque deux corps se heurtent, il ne doit jamais arriver qu'ils se brisent et volent en éclats, mais qu'ils plient toujours et accommodent mutuellement leurs figures l'un à l'autre, pour cette raison que la matière est distinguée de la figure, que la matière n'est pas opposée à la matière, mais la figure à la figure, et que la quantité de matière peut être conservée dans un corps quoiqu'il change de figure. D'où il conclurait que la figure seule doit être changée, un corps ne pouvant jamais rien perdre de sa grandeur. Si Descartes avait considéré que tout corps qui en heurte un autre, avant d'être réfléchi, diminue d'abord sa progression, s'arrête ensuite, et alors seulement retourne en arrière, et qu'ainsi il ne passe point d'une détermination à l'opposée par un saut mais par degrés ; si Descartes avait considéré cela, il nous eût proposé des règles différentes du mouvement.

Sciendum enim est, omne corpus utcunque durum tamen flexibile aliquo modo et elasticum esse ad instar pilae vento inflatae, quae vel ipsamet illapsa in pavimentum, vel lapillum in se illapsum excipiens, cedit nonnihil, donec impetus ipse concurrendi sive progressus paulatim fractus tandem plane sistatur; quo facto pila se restituens lapillum non jam amplius resistentem repercutit, vel se ipsam rursus attollit a pavimento in quod illapsa erat. Et simile aliquid in omni repercussione contingere, tametsi ipse flexus ipsaque restitutio oculis notari nequeat, manifestis tamen indiciis per experimenta compertum habemus. Cartesius autem explicationem reflexionum per vim Elasticam ab Hobbio primum animadversam alto supercilio contemsit in Epistolis, nimium securus posteritatis. Ratiocinatio autem qua posteriorem hujus quam promulgare voluit naturae Legis partem (quae statuit, quantum motus uni concurrentium decedit, tantum alteri accedere) demonstrare conatur artic. 42, novo examine non indiget, nam assumit eandem manere debere quantitatem motus, quod quam erroneum sit, jam ad artic. 36 ostensum est.

Ad. artic. (45). Antequam ad speciales motuum regulas ab autore nostro traditas examinandas veniam, criterion generale dabo, et velut lapidem Lydium ad quem examinari possint,

45. Quomodo possit determinari quantum cujusque corporis motus mutetur propter aliorum corporum occursum, idque per regulas sequentes.

Car il faut savoir que tout corps, quelle que soit sa dureté, a néanmoins un certain degré de flexibilité et d'élasticité ; telle une balle gonflée qui, soit qu'elle tombe sur le pavé, soit qu'on lance un caillou sur elle, cède quelque peu, jusqu'à ce que la force du choc ou la progression, brisée peu à peu, cesse enfin ; alors la balle reprend sa forme, repousse le caillou qui ne résiste plus, ou rebondit du pavé sur lequel elle était tombée. Quelque chose de semblable se passe dans tout choc, bien que la déformation et le rétablissement de la forme mêmes ne puissent être observés des yeux ; c'est ce que nous avons établi par des indications manifestes que fournissent les expériences. Mais Descartes, trop sûr de sa gloire, n'a eu, dans ses lettres, que du mépris hautain pour l'explication de la réflexion par la force élastique, proposée pour la première fois par Hobbes[1]. Le raisonnement par lequel il a voulu démontrer, dans l'art. 42, la deuxième partie de cette prétendue loi de la nature (à savoir que l'un des corps qui se rencontrent perd autant de mouvement que l'autre en gagne), n'a pas besoin d'être examiné à nouveau ; car nous avons déjà montré, à propos de l'art. 36, que la supposition selon laquelle la quantité du mouvement doit rester la même, est tout à fait erronée.

Sur l'art. 45. Avant d'aborder la critique des règles spéciales du mouvement, proposées par notre auteur, je donnerai un critère général, une pierre de touche, pour ainsi dire, avec laquelle on puisse les examiner ; j'ai coutume de

---

45. Comment on peut déterminer combien les corps qui se rencontrent changent les mouvements les uns des autres, par les règles qui suivent.

1. Voir la discussion entre Descartes et Hobbes sur l'élasticité dans l'éd. Adam-Tannery, III, p. 287 *sq.*, 300 *sq.*, 313 *sq.*, 318 *sq.*

quod appellare soleo *Legem continuitatis*. Rem alibi dudum explicui, sed hic repetenda est ampliandaque. Nimirum cum hypotheses duae seu duo data diversa ad se invicem continue accedunt, donec tandem unum eorum in alterum desinat, necesse est etiam quaesita sive eventa amborum continue ad se invicem accedere, et tandem unum in alterum abire et vice versa. Ita uno Ellipseos foco manente immoto, si alter focus ab ipso magis magisque recedat, manente interim latere recto, tunc novae Ellipses quae ita nascentur, continue accedent ad Parabolam ac postremo plane in eam abibunt, cum scilicet distantia recedentis foci facta erit immensa. Unde et proprietates talium Ellipsium magis magisque ad Parabolae proprietates accedent, usque adeo ut postremo in eas abeant, et Parabola considerari possit tanquam Ellipsis, cujus alter focus infinite absit: adeoque omnes proprietates Ellipseos in genere etiam de Parabola tanquam tali Ellipsi verificentur. Et hujusmodi quidem exemplorum plena est Geometria: sed natura, cujus IV,376 sapientissimus | Auctor perfectissimam Geometriam exercet, idem observat, alioqui nullus in ea progressus ordinatus servaretur. Sic Motus paulatim decrescens tandem evanescit in quietem, et inaequalitas continue diminuta in accuratam aequalitatem abit, ita ut quies considerari possit tanquam motus infinite parvus, aut tanquam tarditas infinita, et aequalitas tanquam inaequalitas infinite parva; atque ea ratione quicquid vel de motu in genere

l'appeler la *loi de continuité*. Je l'ai expliquée ailleurs, il y a déjà quelque temps[1], mais je voudrais y revenir ici, avec plus de développement. Donc, si deux conditions hypothétiques ou deux données différentes se rapprochent continuellement l'une de l'autre, alors nécessairement les résultats cherchés ou les effets des deux conditions se rapprochent aussi continuellement l'un de l'autre, et enfin se fondent l'un dans l'autre, et réciproquement. Ainsi, si un foyer de l'ellipse reste en repos et que l'autre s'en éloigne de plus en plus, l'axe perpendiculaire restant toujours de même grandeur, alors les nouvelles ellipses qui en naissent se rapprocheront continuellement de la parabole et se transformeront enfin complètement en celle-ci, à savoir lorsque la distance du foyer qui s'éloigne sera devenue immense. D'où il arrive que les propriétés de ces ellipses se rapprochent aussi de plus en plus des propriétés de la parabole, si bien qu'enfin elles se confondent et que la parabole peut être considérée comme une ellipse dont l'autre foyer serait infiniment éloigné; par suite, toutes les propriétés de l'ellipse pourront aussi, en général, être vérifiées dans la parabole, considérée comme une telle ellipse. La géométrie abonde en exemples de ce genre. Mais il en est de même dans la nature, à laquelle l'Auteur, souverainement sage, applique la plus parfaite géométrie. D'ailleurs, s'il en était autrement, la nature ne suivrait pas un cours ordonné. Ainsi le mouvement, décroissant continuellement, se perd enfin dans le repos, l'inégalité continuellement diminuée se transforme en exacte égalité, de sorte que le repos peut être considéré comme un mouvement infiniment petit ou comme une lenteur infinie, et l'égalité comme une inégalité infiniment petite ; et pour cette raison, tout ce qui a été démontré, soit du mouvement en général,

---

1. *Lettre de M. L. sur un principe général utile à l'explication des lois de la nature par la considération de la sagesse divine, pour servir de réplique à la réponse du R. P. Malebranche*, 1687 (*Philosophische Schriften*, éd. Gerhardt, III, p. 51 *sq.*).

vel de inaequalitate in genere demonstratum est, etiam de quiete aut aequalitate secundum hanc interpretationem verificari debet, ita ut regula quietis aut aequalitatis certo modo concipi possit tanquam casus specialis regulae de motu aut de inaequalitate. Si vero id non succedat, pro certo habendum est, regulas esse inconcinnas et male conceptas. Unde etiam infra in artic. 53 ostendetur, quomodo lineae repraesentatrici variationis hypothesium respondere debeat linea repraesentatrix variationis eventuum, cum tamen Cartesianae regulae delineationem eventuum praebeant monstrosam et incohaerentem.

Ad artic. (46). Jam regulas motuum Cartesianas videamus. Intelligantur autem corpora dura nec ab aliis circumstantibus impedita. *Reg.* 1. Si directe sibi occurrant B et C aequalia et aequivelocia, ambo reflectentur ea qua venerunt celeritate. Haec prima regula de motu Cartesiana sola penitus vera est. Atque ita quidem demonstratur : cum par amborum corporum ratio sit, aut ambo pergent, adeoque se penetrabunt, quod absurdum est, aut ambo quiescent, sed ita periisset potentia, aut ambo reflectentur, et quidem pristina celeritate, quoniam si unius imminueretur celeritas, deberet ob rationum paritatem et celeritas alterius minui, sed amborum celeritate minuta virium quoque summa minueretur, quod fieri nequit.

Ad artic. (47). *Reg.* 2. Si B et C celeritatibus aequalibus sibi occurrunt, sed B sit majus, tunc solum C reflectetur et B perget, ambo priore celeritate, atque ita ambo simul ibunt

soit de l'inégalité en général, doit aussi être vrai, selon notre conception, appliqué au repos ou à l'égalité, si bien que la règle du repos ou de l'égalité peut être conçue, en un certain sens, comme un cas spécial de la règle du mouvement ou de l'inégalité. Et si cette méthode ne réussit pas, il faut tenir pour certain que les règles sont sans justesse et mal conçues. De cette façon, nous montrerons aussi ci-après, à propos de l'art. 53, qu'à la ligne représentant les variations des conditions hypothétiques doit correspondre la ligne représentant les variations des résultats, alors que la règle de Descartes fournit de ces résultats un diagramme bizarre et incohérent.

Sur l'art. 46. Voyons maintenant les règles du choc selon Descartes. On suppose toujours des corps durs et qui ne sont pas empêchés par les corps environnants.

Première règle : Si B et C, étant égaux et de vitesse égale, se rencontrent directement, alors tous les deux seront réfléchis avec la vitesse qu'ils avaient avant le choc. Cette première règle cartésienne du mouvement est la seule qui soit parfaitement exacte. Voici la démonstration : comme la condition des deux corps est pareille, ou bien ils continueront tous les deux leur mouvement et se pénétreront par conséquent, ce qui est absurde, ou bien ils s'arrêteront tous les deux, et alors leur force serait perdue, ou bien encore ils seront tous les deux réfléchis, et ceci avec la vitesse primitive ; car si la vitesse de l'un d'eux se trouvait diminuée, alors, en conséquence de leur égalité, la vitesse de l'autre devrait aussi se trouver diminuée ; mais si la vitesse de tous les deux se trouvait diminuée, la somme des forces se trouverait aussi diminuée, ce qui ne saurait arriver.

Sur l'art. 47. *Deuxième règle* : Si B et C se rencontrent avec la même vitesse, mais que B soit plus grand que C, alors il n'y a que C qui sera réfléchi, et B continuera dans la même

46-52. Règles première à septième.

directione quam habuerat *B*. Haec regula falsa est, nec
consentit praecedenti, ut patet per criterion paulo ante positum. Nam diminuta continue inaequalitate seu excessu ipsius
B super *C*, donec in ipsam plane aequalitatem abeat, continue
etiam eventus accedere debebit ad eventum aequalitatis, atque
ita si ponamus *B* tanto excessu vincere occurrens *C* ut post
occursum progredi pergat, necesse erit ut *B* paulatim imminuto etiam continue progressus ejus imminuatur, donec ad
certam quandam ipsius *B* ad *C* proportionem deventum sit, ubi
B plane sistatur, ac deinde continuata imminutione ipsius *B*
vertatur in motum contrarium paulatim crescentem, quousque
tandem omni inaequalitate inter *B* et *C* sublata desinatur in
regulam aequalitatis, regressusque post ictum ex regula prima
plane fiat progressui ante ictum aequalis. Itaque haec regula
Cartesii secunda stare non potest, utcunque enim diminuas *B*,
ut ad magnitudinem ipsius *C* accedat, atque ita quidem prope
ut discrimen fiat parvitatis prope inexplicabilis, tamen semper
longissime diversa, si ipsi credimus, manent eventa
aequalitatis et inaequalitatis inter *B* et *C*, neque ad sese paulatim accedunt, *B* semper pergente in eandem plagam eadem
celeritate quamdiu tantillo majus est ipso *C*, unde fit ut deinde
uno ut ita dicam flatu corrigendus sit hic neglectus et magno in
eventis saltu opus sit, minima licet mutatione adhuc facienda
in datis, cum scilicet postremo excessus ipsius *B* plane cessat
tantillo illo indefinite parvo prorsus detracto, atque ita ab
omnimodo progressu ad omnimodum regressum

direction, tous les deux avec la même vitesse qu'auparavant, et ainsi tous les deux iront dans la direction qu'avait B. Cette règle est fausse et incompatible avec la précédente, ainsi qu'il apparaît par le critère proposé plus haut. Car si l'on diminue continuellement l'inégalité, c'est-à-dire l'excédent de B sur C, jusqu'à ce qu'elle se transforme en parfaite égalité, continuement aussi le résultat doit s'approcher du résultat de l'égalité des deux corps. En supposant donc que B, rencontrant C qui vient de direction contraire, l'emporte sur lui grâce à un excédent assez fort pour que sa progression continue après le choc, alors, si l'on diminue peu à peu B, son avance s'en trouvera aussi continuement diminuée, jusqu'à ce qu'on arrive à une certaine proportion entre B et C, où B s'arrêtera tout à fait. Ensuite, si B continue à diminuer, le mouvement se retournera dans la direction opposée et s'augmentera peu à peu jusqu'au point où, toute inégalité entre B et C ayant disparu, on revient à la règle de l'égalité, et où le mouvement en arrière après le choc devient parfaitement égal au mouvement en avant que B avait avant le choc, conformément à la première règle. Cette deuxième règle de Descartes n'est donc pas soutenable : car alors qu'on diminuerait la grandeur de B pour la rapprocher de celle de C, jusqu'à ce que la différence devienne d'une petitesse presque insaisissable, néanmoins, si nous en croyons Descartes, les résultats de l'égalité et de l'inégalité entre B et C demeureraient toujours extrêmement différents et ne se rapprocheraient pas progressivement : aussi longtemps que B sera tant soit peu plus grand que C, il continuerait dans la même direction avec la même vitesse, et par conséquent il faudrait ensuite, pour ainsi dire, d'un seul coup se rattraper, c'est-à-dire faire faire un grand saut au résultat, bien qu'il ne restât plus qu'à modifier très légèrement les conditions. En effet, à la fin, quand la différence infiniment petite entre B et C se trouve supprimée et que l'excédent de B disparaît totalement, on passera brusquement du mouvement de B en avant, de quelque grandeur qu'il fût, au mouvement de

transeatur intermediis infinitis casibus velut saltu transmissis,
et fiet ut duo casus qui discrimen habent in hypothesibus seu
datis infinite parvum seu quod minus sumi queat quovis dato,
habeant tamen maximum et notabilissimum discrimen in
eventis, neque ad se nisi ultimo momento transitus tota simul
accedant seu simul incipiant appropinquare et desinant,
appropinquationemque absolvant omnino coincidendo, quod
cum ratione pugnat. Ita etiam fiet, ut regula aequalitatis seu
inaequalitatis infinite parvae sub regula generali inaequalitatis comprehendi non possit. Itaque cum B et C aequalia et
aequivelocia sibi occurrentia (per reg. 1.) ambo priori
celeritate reflectantur, oportet aucto nonnihil B, vel (si maneat) imminuto C, mutationem quandam et in eventu fieri, ac
nonnihil accedi ad eum eventum, qui obtineret maxima ipsius
C imminutione, hoc est omnimoda sublatione. Nunc autem
cum C nonnihil tantum infra B imminui incipiat, non aliter a
casu omnimodae aequalitatis seu omnimodae reflexionis, ad
casum summae inaequalitatis seu omnimodae sublationis
ipsius C adeoque ad casum omnimodi progressus ipsius B
paulatim accedere incipiemus, quam si reflexionem ipsius B
minuere incipiamus. Aucto deinde magis magisque discrimine inter B et C, eo tandem excessus perveniet B ut plane non
reflectatur, sed inter regressum et progressum velut medium
atque suspensum sistatur; porro autem auctum jam plane
progredietur ea qua venerat directione, etsi nunquam usque
adeo augeri possit ejus magnitudo quin progrediendi celeritas

B en arrière, de quelque grandeur qu'il soit, en sautant par dessus toute l'infinité de cas interposés. Il arriverait ainsi que dans deux cas où la différence des conditions ou des données est infiniment petite, c'est-à-dire moindre que n'importe quelle grandeur donnée, les résultats différeraient néanmoins considérablement et du tout au tout : les deux cas ne se rapprocheraient donc l'un de l'autre qu'au dernier moment même du passage et tout d'un coup ; ils commenceraient et cesseraient en un même instant de se rapprocher, à savoir au moment de coïncider, ce qui est contraire à la raison. Ainsi donc la règle de l'égalité, ou de l'inégalité infiniment petite, ne pourrait être comprise dans la règle générale de l'inégalité. C'est pourquoi, puisque, dans le cas où B et C sont de grandeur et de vitesse égales et de directions opposées, tous les deux sont réfléchis après le choc avec la même vitesse, selon la première règle, il s'ensuit nécessairement que, si la grandeur de B se trouve quelque peu augmentée ou celle de C (en supposant que B reste inchangé) quelque peu diminuée, l'effet aussi se trouvera changé et se rapprochera quelque peu de l'effet que produirait la diminution la plus grande possible de C, c'est-à-dire sa suppression complète. Si maintenant C commence à devenir tant soit peu plus petit que B, nous ne pourrons commencer à nous éloigner du cas de la parfaite égalité et de la parfaite réflexion, pour nous rapprocher peu à peu de celui de l'inégalité maxima, c'est-à-dire de la suppression de C et par suite de la marche en avant inchangée de B, qu'en commençant à diminuer la réflexion de B lui-même. En augmentant ensuite de plus en plus la différence entre B et C, on arrivera enfin à un tel excédent de B, que B ne sera pas réfléchi du tout, mais s'arrêtera comme hésitant entre le recul et l'avance. Si l'on continue à augmenter progressivement cet excédent, B continuera sans doute le mouvement dans la même direction qu'avant le choc. Toutefois la grandeur de B ne saurait jamais être augmentée au point que la vitesse de sa marche en avant ne se trouve pas du tout diminuée par le choc

occursu contrarii nonnihil retardetur, nisi cum ratio ejus ad C
fit |infinita, id est cum C plane evanescit aut tollitur. Haec vera
corporum inaequalium sed aequali celeritate sibi occurren-
tium habitudo est, per omnia consentiens rationi et sibi;
praecise autem determinare celeritatum residuarum quanti-
tates non est hujus loci, nam ea res alitus repeti debet et
peculiarem a nobis tractationem accepit.

    Ad artic. (48). *Reg.* 3. Si B et C sint aequalia sibique occur-
rant motibus contrariis inaequalibus, tunc celerius B secum
abripiet tardius C et dimidia differentia celeritatum detracta
celeritati ipsius B addetur celeritati ipsius C, ut ambo eant
simul celeritate aequali. Haec regula non minus falsa est quam
praecedens, nec minus cum rationibus quam experimentis
pugnat. Nam ut nostrum Criterium applicemus, B celerius
secum abripiat tardius modo dicto, ex hypothesi, et decrescat
continue celeritas ipsius B, donec fiant ambae aequales, seu
quod eodem redit, donec excessus celeritatis B super C fiat
incomparabiliter parvus, itaque tunc ambo ferentur simul
celeritate ipsius B nulla assignabili quantitate diminuta, quod
est absurdum, et contra regulam primam, quae recte statuit tam
in magnitudine quam in velocitate in casu perfectae parilatis
vel saltem in casu ab hoc inassignabiliter differente ambo sua
aut saltem inassignabiliter aucta vel diminuta celeritate
reflecti.

du corps à direction opposée, à moins que la proportion entre B et C ne devienne infinie, c'est-à-dire que C ne disparaisse ou ne s'évanouisse entièrement. Voilà comment deux corps inégaux mais de vitesse égale se comportent en réalité après le choc ; et cette règle est à tous les égards conforme à la raison et parfaitement cohérente. Ici nous n'avons pas à déterminer exactement les vitesses qui resteront aux corps après le choc. Cette détermination exige des recherches plus approfondies, et j'en ai traité plus spécialement ailleurs [1].

Sur l'art. 48. *Troisième règle* : Si B et C sont de grandeur égale et se rencontrent animés de vitesses inégales, venant de directions opposées, alors B qui a la plus grande vitesse entraînera avec lui C qui est plus lent et, perdant la moitié de la différence des deux vitesses, la transmettra à C, de sorte qu'après le choc les deux corps iront ensemble avec la même vitesse. Cette règle n'est pas moins fausse que la précédente, ni moins incompatible avec la raison et l'expérience. Car, pour appliquer notre critère, admettons par hypothèse que le corps plus rapide B entraîne avec lui le corps plus lent C, comme il a été dit ; la vitesse de B décroîtrait donc continuellement jusqu'à l'égalité avec celle de C ou, ce qui revient au même, jusqu'à ce que l'excédent de vitesse de B devienne infiniment petit ; alors les deux corps se mouvraient ensemble avec la vitesse de B, qui ne serait pas diminuée d'une quantité assignable ; ce qui est absurde et contraire à la première règle. Car cette règle établit avec raison que, dans le cas de grandeur et de vitesse égales, ou même dans le cas d'une différence inassignable, les deux corps seront réfléchis avec la vitesse primitive ou avec une vitesse augmentée ou diminuée seulement d'une quantité inassignable.

1. *Dynamica de Potentia et Legibus Naturae corporeae* (*Mathematische Schriften,* éd. Gerhardt, VI, p. 281 *sq.*).

Nec fieri potest ut eventus inaequalitatis evanescentis in eventum aequalitatis non evanescat.

Ad artic. (49). *Reg.* 4. Si *B* sit minus quam *C*, et *B* moveatur, *C* vero quiescat, *B* reflectetur qua venit celeritate, *C* vero manebit quiescens. Haec regula in eo vera est, quod minus semper a majore quiescente reflectitur, sed non ea qua venit celeritate, nam quo magis decrescet excessus ipsius *C*, eo magis decrescet repulsa, donec tandem perveniatur ad casum aequalitatis, de quo reg. sexta; et absurdum est, hypothesibus paulatim ad casum aequalitatis corporum accedentibus, eventus quoque non paulatim ad eum accedere, sed semper eosdem manere, donec postea uno ictu velut per saltum ad eum transeatur. Et sane facile quivis intelligit etiam illud a ratione alienum esse, ut hypothesis continue variata nihil variet eventum, excepto casu singulari determinato, cum contra potius in omnibus rerum exemplis variatio hypotheseos variare eventum debeat, exceptis casibus determinatis, ubi diversae forte variationes complicatae se mutuo compensant.

Ad artic. (50). *Reg.* 5. Si *B* sit majus quam *C*, et *B* moveatur, *C* vero quiescat, tunc *B* perget, et ambo simul ferentur celeritate eadem, at | quantitate motus priore. Haec regula et ipsa erronea est, nam erratur in vera quantitate celeritatis cujusque definienda, dum ponitur omnia post concursum simul incedere, quod nunquam in durorum concursu contingere potest; recte tamen pronuntiatum est, omne majus, quod in quiescens incurrit, pergere post ictum. Quod autem hoc loco non possint simul moveri, etiam ex criterio nostro intelligitur. Nam *B* esse tantillo majus quam *C*, et *C* esse tantillo majus quam *B*, sunt

IV, 379

Et il est impossible que le résultat de l'inégalité évanescente ne se fonde pas insensiblement dans le résultat de l'égalité.

Sur l'art. 49. *Quatrième règle :* Si *B* est plus petit que *C*, et si *B* est en mouvement, *C* en repos, alors *B* sera réfléchi avec la vitesse primitive et *C* restera en repos. Ce qu'il y a de vrai dans cette règle, c'est qu'un corps plus petit est toujours réfléchi par un corps plus grand en repos ; mais il n'est pas réfléchi avec sa vitesse primitive. Car plus l'excédent de *C* diminue, plus diminuera aussi la répulsion, jusqu'à ce que se produise le cas d'égalité, visé par la sixième règle ; et il est absurde que, lorsque les hypothèses se rapprochent progressivement du cas de l'égalité des corps, les résultats ne s'en rapprochent pas, eux aussi, progressivement, mais restent toujours les mêmes, jusqu'au point où ils passent, d'un seul coup et par une sorte de saut, au cas de l'égalité. Tout le monde comprend très facilement aussi qu'il est contraire à la raison, que, l'hypothèse subissant une variation continue, le résultat ne varie aucunement, sauf dans un cas singulier déterminé ; ce qui est contraire à tous les exemples, qui nous montrent que la variation des conditions hypothétiques entraîne toujours une variation des résultats, sauf dans des cas particuliers où peut-être des variations différentes se compensent en se combinant.

Sur l'art. 50. *Cinquième règle :* Si *B* est plus grand que *C* et en mouvement, alors que *C* est en repos, *B* poursuivra son chemin, et les deux corps iront ensemble avec une égale vitesse, mais avec la quantité de mouvement primitive. Cette règle est encore erronée, car elle commet une erreur quant à la détermination de la vraie vitesse des deux corps, en affirmant qu'après le choc les deux corps vont ensemble, ce qui ne peut jamais arriver dans le choc de corps durs. Il est toutefois exact qu'un corps, plus grand, rencontrant un plus petit en repos, poursuit toujours son chemin après le choc. Cependant il apparaît par notre critère que les deux corps ne peuvent pas poursuivre leur chemin ensemble. Car que *B* soit tant soit peu plus grand que *C*, ou *C* tant soit peu plus grand que *B,* ce sont

duo casus, qui sibi admoveri possunt ad differentiam usque incomparabiliter parvam, ergo fieri non potest, ut eventa eorum tunc quoque longissimo intervallo dissideant, ita ut priore casu simul eant directione quam habuerat *B*, posteriore autem casu *B* in contrarium repellatur tota sua celeritate.

Ad artic. (51). *Reg.* 6. Si *B* et *C* sine aequalia, et *B* moveatur, *C* vero quiescat, tunc *B* reflectetur tribus quadrantibus velocitatis qua venit, *C* autem ibit directione priore ipsius *B* residuo velocitatis quadrante. Haec auctor; sed nescio an quicquam in hac materia excogitari possit a ratione alienius, ut satis mirari nequeam talia in mentem egregii Viri venire potuisse. Sed patiamur Cartesianos quaerere rationem dictorum Magistri ; nobis suffecerit, inconsistentiam regularum demonstrare. Si *B* et *C* sint aequalia, et occurrant sibi velocitatibus aequalibus, reflectetur tam *B* quam *C* velocitate qua venit per reg. 1. Diminuta jam continue velocitate ipsius *C*, manente velocitate ipsius *B*, necesse est *B* minus reflecti adeoque *C* magis quam ante, cum quantum uni aequalium celeritatis detrahitur, tantum alteri addatur. Evanescente jam velocitate ipsius *C* seu quiescente *C*, quaeritur quantum celeritatis detractum sit reflexioni ipsius *B*. Regula Cartesii praesens pronuntiat tantummodo detractum esse quadrantem. Jam pergendo minuamus nonnihil *C* quiescentis magnitudinem, utique ex reg. praecedenti *B* perget ; ergo per mutationem casus utcunque parvam, fit ingens mutatio in eventu, seu fit saltus, nam in eventu ex magna celeritate reflexionis *B* (tribus scilicet quartis pristinae celeritatis) cum *C* quiescens ei aequaretur,

deux cas qui peuvent être rapprochés jusqu'à une différence incomparablement petite ; il ne saurait donc arriver que les résultats soient néanmoins très différents entre eux, de sorte que, dans le premier cas, les deux corps allassent ensemble dans la direction qu'avait *B,* tandis que, dans le deuxième, *B* serait réfléchi avec toute sa vitesse primitive.

Sur l'art. 51. *Sixième règle :* Si *B* et *C* sont de la même grandeur et si *B* est en mouvement, *C* en repos, alors *B* sera réfléchi avec trois quarts de la vitesse primitive, et *C* ira dans la direction primitive de *B* avec le quart restant de la vitesse primitive de *B*. Ainsi parle Descartes. Mais je doute qu'on eût pu inventer à ce sujet quelque règle plus éloignée de la raison, au point que je ne saurais assez m'étonner qu'une conception pareille ait pu venir à l'esprit de l'illustre auteur. Mais laissons aux Cartésiens le soin de justifier les doctrines du maître ; quant à nous, il nous suffira de démontrer l'inconséquence de ses règles. Si *B* et *C* sont égaux et se rencontrent avec des vitesses égales, *B* et *C*, l'un comme l'autre, seront réfléchis avec les vitesses primitives, selon la première règle. Que la vitesse de *C* soit continuement diminuée, pendant que celle de *B* reste inchangée, alors il arrivera nécessairement que *B* sera réfléchi avec une vitesse moindre et *C* avec une vitesse plus grande qu'auparavant ; car ce que l'un des deux corps égaux perdra de vitesse, l'autre la gagnera. Laissons maintenant la vitesse de *C* s'évanouir, c'est-à-dire laissons *C* s'arrêter, et demandons quelle sera la diminution de la vitesse de réflexion de *B*. La règle de Descartes affirme que cette diminution est seulement d'un quart de la vitesse primitive. Allons encore un peu plus loin et diminuons un peu la grandeur du corps en repos *C*, alors, selon la règle précédente, *B* poursuivra son chemin. Une variation si minime qu'elle soit des données entraîne donc une variation très considérable du résultat, c'est-à-dire un véritable saut. En effet, *B* était réfléchi avec une grande vitesse (à savoir trois quarts de sa vitesse primitive), lorsque le corps en repos *C* lui était égal en grandeur ;

nunc *C* tantillum diminuto fit subito destructio omnimoda reflexionis, imo quod plus est conversio ejus in contrarium, nempe in progressum, casibus intermediis saltu transmissis, quod absurdum est. Dicendum igitur est in casu aequalitatis inter *B* et *C*, quiescente *C* ante ictum, quiescere *B* post ictum, et totam suam celeritatem transferre in *C*. Idque etiam colligitur ex eo quod verum inest regulis 4 et 5. Nam per reg. 4, IV, 380 incurrente *B* in quiescens *C* maius, uti|que reflectetur *B*; rursus per reg. 5, incurrente *B* in quiescens *C* minus, utique perget *B* : ergo incurrente *B* in quiescens *C* aequale, nec perget *B*, nec reflectetur, sed (quod inter haec medium est) quiescet, tota sua vi translata in *C*.

Ad artic. (52). *Reg.* 7. Si *B* et *C* moverentur versus eandem partem, *B* quidem insequens et celerius, *C* vero antecedens et tardius, essetque *C* majus, sed minor ratio ipsius *C* ad *B* quam celeritatis *B* ad celeritatem *C*, irent ambo simul directione priore ac celeritate, quae faceret eandem quae prius quantitatem motus. Sin *C* majore existente major esset ratio *C* ad *B* quam velocitatis *B* ad velocitatem *C*, reflectetur *B* celeritate qua venit, et perget *C* celeritate qua prius. Ita autor noster. Sed haec quam incongrua sint, facile intelligitur, nam dudum notavimus corpora dura (qualia hic ponuntur) nunquam post ictum simul incedere, quod tamen hic fit casu priore; et nihil est a ratione alienius, quam corpus *B* agendo in corpus *C nihil in ipso immutare, et tamen plurimum ab eo pati*, quod fit in casu posteriore. Pugnant ista ni fallor cum Metaphysica (ut ita

tandis que maintenant si peu que l'on diminue C, la réflexion se trouverait tout à fait détruite, voir changée en son contraire, à savoir en une marche en avant. On franchirait d'un bond tous les cas intermédiaires, ce qui est absurde. Il faut donc affirmer que, si B et C sont égaux et si C est en repos avant le choc, B sera réduit au repos par le choc et transmettra toute sa vitesse à C. Cette conclusion peut aussi être tirée de ce qu'il y a de vrai dans les règles 4 et 5. Car, selon la règle 4, lorsque B rencontre C, plus grand et en repos, B sera toujours réfléchi ; par contre, selon la règle 5, lorsque B rencontre C, plus petit et en repos, B poursuivra toujours son chemin : par conséquent, lorsque B rencontre C, égal et en repos, B ne poursuivra pas son chemin ni ne sera réfléchi, mais (ce qui est le milieu entre les deux cas) il sera réduit au repos et transmettra toute sa force à C.

Sur l'art. 52. *Septième règle :* Si l'on suppose que B et C se meuvent dans la même direction, que C précède, mais aille plus lentement que B, que C soit plus grand que B, mais que le rapport de la grandeur de C à celle de B soit moindre que le rapport de la vitesse de B à celle de C, alors les deux corps continueront ensemble le mouvement dans la direction primitive, avec la vitesse qui conserve la quantité de mouvement qu'ils avaient ensemble avant le choc. Si au contraire C est plus grand que B et le rapport entre C et B plus grand que celui entre la vitesse de B et celle de C, alors B sera réfléchi avec la vitesse qu'il possédait avant le choc, et C poursuivra son chemin avec la vitesse primitive. C'est ce qu'affirme notre auteur. Mais on remarquera facilement l'absurdité de cette opinion ; car nous avons déjà noté que des corps durs (comme nous les supposons ici) ne restent jamais ensemble après le choc, ce qui arriverait cependant ici, dans le premier cas. Et rien ne saurait être plus choquant pour la raison que le résultat du deuxième cas, à savoir que le corps B, en agissant sur le corps C, *ne lui apporte aucune modification, tandis qu'il subit de sa part une modification très considérable.* C'est un défi, si je ne me trompe, à la métaphysique qu'on peut appeler

dicam) naturali, quam nobis praebet lumen rationis. Etiam
alia insunt prioribus contraria, nam cum *C* est infinite parvo
majus, id est aequale ipsi *B*, et celeritate incomparabiliter
parva antecedit, id est revera quiescit, locum habet casus prior
regulae hujus septimae, adeoque sequetur ex hac regula ambo
ire simul, cum tamen *B* ad quietem redigi, et vim totam
transferre in *C* antea quiescens sibi aequale, ostensum sit fine
dictorum ad regulam sextam. Ut alia brevitatis causa taceam
non minus inconsistentia. Postremo admonendum est, obli-
tum esse Autorem casus intermedii, cum ratio corporum est
reciproca rationis celeritatum, nec apparet, quid vi regulae sit
dicendum; deberet enim eventus quoque esse in medio, et
omnino in ipso confinio casus utriusque; sed casus prior et
posterior regulae, *etsi confinium habeant in hypothesi, non
tamen confinium habent in eventu,* quod iterum pugnat eum
Criterio nostro. Sed etiam dissimulatus est casus, cum *B* est
major quam *C*. Adjicienda jam fuisset regula 8, qua explicuis-
set autor, quid contingat cum duo corpora inaequalia,
inaequalibus celeritatibus in contrarias partes tendentia inter
se concurrunt. Distinguendum quoque erat inter incursum
centralem et eccentricum, inter perpendicularem et obli-
quum; sed finis tandem examinis faciendus est, nec doctrinae
jacenti ac deplorataea ultra insistendum.

naturelle, et qui nous est fournie par la lumière de la raison. Il y a encore d'autres objections à élever : en effet, si l'excédent de C sur B est infiniment petit, c'est-à-dire s'ils sont égaux, et si C précède B avec une vitesse plus petite que toute grandeur donnée, c'est-à-dire s'il est en repos, alors se présente le premier cas de cette règle septième : on devrait conclure que les deux corps vont aller ensemble, cependant qu'il suit de ce que nous avons dit à propos de la règle sixième, que dans ce cas B sera réduit au repos et transmettra toute sa force au corps C, qui lui est égal en grandeur et a été en repos avant le choc. Pour être bref je passerai sous silence bien d'autres inconséquences aussi graves. Mais il faut encore signaler que l'auteur a oublié le cas intermédiaire dans lequel le rapport des grandeurs est inversement proportionnel au rapport des vitesses ; et il ne paraît pas que ce cas puisse être résolu selon la règle présente. Car ce résultat devrait, lui aussi, être intermédiaire et se situer à proximité de l'un et de l'autre cas. Mais ces deux cas, *bien que voisins quant aux conditions hypothétiques, ne sont aucunement voisins quant aux résultats,* ce qui est encore contraire à notre critère. Descartes s'est aussi tu sur le cas où B est plus grand que C. Il aurait fallu ajouter une règle huitième, expliquant ce qui arrive, lorsque le choc a lieu entre deux corps inégaux et venant de directions opposées avec des vitesses inégales. Il aurait encore fallu distinguer entre le choc central et le choc excentrique, entre le choc perpendiculaire et le choc oblique ; mais il convient de terminer cette critique et de ne pas insister davantage sur une doctrine ruinée et périmée.

IV,381 | *Ad artic.* (53). Usum regularum suarum Cartesius agnoscit difficilem esse, scilicet quod videret plane repugnare experimentis. Cum in veris motus regulis mirus sit consensus rationis et experientiae, neque ambientia tantum impediant regularum verarum successum, quantum ille videtur timere, ut scilicet exceptiones haberet ad effugiendum paratas. Quin potius, quanto magis corpora et dura et magna sunt, eo accuratius regulae ab observationibus exprimuntur. Sed quid dura aut liquida conferant mox videbimus, hoc loco placet ostendere in figura * ad faciliorem captum, quomodo ope Criterii nostri adumbrari in rebus possit veritas velut in antecessum, et praeludio quodam, etiam antequam perfecta ejus delineatio obtineri queat: quod magnum usum habet pariter ad agnoscendos errores et ad appropinquandum veritati. Ponamus ergo corpora B ac C esse aequalia, et ipsius B celeritatem ac directionem repraesentari recta BW, ita ut tendat a B versus W, celeritate ut BW; sed ipsius C celeritatem atque directionem aliam atque aliam pro diversis casibus assumi AH, ita quidem ut in casu A_1H vel A_2H seu infra A directio ipsius C sit eadem quae ipsius B, adeoque in casu A_1H quae aequalis est ipsi BW, celeritatem amborum esse aequalem, et directionem eandem, sed sumto H propius ad A, ut in $_2H$, directionem quidem ipsius C ab A ad $_2H$ esse eandem quae ipsius B, quae est a B ad W, verum celeritatem ipsius C esse minorem quam ipsius B, quia A_2H minor est quam BW, adeoque a B insequente attingi praecedens C. Si H incidat in A,

* *Voir cette figure*, p.130-131.

53. Harum regularum usum esse difficilem, propterea quod unumquodque corpus a multis simul tangatur.

Sur l'art. 53. Descartes reconnaît qu'il est difficile d'appliquer ses règles; c'est qu'il voyait bien qu'elles sont complètement démenties par l'expérience. Dans les vraies règles du mouvement il y a, au contraire, un accord admirable entre la raison et l'expérience, et les corps ambiants n'empêchent pas le succès des vraies règles autant qu'il semblait le craindre, afin de se préparer des échappatoires.

La vérité est plutôt que plus les corps sont durs et grands, plus les observations s'accordent avec les règles. Nous verrons bientôt la différence à cet égard entre les corps durs et les corps liquides. Ici il nous paraît à propos de faciliter la compréhension de ce que nous venons de dire, en montrant par une figure * comment, à l'aide de notre critère, on peut présenter une esquisse de la vérité, comme par anticipation et en manière de prélude à la représentation parfaite qu'on pourra obtenir ultérieurement : tentative très utile, tant pour reconnaître les erreurs que pour s'approcher de la vérité. Supposons donc que les corps B et C soient égaux, et que la vitesse et la direction de B soient représentées par la droite BW, de sorte que B tende de B vers W avec la vitesse BW. Supposons que la vitesse et la direction de C soient variables selon les cas représentés par AH, de sorte que A_1H ou A_2H (H étant au-dessous de A) représentent des cas où la direction de C est la même que celle de B, et que, dans le cas A_2H (égal à BW), les corps aient aussi même vitesse et même direction. Supposé que H soit plus près de A, comme dans $_2H$, la direction de C, allant de A à $_2H$, sera la même que celle de B, allant de B à W, mais la vitesse de C sera moindre que celle de B, parce que A_2H est plus petit que BW; dans ce cas B atteindra le corps C qui le précède. *Si H* coïncide avec A,

---

* Voir cette figure, p. 129.

53. Que l'explication de ces règles est difficile, à cause que chaque corps est touché par plusieurs autres en même temps.

ut $_3H$, tunc directionem et celeritatem ipsius C esse nullam, seu C quiescere; sin H sumatur supra A ut in $_4H$, $_5H$, $_6H$, tunc ipsius C directionem esse contrariam directioni ipsius B. Ducantur jam lineae PP et QQ, ita ut sit ordinatim applicata HP celeritas et directio ipsius B post ictum, et HQ celeritas et directio ipsius C post ictum, hoc observato ut directio alterutrius vel utriusque quae post ictum est ad easdem partes ad quas ante ictum directio ipsius B fuerat, exprimatur per applicatam sinistram, et quae est ad partes contrarias directioni ipsius B signetur per applicatam dextram. Jam determinemus quaedam puncta linearum PP et QQ. Directio et celeritas seu (verbo) motus ante concursum ipsius B semper est BW, jam si ante concursum motus ipsius C sit ei aequalis et ad easdem partes nempe A_1H (aequ. BW), utique ut constat non obstante contactu ambo B ac C retine|bunt priorem

IV, 382 celeritatem et directionem adeoque rectae, $_1H_1P$ et $_1H_1Q$ motum ipsorum B ac C post ictum repraesentantes erunt aequales ipsi A_1H seu BW et ad sinistram. Sed si motus ipsius C ante ictum sit nullus, seu A_3H, ipso puncto $_3H$ incidente in A, seu si C quiescat, tunc | constat etiam quid fiat, nempe post ictum corpus B quiescet adeoque locus $_3P$ incidet in A, C vero

IV, 383 accipiet celeritatem quam habuerat B, et, ad eas partes ad quas tenderat B; ergo habetur $_3H_3Q$ aequalis ipsi BW et ad sinistram, adeoque et puncta $_3P$ et $_3Q$ habentur. Deinque si motus ipsius |C sit aequalis motui ipsius B, sed ei contrarius, seu repraesentetur per A_5H aequalem ipsi BW, sed $_5H$ sumto

IV, 384 supra A, hoc est si corpora proposita (aequalia ex hypothesi) aequalibus celeritatibus oppositisque directionibus concurrant, tunc etiam habetur eventus, nam eadem ultrumque qua venerat celeritate reflectetur, adeoque dabuntur puncta $_5P$, $_5Q$. Nam $_5H_5P$ erit aequalis ipsi BW sed ad dextram, quia ita B

comme dans $_3H$, alors la direction et la vitesse de C seront zéro, ou C sera en repos. Si au contraire on suppose H au-dessus de A, comme dans $_4H$, $_5H$, $_6H$, la direction de C sera opposée à celle de B. Traçons maintenant les lignes PP et QQ, de sorte que l'ordonnée HP représente la direction et la vitesse de B après le choc et l'ordonnée HQ la direction et la vitesse de C après le choc ; il sera en outre entendu que la direction des deux corps ou de l'un d'eux, qui, après le choc, est la même que celle qu'avait B avant le choc, est représentée par application sur l'ordonnée de gauche, et que la direction après le choc, opposée à celle de B avant le choc, est représentée par application sur l'ordonnée de droite. Déterminons maintenant quelques points des lignes PP et QQ. La direction et la vitesse, en un mot, le mouvement de B avant le choc est toujours BW; que le mouvement de C avant le choc soit maintenant égal à celui de B et dans la même direction, à savoir A_1H (égal à BW), alors les deux corps B et C, nonobstant leur contact, conserveront la direction et la vitesse primitives ; les deux lignes $_1H_1P$ et $_1H_1Q$, représentant le mouvement de B et de C après le choc, seront donc égales à A_1H ou à BW et à gauche. Mais si le mouvement de C avant le choc est zéro, ou A_3H, le point $_3H$ coïncidant avec A, en d'autres termes, si C est en repos, on voit encore immédiatement ce qui arrivera ; B s'arrêtera après le choc, le point $_3P$ coïncidera donc avec A, cependant que C recevra la vitesse et la direction qu'avait B avant le choc ; on aura donc $_3H_3Q$, égal à BW et à gauche, et ainsi on obtiendra les points $_3P$ et $_3Q$. Si enfin le mouvement de C est égal à celui de B, mais en direction opposée, donc est représenté par A_5H, égal à BW, mais $_5H$ étant au-dessus de A, c'est-à-dire si les corps supposés égaux et mus avec la même vitesse, se choquent en venant de directions opposées, alors on pourra aussi, dans notre diagramme, voir le résultat ; car les deux corps seront réfléchis avec leurs vitesses primitives, et on aura les points $_5P$ et $_5Q$. En effet, $_5H_5P$ sera égal à BW et à droite, car de cette façon B

Repraesentatio Regularum Motus in casu aequalitatis corporum concurrentium

Secundum Cartesium : Delineatio monstrosa	*Secundum Veritatem : Delineatio concinna*

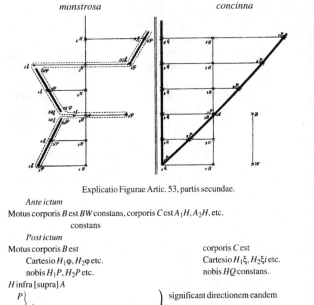

Explicatio Figurae Artic. 53, partis secundae.

Ante ictum

Motus corporis B est BW constans, corporis C est A_1H, A_2H, etc.

         constans

Post ictum

Motus corporis B est	corporis C est
Cartesio $H_1\varphi, H_2\varphi$ etc.	Cartesio $H_1\xi, H_2\xi i$ etc.
nobis H_1P, H_2P etc.	nobis HQ constans.

H infra [supra] A

$$\left.\begin{array}{c} P \\ \varphi \\ \\ Q \\ \xi \end{array}\right\} \text{sinisteriora [dexteriora] quam } AH \left\{\begin{array}{l} \text{significant directionem eandem} \\ \\ \text{[contrariam] ei quam habuit } B \text{ ante ictum.} \end{array}\right.$$

$_1\varphi, _2\varphi, _3\varphi,$ $_1\xi, _2\xi, _3\xi$ .... ex reg. Cartes. 7

$((3))\varphi, _4\varphi, (5)\varphi, ((3))\xi, _4\xi, _5\xi$ .... ex reg. Cartes. 3

$_3\varphi$ $_3\xi$ .... ex reg. ejus 6

$_5\varphi$ $_5\xi$ .... ex reg. ejus 1

     Delineationes nostra et Cartesiana ex infinitis casibus habent duos solum convenientes $_1H$ et $_5H$. Delineatio nostra observat Legem continuatis, Cartesiana interrumpitur et saltum habet quoad lineam $\varphi\varphi$ in $_3\varphi$ et $_5\xi$, $\xi\xi$ in $_3\xi$ et $_5\varphi$; saltus notatus est punctis ad fingendam continuationem. Impossibile est ut a duarum linearum continuatarum $\varphi\varphi$ et $\xi\xi$ coincidentia excipi possit numerus punctorum determinatus, verbi gratia binarius, ut scilicet omnia φ cum omnibus ξ respondentibus coincidant exceptis duobus solum casibus, scilicet $_3\varphi$ cum $_3\xi$ et $_5\varphi$ cum $_5\xi$. Et hoc tamen fieri debet in delineatione Cartesiana.

     Deberent $(3)\varphi$ et $((3))\varphi$ coincidere in 3φ, $(5)\varphi$ et $_5\xi$ coincidere debet cum$_5\varphi$, $(5)\xi$

Représentation des règles du mouvement
pour le cas du choc de corps égaux

Selon Descartes : schéma bizarre *Selon la vérité : schéma régulier*

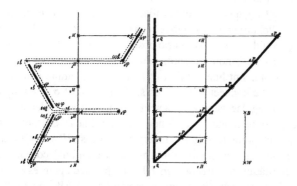

Explication de la figure de l'art. 53 de la seconde partie.

Avant le choc,

Le mouvement du corps B est BW (constant), celui de C est A_1H, A_2H, etc.

Après le choc,

Le mouvement de B est :

    d'après Descartes $H_1\varphi, H_2\varphi$, etc.

    d'après nous H_1P, H_2P, etc.

de C est :

$H_1\xi, H_2\xi$, etc.

HQ (constant).

H au-dessous [au-dessus] de A

$\left.\begin{array}{c}P \\ \varphi\end{array}\right\}$ à gauche [à droite] de AH $\left.\begin{array}{c}\\ \\ \end{array}\right\}$ signifient la même direction que

$\left.\begin{array}{c}Q \\ \xi\end{array}\right\}$ [la direction opposée à] celle de B avant le choc.

$_1\varphi, {_2}\varphi, {_3}\varphi,$ $_1\xi, {_2}\xi, {_3}\xi$ .... résultent de la 7e règle de Descartes.

$((3))\varphi, {_4}\varphi, (5)\varphi, ((3))\xi, {_4}\xi, {_5}\xi$ .... résultent de la 3e règle de Descartes.

$_3\varphi$ $_3\xi$ .... résultent de la 6e règle de Descartes.

$_5\varphi$ $_5\xi$ .... résultent de la 1re règle de Descartes.

    Notre schéma et celui de Descartes ne concordent que sur deux cas, $_1H$ et $_5H$, parmi le nombre infini de cas possibles. Notre schéma obéit à la loi de continuité, celui de Descartes est interrompu et a des sauts, quant à la ligne $\varphi\varphi$ dans $_3\varphi$ et $_5\varphi$, quant à la ligne $\xi\xi$ en $_3\xi$ et $_5\xi$; j'ai marqué les sauts par des points, pour représenter la continuité. Il est impossible d'excepter de la coïncidence de deux lignes continues $\varphi\varphi$ et $\xi\xi$ un nombre déterminé de points, par exemple deux, de sorte que tous les φ coïncident avec tous les ξ correspondants, sauf dans deux cas, celui de $_3\varphi$ distinct de $_3\xi$ et celui de $_5\varphi$ distinct de $_5\xi$. C'est cependant ce qui doit se produire dans le schéma cartésien.

    $(3)\varphi$ et $((3))\varphi$ devraient coïncider en $_3\varphi$, $(5)\varphi$ doit coïncider avec $_5\varphi$, et $_5\xi$ avec $(5)\xi$.

reflectitur seu directione pristinae contraria movetur; et $_5H_5Q$ erit aequalis eidem, sed ad sinistram, quia C accipit directionem quam habuerat B. Habemus ergo tam puncta, $_1P$, $_3P$, $_5P$, quae (quod notabile est) incidunt in rectam, quam et puncta $_1Q$, $_3Q$, $_5Q$, quae incidunt in aliam rectam et quidem rectae AH parallelam; puncta autem reliqua ut $_2P$, $_4P$, $_6P$, etc. vel $_2Q$, $_4Q$, $_6Q$ equidem ex solo Criterio nostro, seu ex lege Continuitatis determinari non possunt, seu non constat ex his solis, quaenam sint lineae PP et QQ. Sufficitque omnia una linea continua connecti, quo locus sit Criterio nostro, omnesque adeo regulae istae incohaerentes jam tum ante plenam rei cognitionem aut inventionem speciei lineae excluduntur. Interim aliunde scimus, revera has lineas PP et QQ esse rectas, et ob permutationem in aequalibus corporibus celeritatum ac directionum HP' semper aequalem esse ipsi AH, et HQ ipsi BW, adeoque tam HQ quam BW concipi hic posse constantes et simul motum significare ad easdem partes. Caeterum eas infra $_1H$, $_1P$, $_1Q$ non produco, quia tunc B tardius moveretur quam C, adeoque non attingeret, neque adeo concursus intelligi posset. Eodem modo positis celeritatibus corporum aequalibus, et uno corpore retento, altero magnitudine variato, schema fieri posset ad eventum in utroque corpore duabus lineis designandum; imo quaecunque fieret hypothesis una variabilitate excepta permanens, liceret adumbrare similem figuram. Sed sufficit specimen in uno dedisse, praesertim cum alia methodo omnia perfecte assequamur,

est réfléchi, c'est-à-dire se meut dans la direction opposée à celle qu'il avait auparavant ; et $_5H_5Q$ sera aussi égal à BW, mais à gauche, parce que C reçoit la direction qu'avait B. Nous avons donc obtenu les points $_1P$, $_3P$, $_5P$, qui, – ce qui est à retenir, – sont situés sur une droite, et en même temps les points $_1Q$, $_3Q$, $_5Q$, situés sur une autre droite, celle-ci parallèle à la droite AH. Les autres points, comme $_2P$, $_4P$, $_6P$, etc., ou $_2Q$, $_4Q$, $_6Q$ ne sauraient, à la vérité, être déterminés par notre critère seul, c'est-à-dire par la loi de continuité ; on ne peut déduire, en effet, de cette seule loi, ce que sont les lignes PP et QQ. Il suffit de relier par une ligne continue tous les cas où notre critère s'applique, pour voir que toutes ces règles incohérentes de Descartes se trouvent déjà exclues, avant même que la loi soit pleinement connue ou l'espèce de la ligne complètement déterminée. En attendant nous savons par ailleurs, que ces lignes PP et QQ sont en effet des droites, et que, par suite, de la permutation des vitesses et des directions dans le cas de corps égaux, HP est toujours égal à AH, et HQ à BW. C'est pourquoi HQ aussi bien que BW peuvent être conçus ici comme constantes, et en même temps comme représentant le mouvement dans les mêmes directions. D'ailleurs je ne trace pas celles qui seraient au-dessous de $_1H$, $_1P$, $_1Q$, parce qu'alors le mouvement de B serait plus lent que celui de C ; le premier n'atteindrait donc pas le second et, par conséquent, il n'y aurait pas de choc possible. De la même façon on pourrait construire un schéma pour les cas où l'on supposerait deux corps ayant les mêmes vitesses et où l'un d'eux resterait toujours de même grandeur, tandis que l'autre serait de grandeur variable ; dans ces cas on pourrait encore représenter les résultats des chocs par deux lignes ; et on pourrait représenter par une figure semblable des conditions hypothétiques quelconques, si, à l'exception d'un seul élément variable, elles restent constantes. Mais il suffit d'avoir donné un exemple dans un cas particulier, surtout puisque, par une autre méthode, nous sommes parvenus à une connaissance parfaite de ce

quae per hanc tantum adumbrantur, quod ipsum tamen suum
usum ad errores refutandos habere ostendimus. Et si nondum
detecta tota res esset, ad quandam adumbrationem prodesset.
Ex Cartesianis vero regulis non posset duci continua quaedam
linea eventuum variatorum respondens lineae continuae
hypotheseos variantis, et prodiret delineatio plane monstrosa
et contraria nostro Criterio artic. 45 seu *Legi Continuitatis.*
Placuit in figura comparare nostram et Cartesianam delineationem, unde hujus inconsistentia aut potius impossibilitas ad
oculum apparebit.

Ad artic. (54. 55). *Fluida* esse corpora, quorum particulae
IV, 385   variis | motibus in omnes partes agitantur, *Dura*, quorum
partes juxta se mutuo quiescunt nec alio *glutine* materiam
connecti quam quiete unius apud alterum, non per omnia
verum esse arbitror, etsi aliquid insit veri. Duritiem igitur, seu
ut ego malim dicere generalius, *firmitatem* (quae et in mollibus
aliqua est) a sola quiete proficisci, Cartesius colligit, quia
gluten seu ratio cohaesionis non potest esse corpus (alioqui
rediret quaestio), itaque erit modus corporis, recte. Sed non est
alia modificatio corporis ad eam rem apta, quam quies. Cur
ita? quia quies maxime motui adversatur. Miror tantam rem
tam levi et perfunctoria, imo sophistica ratione concludi.

54. Quae sint corpora dura, quae fluida.
55. Durorum partes nullo alio glutino simul jungi, quam earum quiete.

qu'ici nous n'avons qu'esquissé. La méthode suivie ici a du moins servi, on l'a vu, à réfuter des erreurs. Et même si toutes les règles n'étaient pas encore découvertes, elle servirait à fournir une sorte d'ébauche. Les règles cartésiennes, au contraire, ne permettent pas de tirer une ligne continue représentant les résultats des données variables et correspondant à la ligne continue des variations de ces données ; il en résulterait un diagramme tout à fait bizarre et contraire à notre critère exposé à propos de l'art. 45, c'est-à-dire la *Loi de continuité*. Il m'a paru utile de confronter dans une figure notre schéma et celui de Descartes : on y verra clairement apparaître l'incohérence ou plutôt l'impossibilité de ce dernier.

Sur les art. 54, 55. Ce que Descartes soutient ici : qu'un corps est *liquide,* lorsque ses parties sont agitées par des mouvements divers en toutes directions, et qu'il est *dur*, lorsque ses parties sont en repos l'une par rapport à l'autre ; qu'aucun autre *ciment* ne joint ensemble les parties des corps durs que le repos de l'une à côté de l'autre : ces théories ne me paraissent pas vraies en tout point, bien qu'elles contiennent quelque vérité. Descartes conclut que la dureté ou bien, comme je préfère l'appeler, la fermeté (qui, à un certain degré, se trouve aussi dans les corps mous), provient uniquement du repos, parce que le ciment ou la cause de la cohésion ne saurait être un corps (pour lequel le problème se poserait à nouveau) ; il faut donc que cette cause soit un mode du corps lui-même, en quoi Descartes a raison. Mais, selon lui, il n'y aurait pas de mode du corps plus propre à produire cet effet que le repos. Et pourquoi ? Parce que le repos serait le mode du corps le plus contraire au mouvement. Je m'étonne que Descartes ait pu arriver à cette conclusion par des raisons si faibles et si

54. En quoi consiste la nature des corps durs et des liquides. – 55. Qu'il n'y a rien qui joigne les parties des corps durs, sinon qu'elles sont en repos au regard l'une de l'autre.

Syllogismus foret: Quies est modus corporis qui maxime
motui adversatur; Modus autem corporis qui maxime motui
adversatur, est causa firmitatis. Ergo quies est causa firmitatis.
Sed utraque praemissarum falsa est, etsi aliquam tenuem veri
speciem prae se ferat. Et hoc Cartesio nimis frequens est ut
maxime incerta tanquam certissima assumens lectorem
facilem dictatoria brevitate absolvat: quemadmodum cum
concludit extentionem constituere materiam, et cogitationem
a materia independentem esse, et eandem in natura servari
motus quantitatem; pronuntiandi magis autoritate quam
argumentis. Ego sentio, motum contrarium magis adversari
motui quam quietem, et majore oppositione esse opus ut
corpus reflectatur, quam ut tantum sistatur, quemadmodum
ostensum est ad articul. 47. Sed probanda etiam altera praemissarum erat, nempe id quod maxime motui adversatur esse
causam firmitatis. An forte talem prosyllogismum in mente
autor habuit? Firmitas maxime motui adversatur; quicquid
maxime motui adversatur, ejus et causa maxime motui
adversatur. Ergo causa firmitatis maxime motui adversatur.
Sed praemissae prosyllogismi rursus ambae laborant. Nego
igitur firmitatem motui maxime adversari; fateor eam
maxime adversari motui unius partis sine alia, atque hoc illud
erat cujus causa debebat quaeri. Nec scio an tutum sit axioma,
quicquid maxime, rei adversatur, ejus et causa maxime rei
adversatur. Quid magis morti adversatur quam vita,

superficielles, voire sophistiques. Voici son argument, réduit
à un syllogisme en forme : Le repos est le mode du corps, qui
est le plus contraire au mouvement ; le mode du corps, qui est
le plus contraire au mouvement est la cause de la fermeté ;
donc le repos est la cause de la fermeté. Mais les deux
prémisses sont fausses l'une et l'autre, bien qu'elles aient
quelque faible apparence de vérité. Il arrive d'ailleurs trop
souvent, que Descartes prend les choses les plus incertaines
pour très certaines et qu'il impose au lecteur facile par la
brièveté dictatoriale de ses énoncés, par exemple lorsqu'il
prononce que l'étendue constitue la matière, que la pensée est
indépendante de la matière, que la même quantité du
mouvement se conserve dans la nature : l'autorité du ton fait
plus ici que la force des arguments. Pour ma part, je pense que
le mouvement opposé est plus contraire à un autre mouvement
que ne l'est le repos, et qu'il faut une opposition plus grande
pour faire retourner un corps en arrière que pour l'arrêter,
ainsi que je l'ai montré à propos de l'art. 47. Mais il fallait
aussi prouver la deuxième prémisse, à savoir que ce qui est le
plus contraire au mouvement est la cause de la fermeté.
Peut-être l'auteur a-t-il tacitement formulé ce prosyllogisme :
la fermeté est ce qu'il y a de plus contraire au mouvement ; si
une chose, quelle qu'elle soit, est la plus contraire au
mouvement, alors la cause de cette chose doit être aussi la plus
contraire au mouvement ; donc, la cause de la fermeté est ce
qu'il y a de plus contraire au mouvement. Mais les deux
prémisses de ce prosyllogisme sont de nouveau très faibles.
Je nie que la fermeté soit ce qu'il y a de plus contraire
au mouvement ; il est vrai qu'elle s'oppose au plus haut
degré au mouvement d'une partie du corps dur indépendam-
ment des autres parties ; mais il s'agit précisément de trouver
la cause de ce phénomène. Je doute aussi de la certitude de cet
axiome : si une chose est la plus contraire à une autre, alors la
cause de la première est aussi la plus contraire à la seconde. En
effet, qu'y a-t-il de plus contraire à la mort que la vie ?

quis tamen neget mortem animali persaepe a vivente inferri? Talibus regulis Philosophicis vagis admodum et nondum ad certos limites redactis nulla superstrui demonstratio potest. Erunt qui lectis istis subindignabuntur nobis, Philosophos tantos velut ad scholam per syllogismos revocantibus; erunt etiam fortasse, qui haec tam protrita contemnent. Sed nos compertum habemus, magnos illos Philosophos, quin et alios IV, 386 saepe homines in rebus maxime seriis, puerilis hujus | logicae neglectu labi, imo vix aliter labi. Quid enim aliud haec Logica continet, quam dictata supremae rationis maxime generalia, regulis captui facilibus comprehensa? Et placuit semel in hoc specimine ostendere, quam utile sit talia ad formae praescriptum exigi, ut appareat vis argumentorum, praesertim cum imaginatio rationi non ut in Mathematicis succurrit, et negotium nobis est cum scriptore abruptis argumentis res magnas colligente. Quoniam ergo nihil nos hic rationibus adjuvat Cartesius, placet ad rerum ipsarum considerationem

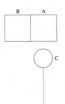

redire. Non tam igitur quies consideranda est in firmitate quam vis, qua una pars secum aliam trahit. Sint duo cubi perfecti A et B juxta se mutuo quiescentes et hedras habentes omnino laevigatas, sitque cubus B ad sinistram cubi A positus, hedra unius cum alterius hedra congruente, nulloque adeo relicto intervallo. Incurrat jam globulus C in medium cubi A, directione ad duas hedras congruentes parallela; ita directio ictus non perveniet ad cubum B, nisi is adhaerere ponatur cubo A. Et sane quiete sua resistet A incurrenti C, nec nisi imminuta vi ipsius C ab eo poterit propelli, atque ita etiam verum est,

et cependant la mort d'un animal est sans doute très souvent causée par un être vivant. Il est impossible de fonder une démonstration sur des règles philosophiques aussi vagues et dont les limites d'application n'ont pas encore été tracées. Certains lecteurs nous reprocheront de renvoyer de si grands philosophes à l'école avec nos syllogismes. D'autres mépriseront peut-être des objections si banales. Mais j'ai souvent constaté que ces très grands philosophes et, à plus forte raison, les autres hommes tombent souvent en erreur, dans les choses les plus graves, parce qu'ils négligent cette logique élémentaire, et que c'est même presque l'unique cause de leurs erreurs. Que contient, en effet, cette logique, sinon les commandements les plus généraux de la suprême raison, formulés dans des règles aisément intelligibles ? J'ai jugé à propos de montrer une fois par cet exemple, combien il est utile de mettre un argument en la forme prescrite, pour en faire apparaître la valeur ; surtout dans le cas où l'imagination ne peut pas porter secours à la raison, comme elle le fait dans les mathématiques, et lorsque nous avons affaire à un auteur qui raisonne sur de grands problèmes avec des arguments tranchants.

Puisque donc les raisons apportées par Descartes ne sont ici d'aucun secours, il convient de revenir à la considération de la chose même. Dans la fermeté il ne faut pas tant insister sur le repos des parties que sur la force par laquelle une partie entraîne l'autre avec elle. Soient A et B deux cubes parfaits, en repos l'un par rapport à l'autre et ayant les faces parfaitement polies. Supposons le cube B à gauche du cube A, et la face de l'un coïncidant avec une face de l'autre, de sorte qu'il n'y ait aucun intervalle entre eux. Supposons maintenant qu'une petit boule C vienne heurter le milieu du cube A, dans une direction parallèle aux faces coïncidantes ; ainsi le choc ne se transmettra pas au cube B, à moins qu'on ne suppose que B soit attaché à A. Il est vrai qu'alors A, par son repos, résistera au choc de C et ne pourra être poussé en avant par C que si C perd quelque chose de sa force ; il est donc également vrai que,

A quiete sua in hoc casu resistere separanti a *B*; sed hoc per accidens, non quia separatur a *B,* sed quia vim in se debet recipere, quod perinde contingeret, etiamsi *B* plane abesset. Itaque ubi semel vim recipiet, viam suam inibit deserto *B,* perinde ac si omnino ab ejus vicinia abfuisset. Sophisma igitur est concludere velle, quia unumquodque in statu suo quantum potest, perseverat, ideo duo apud se quiescentia sibi mutuo adhaerere et ex nuda quiete habere firmitatem, parique jure concluderes etiam, quae decem pedibus a se absunt sibi connecti, atque id agere conari ut semper decem pedibus a se absint. Causa igitur afferenda est, cur aliquando duo cubi *A* et *B* cohaereant, et parallelepipedum firmum *AB* constituant, quod sola parte *A* impulsa moveatur totum; seu cur cubus *A impulsus* secum *trahat* cubum *B,* adeoque quaeritur causa tractionis in natura. Sunt quidam egregii Viri, qui ipsam perfectam unitatem causam firmitatis esse ajunt, eamque sententiam video placere nonnullis Atomorum Patronis. Nempe si qua sit atomus parallelepipeda *AB,* quae mente sit divisibilis in duos illos cubos *A* et *B,* re autem non divisa, eam dicunt re etiam divisibilem non esse, semperque firmam mansuram. His multa obstant, primum enim nullam afferunt demonstrationem dicti. Ponamus in parallelepipedum *AB* duas atomos *D* et *E* ipsis

VI, 387 cubis *A* et *B* hedris suis anterioribus respon|dentes, simul incurrere directionibus parallelis ad hedram communem cuborum *A* et *B,* et quidem *D* venientem retrorsum a plaga *F,* tota sua hedra incurrere in totam hedram congruentem *A,*

dans ce cas, A résiste par son repos à la séparation de B; mais cet effet n'est qu'accidentel et ne se produit pas parce que le choc tend à séparer A de B, mais parce que A doit absorber de la force, ce qui se produirait également si B n'était pas du tout présent. Une fois que A a reçu cette force, il ira son chemin en quittant B, tout à fait comme s'il n'avait pas été dans le voisinage de celui-ci. C'est donc un sophisme de vouloir inférer du fait que chaque chose demeure tant qu'elle peut dans l'état où elle est, que deux corps en repos à côté l'un de l'autre adhèrent mutuellement l'un à l'autre et possèdent de la fermeté par le seul effet du repos; on pourrait conclure avec tout autant de raison que deux corps distants de dix pieds sont liés ensemble et tendent à conserver toujours entre eux la distance de dix pieds. Il faut donc apporter une raison qui explique pourquoi entre deux cubes A et B il y a de la cohésion, de sorte qu'ils forment un parallélépipède solide AB et que, lorsque A seulement est poussé, le tout se mette en mouvement; autrement dit, pourquoi le cube A poussé *tire* avec lui le cube B. Ce que l'on cherche, c'est donc la cause de cette traction dans la nature. Il y a des savants éminents qui soutiennent que l'unité parfaite est elle-même la cause de la fermeté, explication qui me semble plaire à plusieurs défenseurs des atomes. Soit AB un atome en forme de parallélépipède, que l'esprit peut diviser en deux cubes A et B, mais qui n'est pas actuellement divisé, alors, disent-ils, ce corps ne sera pas non plus divisible dans la réalité et conservera toujours sa fermeté. Cette thèse se heurte à beaucoup d'objections et d'abord à celle-ci qu'aucune démonstration n'en a été produite. Supposons que deux atomes D et E viennent heurter simultanément contre le parallélépipède AB, que leurs faces antérieures correspondent aux cubes A et B et que leur direction soit parallèle à la face commune des cubes A et B; que D vienne de l'arrière, de F, frapper de toute sa face contre toute la face correspondante de A,

similiterque *E* venientem antrorsum a plaga *G*, incurrere in *B*, quaeritur causa cur *A* non propellatur versus *G*, deserto *B*, et

cur *B* non propellatur in contrarium versus *F*, deserto *A*. Hujus ego in dictis rationem invenio nullam. Quid aliud enim hic est, unum componi ex duobus cubis *A* et *B*, quam eos actu non esse divisos. Quodsi cum quibusdam dicas, in continuo ante actualem divisionem nullas esse partes, alterutrum sequetur, vel id separationi non obstare, cum scilicet ratio ad actualem quandam divisionem tendens adeoque partes velut designans ac distinguens (contactus nempe incurrentium *D* et *E*) supervenit, vel continuum nullum unquam in partes posse divelli. Quid ergo si duae Atomi cubicae *A* et *B* prius diversae semel ita sibi accedant, ut hedrae earum duae congruant, nonne hoc contactus momento nihil different ab atomo illa parallelepipeda *AB* paulo ante descripta? Itaque capientur a se mutuo duae Atomi simplici contactu velut visco quodam, idemque fieri debet etiamsi partes tantum hedrarum congruant. Ex his porro sequitur progressu naturae, continue debere crescere atomos, instar pilae nivis per nivem provolutae, ac tandem futurum esse, ut omnia in plus quam adamantinam duritiem coalescant et aeterna glacie obtorpescant, quando causa coalitionis datur, dissolutionis non datur. Unum effugium superest iis, qui haec tuentur, ut dicant, nullas dari in natura, hedras planas, aut si quae sint, coalitu esse desinere, Atomos autem omnes superficiebus curvis iisque minime invicem applicabilibus terminari, quemadmodum sane fieret,

que E vienne de l'avant heurter B de la même façon : on demande pouquoi A ne quitte pas B et n'est pas poussé vers G, pourquoi B ne quitte pas A et n'est pas poussé en sens contraire, vers F. Dans la théorie des atomistes on ne trouve aucune raison de ce phénomène. En effet, dire que A et B forment une unité, ou dire qu'ils ne sont pas actuellement divisés, où est la différence ? Si, avec quelques savants, on répond que dans le continu il n'y a pas de parties avant la division actuelle, alors se pose l'alternative suivante : Ou bien ce principe ne s'oppose pas à la division, lorsqu'il se présente une raison qui tend à une division actuelle et qui désigne ou distingue pour ainsi dire les parties (tel le choc de D et de E) ; ou bien aucun continu ne saurait jamais être fragmenté. Qu'arrive-t-il alors, lorsque les deux atomes cubiques A et B, auparavant séparés, se rapprochent au point qu'une face de l'un coïncide avec une face de l'autre ? Au moment du contact, y aura-t-il encore une différence quelconque entre eux et l'unique atome en forme de parallélépipède décrit tout à l'heure, AB ? Dans cette hypothèse, deux atomes s'attacheraient l'un à l'autre par le simple contact et comme par une sorte de glu, et le même effet devrait encore se produire, si seulement une partie des faces coïncidait. Il suivrait de là que, par une progression naturelle, les atomes devraient continuellement grandir, à la manière d'une boule de neige roulant dans la neige, et il faudrait s'attendre à ce que toute la matière se fondît en un seul corps d'une dureté plus grande que celle du diamant et tombât dans une immobilité éternelle, puisque la cause de la coalescence subsisterait, sans qu'aucune cause de dissolution fût donnée. Pour ceux qui soutiennent cette opinion, il ne reste plus qu'un seul moyen d'échapper à cette conséquence, c'est d'objecter qu'il n'y a pas, dans la nature, de surfaces parfaitement planes, ou que, s'il y en avait, elles cesseraient par la coalescence même, d'exister ; que tous les atomes sont limités par des surfaces courbes qui ne peuvent absolument pas s'ajuster l'une à l'autre, ce qui serait

si omnes atomi essent sphaericae, atque ita nullus contactus esset totius alicujus superficiei. Sed praeterquam quod corpora planis vel aliis sibi congruentibus superficiebus praedita ex rebus nulla satis ratione excluduntur, huc redimus ut rationem nobis afferant, cur continuum in partes resolvi non possit. Alia quoque habemus magna in Atomos argumenta, sed nobis hanc materiam hoc loco exhaurire propositum non est. Sunt qui duritiem corporum explicant per eam causam, qua videmus duas tabulas politas a se divelli nisi magna vi non posse, obstante scilicet ambiente, quod se tam subito insinuare in locum divulsione inter tabulas relinquendum non potest. Atque ita duritiem ajunt oriri a compressione, recte quidem in IV, 388   plurimis casibus, sed non potest haec intelligi |causa duritiei in universum, quoniam ea rursus aliquam duritiem vel firmitatem jam tum praeconstitutam ponit, ipsarummet scilicet Tabularum. Porro nec refert, si quis dicat cubos *A* et *B* glutine aliquo connecti, nam ipsius glutinis firmitas requiritur qua partes ejus adhaereant tam utrique corporum quae connectit, quam inter se. Quod si quis concipiat ex *A* eminentiolas quasdam transire in *B*, ac sese ejus valliculis insinuare, idemque a *B* fieri in *A*, atque ita non posse propelli unum sine alio, quin apices illi frangantur, jam nova quaestio est, unde illis ipsis apicibus firmitas sua. His igitur omissis, quae vel non prosunt, vel rem non absolvunt, arbitror primigeniam cohaesionis causam (praeter impenetrabilitatem ipsam, cum cedendi locus non est, aut ratio non est cur unum prae alio cedat,

sans doute le cas, si tous les atomes étaient sphériques, puisqu'alors ils ne pourraient entrer en contact par une surface entière quelconque. Mais négligeons l'impossibilité de présenter une raison valable pour exclure de la nature les corps plans ou pourvus de surfaces pouvant coïncider avec d'autres surfaces : nous demandons de nouveau aux atomistes, pour quelle raison le continu ne serait pas divisible en parties. Nous possédons encore d'autres arguments importants contre les atomes, mais nous ne prétendons pas épuiser ici ce sujet.

D'autres expliquent la dureté des corps par la même cause qui fait que deux planches polies ne peuvent être séparées qu'à grand-peine, parce que la matière ambiante s'y oppose, ne pouvant pénétrer subitement dans l'intervalle entre ces planches, créé par la séparation. Ainsi, selon eux, la dureté serait produite par la compression. Dans beaucoup de cas ils ont raison. Cependant cette compression ne peut pas être la cause générale de la dureté, puisqu'elle suppose déjà l'existence d'une certaine dureté ou fermeté, à savoir de celle des planches mêmes. Nous n'en sommes pas plus avancés si quelqu'un nous dit que les cubes A et B sont liés par quelque ciment, car cela supposerait une certaine fermeté du ciment, grâce à laquelle ses parties resteraient attachées entre elles et à chacun des corps que le ciment réunit. On peut encore concevoir que de petites proéminences de A s'avancent dans B et s'y insinuent dans de petites cavités, et que de même des proéminences de B s'insinuent en A, de sorte que l'un des corps ne saurait être poussé sans l'autre, à moins que ces saillies ne soient arrachées auparavant ; mais alors se pose la nouvelle question : d'où vient la fermeté de ces saillies mêmes ?

En laissant de côté toutes ces hypothèses qui sont inutiles ou ne résolvent pas le problème, je pense que la cause primor-diale de la cohésion est le mouvement, j'entends le mouvement conspirant. Evidemment il faut y ajouter l'impénétrabilité même, lorsque le corps n'a pas de place pour céder, ou lorsqu'il n'y a pas de raison qu'un corps cède plutôt qu'un autre.

qua ratione globus perfectus in pleno quiescente uniformi circulans aliquid vi centrifuga emittere prohibetur) esse Motum eumque conspirantem. Nam ipsam materiam, per se homogeneam et aeque divisibilem, arbitror solo motu distingui; videmus autem fluida quoque motu acquirere quandam firmitatem. Ita vehemens aquae jactus extraneis in radium suum magis vetabit ingressum, quam eadem aqua quiescens faceret. Ingressu enim novae materiae magna motus conspirantis perturbatio oriatur necesse est, ad perturbandum autem, id est valde mutandum motum opus est vi. Jactum aquae digito tange, videbis huc illuc guttulas dispergi, non sine vehementia, atque adeo et quod jactui accedit nonnihil repelli. Et quae per se dissoluta sunt, et ut ita dicam arena sine calce, solo motu connexionem quandam acquirere posse, eleganti experimento magnes docet, limaturae chalybis admotus, subito enim velut funiculi nectuntur ex arena, et nascuntur filamenta, subrigente sese materia velut in pilos, nec dubium est quodam quasi genere magnetismi, id est motus intestini conspirantis, etiam alia quorundam corporum partes connecti. Haec igitur primitiva ratio consistentiae seu cohaesionis non minus rationi quam sensibus satisfacit.

Ad artic. (56. 57). Fluiditatis causam investigare opus non est, nam materia per se fluida est, nisi quatenus in ea sunt motus, qui separatione quarundam partium turbantur.

---

56. Fluidorum particulas aequali vi versus omnes partes moveri. Et corpus durum in fluido exsistens, a minima vi posse determinari ad motum.

57. Ejusdem rei demonstratio.

Ainsi une sphère parfaite, en mouvement rotatoire dans un milieu plein, homogène et en repos, est empêchée d'émettre quoi que ce soit par l'effet de la force centrifuge. J'estime que la matière, en elle-même homogène et indistinctement divisible, n'est diversifiée que par le mouvement ; or, nous voyons que les liquides mêmes acquièrent, par le mouvement, une certaine fermeté. Ainsi un jet d'eau violent met un plus grand obstacle à l'entrée d'un corps étranger dans sa trajectoire, que ne ferait la même eau en repos. Car l'entrée d'une matière extérieure produirait nécessairement une forte perturbation du mouvement conspirant de l'eau ; et pour faire dévier un mouvement, c'est-à-dire pour le transformer grandement, il faut de la force. Qu'on touche un jet d'eau du doigt : on constatera que des gouttes se dispersent de tous côtés avec une certaine violence, et que ce qui atteint le jet est jusqu'à un certain point repoussé. Même s'il s'agit d'une matière dépourvue par elle-même de cohésion, pareille à du sable sans chaux, elle peut par le seul mouvement, acquérir une certaine consistance. C'est ce que nous montre dans une expérience élégante l'aimant qu'on approche de la limaille de fer : on croirait que de ce sable se forment instantanément des cordes et, des filets, la matière semble se disposer sur des rangs ; et, sans aucun doute, les parties de certains autres corps sont également liées par quelque sorte de magnétisme, c'est-à-dire de mouvement conspirant intérieur. Cette cause primordiale de la consistance ou de la cohésion satisfait donc aussi bien à la raison qu'aux expériences sensibles.

Sur les art. 56. 57. Il n'y a pas lieu de rechercher la cause de la liquidité, puisque la matière est par elle-même liquide, à moins qu'il n'y ait en elle des mouvements qui se trouvent déviés par la séparation de quelques parties.

---

56. Que les parties des corps fluides ont des mouvements qui tendent également de tous côtés, et que la moindre force suffit pour mouvoir les corps durs qu'elles environnent. – 57. La preuve de l'article précédent.

Itaque necesse non est, ut fluidum sit agitatum motibus variis particularum. Quoniam tamen aliunde constat ex generali lege naturae, corpora omnia intestinis motibus agitari, consequens est, firma esse quatenus motus sunt conspirantes, vel quatenus sunt perturbati ac nullo systemate connexi, fluida

IV, 389 manere; unde fit ut in | omni corpore sit aliquis fluiditatis pariter ac firmiatis gradus; nec quicquam tam durum est, quin aliquam flexibilitatem habeat, vel contra. Porro motus ille intestinus est insensibilis, cum partes quae sibi continue succedunt, ob exiguitatem et similitudinem, sensu sint indiscriminabiles, et velociter motae (ut jactus aquae, ut radius in rota) unum aliquid continuum solidum simulent. Confirmant motum intestinum fluidorum etiam solutiones salium in aqua, et corrosiones, quae fiunt a liquoribus acribus, tum vero et calor in universum, qui cum fortis est, liquorum ebullitionem facit, cum mediocris, saltem agitationem; sed cum hyeme agitatio a calore nata debilitatur, tunc motus intestinus partium inter se conspirantium, materiae proprius solus praedominatur in plurimis liquoribus, unde concrescunt et aliquando glaciantur. Specimen etiam rude hujus fluidorum agitationis, miris modis perturbatae, praebent pulverea corpuscula quae solaribus radiis in loco caetera obscuro deteguntur. Quoniam autem in fluidis nostris, sensus judicio quiescentibus, ubique et in omnes partes aeque facilis est motus, consequens est, motus perturbatos

Ainsi le liquide n'est pas nécessairement agité par divers mouvements de ses parties. Cependant, puisqu'il est établi par ailleurs, que, selon une loi générale de la nature, tous les corps sont agités par des mouvements intestins, il s'ensuit que les corps sont consistants, dans la mesure où ces mouvements sont conspirants, et qu'ils restent liquides, dans la mesure où ces mouvements sont désordonnés et ne sont liés entre eux par aucun système; d'où il résulte que, dans chaque corps, il y a quelque degré de fermeté et quelque degré de fluidité; qu'il n'y a aucun corps si dur qu'il n'ait quelque souplesse, et inversement. Ce mouvement intestin est insensible, parce que, les particules qui se succèdent sans arrêt étant très petites et semblables entre elles, on ne saurait les distinguer par les sens; et comme leur mouvement est rapide, il produit l'apparence de quelque continu solide, tout comme le jet d'eau ou les rayons d'une roue. Le mouvement intestin des liquides se trouve encore confirmé par la dissolution des sels dans l'eau, par la corrosion produite par des liquides acides, ainsi qu'en général par la chaleur qui, quand elle est forte, produit l'ébullition des liquides, quand elle est moyenne, seulement l'agitation. Mais lorsqu'en hiver l'agitation produite par la chaleur se trouve réduite, alors le mouvement intestin des particules conspirantes entre elles, mouvement appartenant en propre à la matière, prédomine seul dans la plupart des liqueurs, de sorte qu'elles s'épaississent et gèlent quelquefois. Une image, grossière sans doute, de cette agitation des liquides, extraordinairement désordonnée, est fournie par les grains de poussière qu'on découvre dans les rayons du soleil, quand tout le reste de la pièce est obscur. Or, puisque dans les liquides qui, d'après le jugement de nos sens, sont en repos, le mouvement peut se faire partout et dans toutes les directions avec la même facilité, il s'ensuit que le mouvement désordonné

in iis sic satis aequaliter distributos esse et velut compensatos, ita ut solidum in tali fluido positum ictibus et ut ita dicam fluctibus fluidi ab omni latere aequaliter pulsetur, hactenusque in motu nec adjuvetur nec impediatur.

Ad artic. (59). Cum corpus vi externa impellitur in fluido, putal Autor hanc vim, etsi sola non sufficiat ad corpus movendum, movere tamen concurrendo cum particulis fluidi huic motui faventibus, et determinare reliquas, ut etiam faveant, motu suo retento, determinatione vero seu directione mutata. Adde quae autor habet fine artic. 56 et in ejus demonstratione artic. 57. Unde statuit, corpus durum in fluido motum non totum suum motum mutuari a duro impellente, sed partim etiam a fluido circumjacente. Sed haec mox ipse destruere videtur artic. 60 et omnino nequicquam dicta arbitror, cum et falso principio nitantur (quod hic rursus inculcatur quasi quies motui contraria sit) et excogitata unice videantur ad salvandam contrarietatem quam phaenomena habent cum regula quarta motus a nostro autore posita, in qua male negatur, corpus quiescens a minore, quantacunque celeritate acto posse impelli (vide fin. artic. 61),

58. Si quae fluidi particulae tardius moveantur quam corpus durum in eo exsistens, illud hac in parte fluide rationem non habere.

59. Corpus durum, ab alio duro impulsum, non omnem suum motum ab eo mutuari, sed partem etiam a fluido circumjacente.

s'y trouve distribué et pour ainsi dire compensé d'une façon assez régulière; par conséquent, un corps placé dans un tel liquide sera poussé par les chocs et, pour ainsi dire, les vagues du liquide de tous côtés de façon égale, et ainsi son propre mouvement n'en sera ni fortifié ni empêché.

Sur l'art. 59. Lorsqu'un corps, dans un liquide, est poussé par une force extérieure, alors, selon notre auteur, bien que cette force par elle-même ne suffise pas à mettre ce corps en mouvement, elle le meut tout de même avec le concours des particules du liquide qui se trouvent favoriser ce mouvement, et elle détermine les autres particules à le favoriser aussi, en conservant leur mouvement dont elles changent seulement la détermination ou la direction. Ajoutez ce que l'auteur dit à la fin de l'art. 56 et dans la preuve de cet article, exposé dans l'art. 57. De là il infère qu'un corps dur s'avançant dans un liquide n'emprunte pas tout son mouvement à l'autre corps dur qui le pousse, mais en partie aussi au liquide qui l'environne. Mais bientôt après il paraît ruiner lui-même cette théorie, dans l'art. 60, et j'estime tout cela absolument gratuit, puisque, d'une part, sa théorie s'appuie sur un faux principe qu'il s'efforce à nouveau d'introduire ici (à savoir que le repos serait le contraire du mouvement), et puisque, d'autre part, cette théorie paraît être inventée uniquement en vue de masquer la contradiction entre les phénomènes et la quatrième loi du mouvement, proposée par l'auteur, dans laquelle il nie à tort qu'un corps en repos puisse être mis en mouvement par un corps plus petit, quelle que soit la vitesse de ce dernier (voir l'art. 61, à la fin),

---

58. Qu'un corps ne doit pas être estimé entièrement fluide au regard d'un corps dur qu'il environne, quand quelques-unes de ses parties se meuvent moins vite que ne fait ce corps dur. – 59. Qu'un corps dur étant poussé par un autre ne reçoit pas de lui seul tout le mouvement qu'il acquiert, mais en emprunte aussi une partie du corps fluide qui l'environne.

cum tamen ipse fateri cogatur artic. 56, corpus durum in fluido existens a minima vi moveri. Itaque ut effugiat difficultatem, miro commento utitur, particulasque fluidi in auxilium advocat frustra, nam a contrariis compensatae nihil praestant, IV, 390 et, si quid efficerent, nimium praestarent, |motumque mobili majorem quam a vi impellente proficisci debet, darent. Cum tamen constet nec majorem motum adeoque nec alium in mobili oriri, quam si nihil omnino a fluido ageretur. Quin contra potius dicendum est, adeo nil motus addere fluidum, ut potius detrahat nonnihil, velocitatemque mobilis diminuat, partim ob aliquam tenacitatem admistam, partim etiam ex eo solo quod ingressu duri in fluidum pars fluidi volumine aequalis duro, continue pellenda loco atque in motum concitanda est novum, in quam rem aliqua pars potentiae mobilis impendenda est. Quantitatem utriusque hujus resistentiae, quarum una absoluta est, semperque eadem in eodem fluido, altera vero respectiva et cum motus velocitate crescens, ad calculum alibi revocavi.

60. Non posse tamen ab isto fluido majorem celeritatem acquirere, quam habeat a duro, a quo impulsum est.

61. Cum corpus fluidum totum simul versus aliquam partem fertur, necessario secum deferre corpus durum quod in se continet.

62. Cum corpus durum a fluido sic defertur, non ideireo moveri.

cependant qu'il est forcé de reconnaître, dans l'art. 56, qu'un corps dur, placé dans un liquide, peut être mû par la moindre force. C'est pour échapper à cette difficulté qu'il recourt à cette extraordinaire fiction et qu'il appelle à son secours les petites parties du liquide, vainement d'ailleurs ; car, comme les mouvements de ces parties sont compensés par des mouvements contraires, ils n'ont aucun effet, et s'ils en avaient, cet effet serait trop grand pour l'hypothèse, étant donné qu'alors le corps dur devrait avoir, par le concours des petites parties du liquide, plus de mouvement qu'il n'en reçoit par la force qui le pousse. Il est cependant certain, que dans ce corps poussé il n'y a pas plus de mouvement, ni, par conséquent, d'autre mouvement, que s'il ne subissait aucune action du liquide. Il faut dire bien plutôt, au contraire, que le liquide non seulement n'ajoute pas de mouvement, mais qu'il en enlève, qu'il diminue la vitesse du corps mobile, en partie par l'effet de quelque frottement qui intervient, en partie par cela seul que l'introduction du corps dur dans le liquide exige le continuel déplacement et la mise en mouvement sans cesse renouvelée d'une portion du liquide, égale en volume au corps immergé, ce qui entraîne une certaine dépense de la puissance du corps mobile. J'ai calculé ailleurs la quantité de ces deux espèces de résistance, dont l'une est absolue et toujours la même dans un liquide donné, l'autre relative et croissant avec la vitesse du mouvement [1].

60. Qu'il ne peut toutefois avoir plus de vitesse que ce corps dur ne lui en donne.
61. Qu'un corps fluide qui se meut tout entier vers quelque côté emporte nécessairement avec soi tous les corps durs qu'il contient ou environne.
– 62. Qu'on ne peut pas dire proprement qu'un corps dur se meut, lorsqu'il est ainsi emporté par un corps fluide.

1. *Schediasma de resistentia medii et motu projectorum gravium in medio resistente,* 1689 (*Mathemat. Schriften,* éd. Gerhardt, VI, p. 135 *sq.*).

Ad artic. (63). Mirifica sunt quae hic traduntur de causa, cur manus nostrae non possint rumpere clavum ferreum. Quaeritur nodus in scirpo detortaeque objectioni par responsio accommodatur. Nimirum si corpus quiescens a majori moveri potest, quaeritur cur manus partem clavi ferrei se multo minorem, licet quiescentem, non moveat, nec a reliqua parte avellat. Causam rejicit in mollitiem manus, quae ideo non tota, sed sui parte tantum, agit in clavum, adeoque parte semper minore manus, quam sit avellenda pars clavi. Verum non est quaestio de motu, nam manus non tantum partem clavi, sed istum clavum totum facile movet; illud potius quaeritur cur pars clavi reliquam partem secum trahat, nec facile una sine alia se moveri patiatur. Deinde inutiliter recurritur ad mollitiem manus, cum etsi loco manus sumatur percutiens frustum quantumcunque ferri aut saxi, nihilominus clavi partes sese trahunt; et licet durum a duro facilius frangatur, quam a molli, non tamen quaeritur cur aut quanta vi superetur cohaesio duarum clavi partium, sed cur existat; nec quaeritur cur una earum moveatur, a majori licet corpore (id enim falsum est), sed cur non facile sola moveatur.

---

63. Cur quaedam corpora tam dura sint, ut, quamvis parva, non facile manibus nostris dividantur.

64. Non alia principia in Physica quam in Geometria, vel in Mathesi abstracta, a me admitti, nec optari, quia sic omnia naturae phaenomena explicantur, et certae de iis demonstrationes dari possunt.

Sur l'art. 63. Ce que l'auteur enseigne ici sur la cause pour laquelle nous ne pouvons, avec la seule force de nos mains, rompre un clou en fer, est extraordinaire. Il cherche une difficulté où il n'y en a pas et oppose à une objection tortueuse une réponse qui ne l'est pas moins. Si un corps en repos peut être mis en mouvement par un corps plus puissant, alors, demande-t-on, pourquoi la main ne peut-elle pas mettre en mouvement une partie du clou en fer, beaucoup plus petite qu'elle, bien qu'il soit en repos, et pourquoi ne peut-elle la détacher de l'autre partie ? Il en rejette la cause sur la mollesse de la main qui pour cette raison n'agirait pas tout entière sur le clou, mais seulement par la partie qui le touche ; partie qui serait toujours plus petite que la partie du clou à détacher. A la vérité cette question n'a rien à faire avec le mouvement, car il est facile à la main de mouvoir non seulement une partie du clou, mais le clou tout entier ; il s'agit plutôt de savoir, pourquoi une partie du clou tire avec elle le reste du clou, et pourquoi une partie ne saurait facilement être mise en mouvement sans l'autre. Il est inutile d'avoir recours à la mollesse de la main, car si au lieu de la main on prend quelque morceau de fer ou de pierre, les parties du clou restent tout autant solidaires. Et bien qu'un corps dur soit plus facilement mis en morceaux par un corps dur que par un corps mou, on ne cherche pas à savoir ici, pourquoi ou par quelle force il est possible de triompher de la cohésion des parties du clou, mais pourquoi cette cohésion s'y trouve. Et on n'examine pas, pourquoi une de ces parties peut-être mue, serait-ce uniquement par un corps plus grand (ce qui est faux), mais pourquoi elle ne peut pas facilement être mue seule.

---

63. D'où vient qu'il y a des corps si durs qu'ils ne peuvent être divisés par nos mains, bien qu'ils soient plus petits qu'elles.

Ad artic. (64). Claudit Auctor Partem secundam, id est generalem de rerum materialium principiis admonitione quadam quae mihi restrictione egere videtur. Nimirum ait ad naturae phaenomena explicanda non aliis esse opus principiis, quam ex Mathesi abstracta petitis, seu doctrina de magnitudine, figura et motu, nec aliam se materiam agnoscere quam quae subjectum est Geometriae. Ego plane quidem assentior omnia naturae phaenomena specialia mechanice explicari posse, si nobis satis essent explorata, neque alia ratione causas IV, 391 rerum materialium posse intelligi; sed | illud tamen etiam atque etiam considerandum censeo, ipsa Principia Mechanica, Legesque adeo naturae generales ex altioribus principiis nasci nec per solam quantitatis ac rerum Geometricarum considerationem posse explicari, quin potius aliquid Metaphysicum illis inesse, independens a notionibus quas praebet imaginatio, referendumque ad substantiam extensionis expertem. Nam praeter extensionem ejusque variabilitates inest materiae vis ipsa seu agendi potentia quae transitum facit a Metaphysica ad naturam, a materialibus ad immateralia. Habet illa vis Leges suas ex principiis non illis solis absolutae atque ut ita dicam brutae necessitatis, ut in Mathematicis, sed perfectae rationis deductas. His vero semel in generali tractatione constitutis, postea cum phaenomenorum naturae ratio redditur, omnia mechanice expediri possunt,

Sur l'art. 64. L'auteur termine cette seconde partie, consacrée aux principes généraux des choses matérielles, par un avertissement qui me semble exiger une restriction. Il prétend que, dans l'explication des phénomènes de la nature, il n'est pas besoin d'autres principes que ceux tirés de la mathématique abstraite, c'est-à-dire de la doctrine qui concerne la grandeur, les figures et le mouvement, et il ne reconnaît pas d'autre matière que celle qui est l'objet de la géométrie. J'accorde pleinement que tous les phénomènes particuliers de la nature pourraient être expliqués mécaniquement, s'ils étaient suffisamment explorés, et qu'il n'y a pas d'autre moyen de connaître les causes des choses matérielles. Mais ce qu'à mon avis il faut toujours garder présent à l'esprit, c'est que les principes mécaniques mêmes, c'est-à-dire les lois générales de la nature, naissent de principes plus élevés et ne sauraient être expliqués par la quantité seule et par des considérations géométriques. Ces principes impliquent, bien au contraire, quelque chose de métaphysique, indépendant des notions que nous fournit l'imagination, et qu'il faut attribuer à une substance dépourvue d'étendue. Car en dehors de l'étendue et de ses modifications, il y a, inhérente à la matière, la force même ou la puissance d'agir qui permet le passage de la métaphysique à la nature et des choses matérielles aux choses immatérielles. Cette force obéit à ses lois propres lesquelles ne découlent pas uniquement de principes qui sont d'une nécessité absolue et, si l'on peut dire, aveugle, comme les lois des mathématiques, mais des principes de la raison parfaite. Dès qu'on a établi ces principes par une recherche générale préliminaire, tout peut ensuite s'expliquer mécaniquement dans les phénomènes de la nature.

---

64. Que je ne reçois point de principes en physique qui ne soient aussi reçus en mathématique, afin de pouvoir prouver par démonstration tout ce que j'en déduirai, et que ces principes suffisent d'autant que tous les phénomènes de la nature peuvent être expliqués par leur moyen.

et tam frustra perceptiones et appetitus archaei, et ideae operatrices, et formae substantiarum, ipsaeque animae tunc adhibentur, quam frustra causam universalem omnium *Deum ex machina* ad res naturales singulas simplici voluntate ejus expediendas advocaremus, quod autorem Philosophiae Mosaicae verbis Scripturae sacrae male acceptis facere memini. Haec qui probe considerabit, medium in philosophando tenebit, et non minus Theologis quam Physicis satisfaciet, intelligetque non tam peccatum olim a Schola fuisse in tractandis formis indivisibilibus quam in applicandis, tunc cum potius de modificationibus atque instrumentis substantiae quaeritur, agendique modo, id est Mechanismo. Habet natura velut imperium in imperio, et ut ita dicam regnum duplex, rationis et necessitatis, sive formarum et particularum materiae, quemadmodum enim omnia sunt plena animarum, ita et organicorum corporum. Haec regna inter se inconfusa suo quodque jure gubernantur, nec magis ratio perceptionis atque appetitus in modificationibus extensionis, quam ratio nutritionis, caeterarumque functionum organicarum in formis sive animabus quaerenda est. Sed summa illa substantia, quae causa est universalis omnium, pro infinita sua sapientia et potestate efficit, ut duae diversissimae series

Et il est alors aussi inutile d'avoir recours aux perceptions et aux inclinations d'un *archée,* aux *idées opératrices*[1], aux *formes substantielles* et même aux *âmes,* qu'il serait inutile de faire appel, pour expliquer les choses particulières de la nature, à la simple volonté de la cause universelle de toutes choses, comme à un *Deus ex machina,* ainsi que l'a voulu faire, en interprétant mal l'Écriture Sainte, l'auteur de la *Philosophia Mosaïca*[2]. En tenant compte soigneusement de ces remarques, on évitera, en philosophie, les extrêmes, et on donnera satisfaction aux théologiens aussi bien qu'aux physiciens. On comprendra en même temps qu'autrefois l'École a moins péché en traitant des formes indivisibles, qu'en les appliquant là où la question portait principalement sur les modes et moyens d'action de la substance et la façon dont elle opère, c'est-à-dire sur le mécanisme. La nature comporte, pour ainsi dire, un empire dans l'empire, un double règne : le règne de la raison et le règne de la nécessité, ou bien celui des formes et celui des particules de la matière ; de même que tout est plein d'âmes, de même tout est plein de corps organisés. Ces deux règnes restent distincts et obéissent chacun à sa propre loi ; et il est aussi inutile de chercher la cause des perceptions et des appétits dans les modifications de l'étendue, que de chercher la raison de la fonction nutritive et des autres fonctions organiques dans les formes ou dans les âmes. Mais la substance suprême, cause universelle de toutes choses, a fait en sorte, par sa sagesse et sa puissance infinies, que les deux séries très différentes

1. *Archeus,* terme employé par Paracelse ainsi que par les paracelsistes (Van Helmont, Robert Fludd, etc.) pour désigner le principe vital, la force occulte qui anime la substance individuelle et la mène à sa perfection. Les *Idées opératrices* ont été inventées par Jean Marcus Marci De Kronland (1595-1667), professeur de médecine à Prague, dans son livre : *Idearum operatricium idea, sive hypothesis et detectio illius occultae virtutis quae semina foecundat et ex iisdem corpora organica producit,* Pragae, 1635.

2. Robert Fludd, *Philosophia Moysaica in qua sapientia et scientia creationis et creaturarum explicatur,* Goudae, 1638, in-fol.

in eadem substantia corporea sese referant, ac perfecte consentiant inter se, perinde ac si una alterius influxu regeretur, et sive necessitatem materiae et ordinem efficientium intueare, nihil sine causa imaginationi satisfaciente aut praeter mathematicas mechanismi Leges contingere animadvertas, sive finium velut auream catenam et formarum orbem tanquam mundum intelligibilem contemplere, conjunctis in unum ob perfectionem Autoris supremi, Ethicae ac Metaphysicae apicibus, nihil sine ratione summa fieri animadvertas. Idem enim Deus et forma eminens et efficiens primum, et finis est sive ultima ratio rerum. Nostrum autem est, vestigia ejus in rebus adorare, nec tantum instrumenta ipsius in operando rerumque materialium effectricem mechanicen, sed et admirandi artificii sublimiores usus meditari, et quemadmodum Architectum corporum, ita et maxime Regem mentium Deum ejusque optime ordinantem omnia intelligentiam agnoscere, quae perfectissimam Universi Rempublicam sub potentissimi ac sapientissimi Monarchae dominatu constituit. Ita in singularibus naturae phaenomenis utriusque considerationis conjunctione vitae pariter utilitatibus et perfectioni mentis, nec minus sapientiae quam pietati consulemus.

se correspondent dans la même substance corporelle et s'accordent parfaitement entre elles, exactement comme si l'une était dirigée par l'influx de l'autre. Que l'on étudie donc la nécessité des phénomènes matériels et l'ordre des causes efficientes, on trouvera que rien ne se passe sans une cause qui satisfait l'imagination, que rien n'échappe aux lois mathématiques du mécanisme. Que l'on contemple d'autre part la chaîne d'or des fins et la sphère des formes qui constituent comme un monde intelligible, et l'on reconnaîtra que, grâce à la perfection de l'Auteur suprême, les sommets de l'éthique et de la métaphysique se confondent, de sorte que rien ne se fait sans la plus haute raison. Car le même Dieu est à la fois la forme éminente et la cause efficiente première, et la fin ou l'ultime raison des choses. Il sied que nous adorions ses traces dans les choses et que non seulement nous contemplions les moyens par lesquels il agit et le mécanisme des causes matérielles, mais qu'encore nous méditions sur les fins sublimes de cette admirable habileté ; que nous reconnaissions en Dieu, en même temps que l'architecte du monde matériel, aussi et surtout le Roi des esprits, dont l'intelligence a tout ordonné pour le mieux et a créé l'univers comme l'Etat le plus parfait possible sous le gouvernement du plus puissant et plus sage des monarques. Allier ainsi dans l'étude des phénomènes particuliers de la nature la considération des deux points de vue, c'est servir à la fois les intérêts pratiques de la vie et le progrès de l'esprit, c'est cultiver la sagesse non moins que la piété.

| DE PRIMAE PHILOSOPHIAE

EMENDATIONE, ET DE NOTIONE SUBSTANTIAE

Video plerosque, qui Mathematicis doctrinis delectantur, a Metaphysicis abhorrere, quod in illis lucem, in his tenebras animadvertant. Cujus rei potissimam causam esse arbitror, quod notiones generales, et quae maxime omnibus notae creduntur, humana negligentia atque inconstantia cogitandi ambiguae atque obscurae sunt factae ; et quae vulgo afferuntur definitiones, ne nominales sunt quidem, adeo nihil explicant. Nec dubium est in caeteras disciplinas influxisse malum, quae primae illi atque architectonicae subordinantur. Ita pro definitionibus lucidis natae nobis sunt distinctiunculae, pro axiomatibus vere universalibus regulae topicae, quae saepe pluribus franguntur instantiis, quam juvantur exemplis. Et tamen passim homines Metaphysicas voces necessitate quadam adhibent, et sibi blandientes intelligere credunt, quae loqui didicere. Nec vero substantiae tantum sed et causae, et actionis, et relationis, et similitudinis, et plerorumque aliorum terminorum generalium notiones veras et foecundas vulgo latere manifestum est. Unde nemo mirari debet, scientiam illam

DE LA RÉFORME DE LA PHILOSOPHIE
PREMIÈRE ET DE LA NOTION DE SUBSTANCE

Je vois que la plupart de ceux qui se plaisent à l'étude des mathématiques ont de l'aversion pour la métaphysique, parce que dans celles-là ils trouveraient de la lumière et dans celle-ci des ténèbres. La principale cause de cette différence me semble être que les notions générales et celles que l'on croit les mieux connues de tout le monde, sont devenues ambiguës et obscures, par la négligence des hommes et l'inconséquence de leur pensée, et que les définitions qu'on en apporte d'ordinaire ne sont pas même nominales et ne sauraient, par conséquent, rien expliquer. Certainement ce mal s'est aussi répandu dans les autres disciplines, subordonnées à cette science première et architectonique. De là nous sont venues, au lieu de définitions lumineuses, des distinctions puériles, et au lieu d'axiomes véritablement universels, les règles tirées des lieux communs, qui se trouvent ruinées par plus d'instances qu'il n'y a d'exemples pour les confirmer. Et cependant les hommes, par une sorte de nécessité, se servent couramment de termes métaphysiques et se flattent de comprendre ce qu'ils ont appris à répéter. Et ce n'est pas seulement de la substance, mais encore de la cause, de l'action, de la relation, de la similitude et de la plupart des termes généraux, qu'on ignore à l'ordinaire manifestement les notions vraies et fécondes. C'est pourquoi personne ne doit s'étonner que cette science

principem, quae Primae Philosophiae nomine venit et Aristoteli dicta est desiderata seu quaesita (ζητουμένη), adhuc inter quaerenda mansisse. Equidem Plato passim Dialogis vim notionum vestigat; idem facit Aristoteles in libris qui vulgo Metaphysici vocantur; multum tamen profecisse non apparet. Platonici posteriores ad loquendi portenta sunt lapsi; Aristotelicis, praesertim Scholasticis, movere magis quaestiones curae fuit, quam finire. Nostris temporibus viri quidam insignes etiam ad Primam Philosophiam animum adjecere, non magno tamen hactenus successu. Cartesium attulisse aliqua egregia negari non potest, et recte inprimis Platonis studium revocasse abducendi mentem a sensibus, et Academicas

IV, 469   dubitationes utiliter subinde adhibuisse; sed mox incon|stantia quadam vel affirmandi licentia scopo excidisse, nec certum ab incerto distinxisse, et proinde substantiae corporeae naturam in extensione praepostere collocasse, nec de unione animae et corporis probas comprehensiones habuisse, quorum causa fuit non intellecta substantiae natura in universum. Nam saltu quodam ad gravissimas quaestiones solvendas processerat, notionibus ingredientibus non explicatis. Unde quantum absint a certitudine Meditationes ejus Metaphysicae, non aliunde magis apparet, quam ex scripto ipsius, in quo, hortatu Mersenni et aliorum, Mathematico eas habitu vestire voluerat frustra. Video et alios viros acumine praestantes

primordiale à laquelle revient le nom de Philosophie première et qu'Aristote a appelée *désirée* ou *recherchée* (ζητουμένη) demeure aujourd'hui encore parmi les sciences qui doivent se chercher. Il est vrai que Platon, en plusieurs endroits de ses dialogues, s'applique à retrouver la valeur des notions; Aristote en fait autant dans ses livres appelés communément métaphysiques; mais il ne paraît pas que ce soit avec beaucoup de fruit. Les Platoniciens postérieurs sont tombés dans les extravagances de langage; les Aristotéliciens et surtout les Scolastiques ont eu plus à cœur de faire surgir des questions que de les résoudre. De notre temps quelques hommes éminents se sont aussi appliqués à la Philosophie première, mais jusqu'ici sans beaucoup de succès. On ne peut nier que Descartes ne lui ait apporté une précieuse contribution: il a eu surtout le mérite de faire revivre la tendance platonicienne à détourner l'esprit des impressions sensibles, et il a de plus fait un bon usage du doute des académiciens; mais bientôt, par une certaine inconséquence ou légèreté de ses affirmations, il s'est écarté du but, il n'a pas distingué le certain de l'incertain. Aussi a-t-il fait faussement consister la substance corporelle dans l'étendue, et il a mal compris l'union de l'âme et du corps, tout cela faute d'avoir compris la nature de la substance en général. Car il s'était élancé d'un seul bond, pour ainsi dire, jusqu'aux problèmes les plus ardus à résoudre, avant d'avoir expliqué les notions qu'ils impliquent. C'est pourquoi il n'apparaît nulle part plus manifestement, combien ses *Méditations Métaphysiques* sont éloignées de la certitude, que dans l'écrit où, à l'instigation de Mersenne et de divers autres, il a vraiment essayé de les revêtir d'une forme mathématique [1]. Je reconnais aussi que d'autres hommes, distingués par leur pénétration, ont abordé les

1. Descartes, *Meditationes, Secundae Responsiones,* éd. Adam-Tannery, VII, p. 160 *sq.*

attigisse Metaphysica, et nonnulla profunde cogitasse, sed ita involvisse tenebris, ut divinare magis appareat, quam demonstrare. Mihi vero in his magis quam in ipsis Mathematicis, luce et certitudine opus videtur, quia res Mathematicae sua examina et comprobationes secum ferunt, quae causa est potissima successus, sed in Metaphysicis hoc commodo caremus. Itaque peculiaris quaedam proponendi ratio necessaria est, et velut filum in Labyrintho, cujus ope non minus quam Euclidea methodo ad calculi instar quaestiones resolvantur, servata nihilominus claritate, quae nec popularibus sermonibus quicquam concedat.

Quanti autem ista sint momenti, inprimis apparebit ex *notione substantiae,* quam ego assigno quae tam foecunda est, ut inde veritates primariae, etiam circa Deum et mentes, et naturam corporum, eaeque partim cognitae, sed parum demonstratae, partim hactenus ignotae, sed maximi per caeteras scientias usus futurae consequantur. Cujus rei ut aliquem gustum dem, dicam interim, notionem *virium* seu virtutis (quam Germani votant *Krafft*, Galli *la force*) cui ego explicandae peculiarem *Dynamices* scientiam destinavi, plurimum lucis afferre ad veram *notionem substantiae* intelligendam. Differt enim vis activa a potentia nuda vulgo scholis cognita, quod potentia activa Scholasticorum, seu facultas, nihil aliud est quam propinqua agendi possibilitas, quae tamen aliena excitatione et velut stimulo indiget, ut in actum transferatur. Sed vis activa actum quendam sive ἐντελέχειαν continet, atque inter facultatem agendi actionemque ipsam media est, et conatum involvit; atque ita per se ipsam in

problèmes métaphysiques et approfondi plusieurs d'entre eux; mais ils les ont entourés de tant d'obscurités, qu'ils paraissent nous offrir des visions plutôt que des démonstrations. Or, il me semble que la métaphysique a encore plus besoin de lumière et de certitude que les mathématiques mêmes, parce que les vérités mathématiques portent avec elles leurs contrôles et leurs confirmations, ce qui est la principale cause de leur succès, tandis qu'en métaphysique nous sommes privés de cet avantage. C'est pourquoi il est nécessaire de nous y servir d'une méthode particulière pour établir des propositions, comme d'un fil dans le labyrinthe, par le moyen de laquelle les problèmes pourront être résolus à l'exemple du calcul, avec non moins de certitude que par la méthode d'Euclide, sans préjudice néanmoins pour la clarté qui ne le cédera en rien à celle du langage populaire.

L'importance de ces remarques apparaîtra surtout à propos de la *notion de substance* telle que je la définis, notion si féconde que des vérités principales s'en déduisent, même au sujet de Dieu, des esprits, et de l'essence des corps. Quelques-unes de ces vérités sont déjà connues mais insuffisamment démontrées, d'autres, ignorées jusqu'ici, seront de la plus grande utilité pour les autres sciences. Pour en donner un avant-goût, je dirai en attendant que la notion de *force* (*vis* ou *virtus* en latin, *Kraft* en allemand), à laquelle j'ai consacré une science spéciale, la *Dynamique,* apporte beaucoup de lumière à l'intelligence de la vraie *notion de substance.* En effet, la force active se distingue de la puissance nue que connaît d'ordinaire l'Ecole en ce que la puissance active ou faculté des scolatiques n'est rien d'autre que la possibilité proche de l'action, mais qui a toutefois besoin, pour passer à l'acte, d'une excitation étrangère, comme d'un aiguillon. Au contraire, la force active comprend une sorte d'acte ou d'ἐντελέχεια; elle est le milieu entre la faculté d'agir et l'action même et implique l'effort; ainsi elle est portée par elle-même

operationem fertur; nex auxiliis indiget, sed sola sublatione impedimenti. Quod exemplis gravis suspensi funem sustinentem intendentis, aut arcus tensi illustrari potest. Etsi enim gravitas aut vis elastica mechanice explicari possint debeantque ex aetheris motu, ultima tamen ratio motus in |materia est vis in creatione impressa, quae in unoquoque corpore inest, sed ipso conflictu corporum varie in natura limitatur et coërcetur. Et hanc agendi virtutem omni substantiae inesse ajo, semperque aliquam ex ea actionem nasci; adeoque nec ipsam substantiam corpoream (non magis quam spiritualem) ab agendo cessare unquam; quod illi non satis percepisse videntur, qui essentiam ejus in sola extensione, vel etiam impenetrabilitate collocaverunt, et corpus omnimode quiescens concipere sibi sunt visi. Apparebit etiam ex nostris meditationibus, substantiam creatam ab alia substantia creata non ipsam vim agendi, sed praeexistentis jam nisus sui, sive virtutis agendi, limites tantummodo ac determinationem accipere; ut alia nunc taceam ad solvendum illud problema difficile, de substantiarum operatione in se invicem, profutura.

à l'action et n'a pas besoin, pour agir, d'aucune assistance, mais seulement de la suppression de l'obstacle. C'est ce qui peut être illustré par les exemples d'un corps pesant tendant la corde qui le soutient ou d'un arc bandé. Car bien que la pesanteur ou la force élastique puissent et doivent être expliquées mécaniquement, par le mouvement de l'éther, néanmoins la raison dernière du mouvement dans la matière est la force imprimée à celle-ci lors de la création; force inhérente à chaque corps, mais qui, par la concurrence même des corps, est diversement limitée et entravée dans la nature. Et je soutiens que cette force d'agir est inhérente à toute substance et fait toujours naître quelque action; que, par conséquent, la substance corporelle, elle aussi, – et tout autant d'ailleurs la substance spirituelle, – ne cesse jamais d'agir; ce que n'ont pas compris ceux qui faisaient consister l'essence des corps dans la seule étendue ou encore dans l'impénétra-bilité et qui croyaient pouvoir concevoir un corps en repos absolu. Il apparaîtra encore par nos réflexions, qu'une substance créée ne reçoit pas d'une autre la force même d'agir, mais seulement la limitation et la détermination de la tendance ou puissance d'agir déjà préexistante en elle. Je ne dirai rien de plus ici sur les avantages qui découlent de cette notion de substance pour la résolution du problème si difficile de l'interaction des substances[1].

---

1. Nous n'avons pas cru devoir conserver la traduction usuelle de cet opuscule : *De l'origine radicale des choses*. Leibniz n'eût certainement pas écrit *Originatio,* – terme qui se rencontre chez Quintilien et chez des auteurs postérieurs, employé dans le sens d'*étymologie*, – s'il avait voulu dire *Origo*. La traduction que nous proposons n'est certainement pas absolument satisfaisante. Cependant, il nous semble qu'elle exprime mieux que ne le fait la traduction traditionnelle le caractère actif et, pour ainsi dire, « dynamique » du processus par lequel, d'après Leibniz, les possibles passent à l'existence actuelle.

| DE RERUM ORIGINATIONE RADICALI

23 Novembr. 1697

Praeter Mundum seu Aggregatum rerum finitarum datur Unum aliquod Dominans, non tantum ut in me anima, vel potius ut in meo corpore ipsum ego, sed etiam ratione multo altiore. Unum enim dominans Universi non tantum regit Mundum sed et fabricat seu facit, et mundo est superius et ut ita dicam extramundanum, estque adeo ultima ratio rerum. Nam non tantum in nullo singulorum, sed nec in toto aggregato serieque rerum inveniri potest sufficiens ratio existendi. Fingamus Elementorum Geometricorum librum fuisse aeternum, semper alium ex alio descriptum, patet, etsi ratio reddi possit praesentis libri ex praeterito unde est descriptus, non tamen ex quotcunque libris retro assumtis unquam veniri ad rationem plenam, cum semper mirari liceat, cur ab omni tempore libri tales extiterint, cur libri scilicet et cur sic scripti. Quod de libris, idem de Mundi diversis statibus verum est, sequens enim quodammodo ex praecedente (etsi certis mutandi legibus) est descriptus.

DE LA PRODUCTION ORIGINELLE DES CHOSES
PRISE A SA RACINE

Outre le monde ou agrégat des choses finies, il existe quelque Unité dominante qui est à ce monde non seulement ce que l'âme est à moi-même ou plutôt ce que moi-même suis à mon corps, mais qui entretient avec ce monde une relation beaucoup plus élevée. Car cette unité dominante dans l'univers ne régit pas seulement le monde, mais elle le construit, elle le fait ; elle est supérieure au monde et, pour ainsi dire, au delà du monde, et par conséquent elle est la raison dernière des choses. En effet, la raison suffisante de l'existence des choses ne saurait être trouvée ni dans aucune des choses singulières, ni dans tout l'agrégat ou la série des choses. Supposons que le livre des éléments de la géométrie ait existé de tout temps et que les exemplaires en aient toujours été copiés l'un sur l'autre : il est évident, bien qu'on puisse expliquer l'exemplaire présent par l'exemplaire antérieur sur lequel il a été copié, qu'on n'arrivera jamais, en remontant en arrière à autant de livres qu'on voudra, à la raison complète de l'existence de ce livre, puisqu'on pourra toujours se demander, pourquoi de tels livres ont existé de tout temps, c'est-à-dire pourquoi il y a eu des livres et pourquoi des livres ainsi rédigés. Ce qui est vrai des livres, est aussi vrai des différents états du monde, dont le suivant est en quelque sorte copié sur le précédent, bien que selon certaines lois de changement.

Itaque utcunque regressus fueris in status anteriores, nunquam in statibus rationem plenam repereris, cur scilicet aliquis sit potius Mundus, et cur talis.

Licet ergo Mundum aeternum fingeres, cum tamen nihil ponas nisi statuum sucessionem, nec in quolibet eorum rationem sufficientem reperias, imo nec quotcunque assumtis vel minimum proficias ad reddendam rationem, patet alibi rationem quaerendam esse. In aeternis enim, etsi nulla causa esset, tamen ratio intelligi debet, quae in persistentibus est ipsa necessitas seu essentia, in serie vero mutabilium, si haec aeterna a priore fingeretur, foret ipsa praevalentia inclinationum ut mox intelligetur, ubi rationes scilicet non necessitant (absoluta seu metaphysica necesitate ut contrarium implicet), sed inclinant. |Ex quibus patet, nec supposita mundi aeternitate ultimam rationem rerum extramundanam seu Deum effugi posse.

VII, 303

Rationes igitur Mundi latent in aliquo extramundano, differente a catena statuum seu serie rerum, quarum aggregatum mundum constituit. Atque ita veniendum est a physica necessitate seu hypothetica, quae res Mundi posteriores a prioribus determinat, ad aliquid quod sit necessitatis absolutae, seu Metaphysicae, cujus ratio reddi non possit. Mundus enim praesens physice seu hypothetice,

Aussi loin qu'on remonte en arrière à des états antérieurs, on ne trouvera jamais dans ces états la raison complète, pour laquelle il existe un monde et qui est tel.

On a donc beau se figurer le monde comme éternel puisqu'on ne suppose cependant rien que des états successifs, qu'on ne trouvera dans aucun de ces états sa raison suffisante, et qu'on ne se rapproche nullement de l'explication en multipliant à volonté le nombre de ces états, il est évident que la raison doit être cherchée ailleurs. Car dans les choses éternelles, même s'il n'y a pas de cause d'existence, il faut parvenir à concevoir une raison, laquelle pour les choses immuables est la nécessité même ou l'essence, tandis que, pour la série des choses sujettes au changement, à supposer qu'on se figurât cette série comme aussi éternelle que les choses immuables[1], cette raison serait la prévalence même des inclinations, ainsi qu'on le verra bientôt. Ici, en effet, les raisons ne sont pas nécessitantes (au sens d'une nécessité absolue ou métaphysique, nécessaire, signifiant en ce cas ce dont le contraire impliquerait contradiction), mais inclinantes. D'où il est manifeste que, même en supposant le monde éternel, on ne saurait éviter la nécessité d'admettre que la raison dernière des choses est au delà du monde, qu'elle est Dieu.

Les raisons du monde se trouvent donc cachées dans quelque être en dehors du monde, distinct de la chaîne ou série des choses dont l'agrégat constitue le monde. Et ainsi il faut passer de la nécessité physique ou hypothétique qui détermine les états postérieurs du monde par les états antérieurs, à quelque chose qui soit pourvu de nécessité absolue ou métaphysique et dont on ne puisse rendre raison. Car le monde actuel est nécessaire physiquement ou hypothétiquement,

1. Le texte latin tel qu'il figure dans Erdmann et dans Gerhardt est corrompu ici. Voir la rectification d'après le manuscrit de Hanovre dans les *Errata* de ce volume.

non vero absolute seu Metaphysice est necessarius. Nempe
posito quod semel talis sit, consequens est, talia porro nasci.
Quoniam igitur ultima radix debet esse in aliquo, quod sit
Metaphysicae necessitatis, et ratio existentis non est nisi ab
existente, hinc oportet aliquod existere Ens unum Metaphysicae necessitatis, seu de cujus essentia sit existentia, atque
adeo aliquid existere diversum ab Entium pluralitate seu
Mundo, quem Metaphysicae necessitatis non esse concessi-
mus ostendimusque.

Ut autem paulo distinctius explicemus, quomodo ex
veritatibus aeternis sive essentialibus vel metaphysicis orian-
tur veritates temporales, contingentes sive physicae, primum
agnoscere debemus eo ipso, quod aliquid potius existit quam
nihil, aliquam in rebus possibilibus seu in ipsa possibilitate vel
essentia esse exigentiam existentiae, vel (ut sic dicam) prae-
tensionem ad existendum et, ut verbo complectar, essentiam
per se tendere ad existentiam. Unde porro sequitur, omnia
possibilia, seu essentiam vel realitatem possibilem expri-
mentia, pari jure ad existentiam tendere pro quantitate essentiae seu realitatis, vel pro gradu perfectionis quem involvunt;
est enim perfectio nihil aliud quam essentiae quantitas.

Hinc vero manifestissime intelligitur ex infinitis possibilium combinationibus seriebusque possibibus existere eam,
per quam plurimum essentiae seu possibilitatis perducitur ad
existendum. Semper scilicet est in rebus principium deter-
minationis quod a Maximo Minimove petendum est, ut nempe
maximus praestetur effectus, minimo ut sic dicam sumtu.
Et hoc loco tempus, locus, aut ut verbo dicam, recepti-
vitas vel capacitas mundi haberi potest pro sumtu sive

mais non pas absolument ou métaphysiquement. Supposé, en effet, qu'il soit dans un certain état déterminé, d'autres états déterminés en naîtront. Mais puisque la racine dernière du monde doit se trouver dans quelque chose de métaphysiquement nécessaire et que la raison d'une chose existante ne peut se trouver que dans une autre chose existante, il s'ensuit qu'il existe un Etre unique, métaphysiquement nécessaire, c'est-à-dire dont l'essence implique l'existence, et qu'ainsi il existe un Etre différent de la pluralité des êtres, ou du monde, lequel, nous l'avons reconnu et montré, n'est pas métaphysiquement nécessaire.

Mais pour expliquer un peu plus distinctement, comment, des vérités éternelles ou essentielles et métaphysiques, naissent des vérités temporaires, contingentes ou physiques, il faut reconnaître d'abord, du fait qu'il existe quelque chose plutôt que rien, qu'il y a, dans les choses possibles ou dans la possibilité même, c'est-à-dire dans l'essence, une certaine exigence d'existence, ou bien, pour ainsi dire, une prétention à l'existence, en un mot, que l'essence tend par elle-même à l'existence. D'où il suit encore que tous les possibles, c'est-à-dire tout ce qui exprime une essence ou réalité possibles, tendent d'un droit égal à l'existence, en proportion de la quantité d'essence ou de réalité, c'est-à-dire du degré de perfection qu'ils impliquent. Car la perfection n'est autre chose que la quantité d'essence.

Par là, on comprend de la manière la plus évidente que, parmi l'infinité des combinaisons et des séries possibles, celle qui existe est celle par laquelle le maximum d'essence ou de possibilité est amené à exister. Il y a toujours, dans les choses, un principe de détermination, qu'il faut tirer de la considération d'un maximum et d'un minimum, à savoir que le maximum d'effet soit fourni avec un minimum de dépense. Dans le cas actuel, le temps et le lieu ou, en un mot, la réceptivité ou capacité du monde peut être considérée comme la dépense,

terreno, in quo quam commodissime est aedificandum,
formarum autem varietates respondent commoditati aedificii
multitudinique et elegantiae camerarum. Et sese res habet ut
in ludis quibusdam, cum loca omnia in Tabula sunt replenda
secundum certas leges, ubi nisi artificio quodam utare,
VII, 304   postremo spatiis exclusus iniquis, plura cogeris | loca relin-
quere vacua, quam poteras vel volebas. Certa autem ratio est
per quam repletio maxima facillime obtinetur. Uti ergo si
ponamus decretum esse ut fiat triangulum, nulla licet alia
accidenti determinandi ratione, consequens est, aequilaterum
prodire; et posito tendendum esse a puncto ad punctum,

c'est-à-dire le terrain sur lequel il s'agit de construire le plus avantageusement, et les variétés des formes dans le monde correspondent à la commodité de l'édifice, à la multitude et à la beauté des chambres. Il en est à cet égard comme dans certains jeux où il s'agit de remplir tous les espaces vides d'une table selon certaines règles. Si vous ne procédez pas avec une certaine adresse, vous finissez par vous trouver arrêté devant des espaces inégaux aux jetons et vous serez forcé de laisser plus de vides que vous n'aviez le droit ou le désir d'en laisser. Il y a cependant une méthode certaine par laquelle la plus grande plénitude se réalise très facilement[1]. Ainsi, supposé que l'on nous demande de tracer un triangle, sans qu'une détermination particulière soit ajoutée, il s'ensuit qu'on produira un triangle équilatéral[2]; et supposé qu'il faille aller d'un point à un autre, sans que le chemin à prendre soit

1. Leibniz s'est beaucoup occupé de l'application des mathématiques et particulièrement de la méthode des maxima et minima à la théorie des jeux. Voir les références dans Couturat, *La logique de Leibniz,* p. 242 et suiv. Ici Leibniz paraît penser au « jeu du solitaire » ou au *ludus aggerum* dont il est question dans sa correspondance avec Jacques Bernoulli (*Mathemat. Schriften,* éd. Gerhardt, III, p. 94).

2. Leibniz semble avoir oublié ici de poser la condition : « triangle d'un périmètre donné ». Dans ce cas, le triangle équilatéral est en effet celui qui a la plus grande surface. Cf. *Tentamen Anagogicum (Philos. Schriften,* éd. Gerhardt, VII, p. 278): « Supposons le cas que la nature fût obligée généralement de construire un triangle, et que, pour cet effet, la seule périphérie ou somme des côtés fût donnée et rien de plus, elle construirait un triangle équilatéral. » Il est toutefois possible que, dans notre texte, Leibniz ait voulu présenter un exemple, non pas de la détermination par un maximum, mais d'un maximum de détermination. Dans le *Tentamen Anagogicum, –* le texte le plus important et le plus explicite sur le principe qui donnera naissance au *principe de la moindre action, –* il complète le principe de la détermination par un maximum ou minimum par cet autre, « qu'au défaut du moindre, il faut se tenir au plus *déterminé,* qui pourra être *le plus simple,* lors même qu'il est le plus grand » (p. 274). Le triangle équilatéral est en effet le plus déterminé, puisqu'il y a une infinité de différents triangles à côtés inégaux, mais un seul triangle équilatéral.

licet nihil ultra iter determinat, via eligetur maxime facilis seu
brevissima; ita posito semel ens praevalere nonenti, seu
rationem esse cur aliquid potius extiterit quam nihil, sive a
possibilitate transeundum esse ad actum, hinc, etsi nihil ultra
determinetur, consequens est, existere quantum plurimum
potest pro temporis locique (seu ordinis possibilis existendi)
capacitate, prorsus quemadmodum ita componuntur tessellae
ut in proposita area quam plurimae capiantur.

Ex his jam mirifice intelligitur, quomodo in ipsa originatione rerum Mathesis quaedam Divina seu Mechanismus
Metaphysicus exerceatur, et maximi determinatio habeat
locum. Uti ex omnibus angulis determinatus est rectus in Geometria, et uti liquores in heterogeneis positi sese in capacissi-
mam figuram nempe sphaericam componunt, sed potissimum
uti in ipsa Mechanica communi pluribus corporibus gravibus
inter se luctantibus talis demum oritur motus, per quem fit
maximus descensus in summa. Sicut enim omnia possibilia

plus particulièrement déterminé, on choisira le chemin le plus aisé, c'est-à-dire le plus court. De même, supposé une fois que l'être l'emporte sur le non être, ou qu'il y a une raison pour laquelle il existe quelque chose plutôt que rien, ou qu'il faut passer de la possibilité à l'acte, il s'ensuit, qu'en absence même de toute autre détermination, ce qui se réalise est le maximum possible, eu égard à la capacité donnée du temps et de l'espace (c'est-à-dire de l'ordre possible des existences). On ne procède pas autrement quand on dispose des carreaux de façon qu'une surface donnée en contienne le plus grand nombre possible.

Par là, on comprend avec admiration comment, dans la formation originelle des choses, Dieu applique une sorte de mathématique divine ou de mécanisme métaphysique, et comment la détermination du maximum y intervient. Ainsi en géométrie l'angle déterminé parmi tous les angles est l'angle droit[1]. Ainsi un liquide placé dans un autre, hétérogène, prend la forme qui a le maximum de capacité, à savoir la forme sphérique. Ainsi encore et surtout en mécanique ordinaire, de l'action de plusieurs graves concourant entre eux résulte le mouvement par lequel en fin de compte se réalise la plus grande descente[2]. Et de même que tous les possibles

1. L'angle droit est encore un exemple d'un maximum de détermination : il n'y a qu'un seul angle droit, et il y a une infinité d'angles obliques.

2. Il faut entendre : la plus grande descente du centre commun de gravitation du système de corps liés entre eux (par exemple d'une chaîne fixée aux deux bouts). Ce principe a été établi par Torricelli, *De motu gravium naturaliter descendentium* (*Opera geometrica,* Florence, 1644).

pari jure ad existendum tendunt pro ratione realitatis, ita omnia
pondera pari jure ad descendendum tendunt pro ratione gravi-
tatis, et ut hic prodit motus, quo continetur quam maximus
gravium descensus, ita illic prodit mundus, per quem maxima
fit possibilium productio.

Atque ita jam habemus physicam necessitatem ex metaphysica : etsi enim Mundus non sit metaphysice necessarius,
ita ut contrarium implicet contradictionem seu absurditatem
logicam, est tamen necessarius physice vel determinatus ita ut
contrarium implicet imperfectionem seu absurditatem
moralem. Et ut possibilitas est principium Essentiae, ita
perfectio seu Essentiae gradus (per quem plurima sunt com-
possibilia) principium existentiae. Unde simul patet quomodo
libertas sit in Autore Mundi, licet omnia faciat determinate
quia agit ex principio sapientiae seu perfectionis. Scilicet
indifferentia ab ignorantia oritur et quanto quisque magis est
sapiens, tanto magis ad perfectissimum est determinatus.

At, inquies, comparatio haec Mechanismi cujusdam
determinantis Metaphysici cum physico gravium corporum,
etsi elegans videatur, in eo tamen deficit quod gravia
nitentia vere existunt, at possibilitates seu essentiae ante
vel praeter existentiam sunt imaginariae seu fictitiae, nulla
VII, 305 ergo in ipsis | quaeri potest ratio existendi. Respondeo, neque
essentias istas, neque aeternas de ipsis veritates quas
vocant, esse fictitias, sed existere in quadam ut sic dicam
regione idearum, nempe in ipso Deo, essentiae omnis
existentiaeque caeterorum fonte. Quod ne gratis dixisse
videamur, ipsa indicat existentia seriei rerum actualis.

tendent d'un droit égal à exister, en proportion de leur réalité, ainsi tous les poids tendent aussi d'un droit égal à descendre, en proportion de leur gravité; de même qu'ici se produit le mouvement dans lequel se remarque le maximum de descente des graves, de même le monde qui se réalise est celui qui réalise le maximum de possibles.

Ainsi la nécessité physique dérive de la nécessité métaphysique : car quoique le monde ne soit pas métaphysiquement nécessaire, en ce sens que sa non-existence impliquerait contradiction ou absurdité logique, il est cependant physiquement nécessaire ou déterminé, en ce sens que le contraire impliquerait imperfection ou absurdité morale. Et de même que la possibilité est le principe de l'essence, de même la perfection ou le degré de l'essence (défini par le maximum de compossibles) est le principe de l'existence. Par là on voit aussi, en quel sens l'Auteur du monde est libre, quoiqu'il fasse toutes choses d'une façon déterminée ; car il agit selon le principe de sagesse ou de perfection. C'est qu'en effet l'indifférence naît de l'ignorance ; et chacun est d'autant plus déterminé à choisir le plus parfait, qu'il est plus sage.

Mais, pourrait-on dire, tout ingénieuse que peut paraître cette comparaison d'un mécanisme métaphysique déterminant avec le mécanisme physique des corps graves, elle pèche cependant en ceci que les corps graves pourvus de force existent véritablement, tandis que les possibilités ou essences, antérieurement à l'existence ou hors d'elle, sont imaginaires ou fictives, et que par suite on ne saurait en tirer aucune raison de l'existence. A quoi je réponds que ni les essences ni ce que l'on appelle les vérités éternelles, qui s'y rapportent, ne sont fictives, mais qu'elles existent, pour ainsi dire, dans une région des idées, à savoir en Dieu lui-même qui est la source de toute essence et de l'existence de tous les autres êtres. Nous ne faisons pas là des affirmations gratuites ; c'est ce que prouve l'existence même de la série actuelle des choses.

Cum enim in ea ratio non inveniatur ut supra ostendimus, sed in metaphysicis necessitatibus seu aeternis veritatibus sit quaerenda, existentia autem non possint esse nisi ab existentibus, ut jam supra monuimus; oportet aeternas veritates existentiam habere in quodam subjecto absolute vel Metaphysice necessario, id est in Deo, per quem haec, quae alioqui imaginaria forent (ut barbare sed significanter dicamus) realisentur.

Et vero reapse in Mundo deprehendimus omnia fieri secundum leges aeternarum veritatum non tantum Geometricas sed et Metaphysicas, id est non tantum secundum necessitates materiales, sed et secundum rationes formales; idque verum est non tantum generaliter in ea quam nunc explicavimus ratione Mundi existentis potius quam non existentis, et sic potius quam aliter existentis (quae utique ex possibilium tendentia ad existendum petenda est), sed etiam ad specialia descendendo videmus mirabili ratione in tota natura habere locum leges metaphysicas causae, potentiae, actionis, easque ipsis legibus pure geometricis materiae praevalere, quemadmodum reddendis legum motus rationibus magna admiratione mea deprehendi usque adeo, ut legem compositionis Geometricae conatuum, olim a juvene,

Car comme on ne saurait trouver dans cette série sa raison d'être, ainsi que je l'ai montré plus haut, mais qu'il faut la chercher dans les nécessités métaphysiques ou les vérités éternelles, et que d'autre part les existants ne peuvent venir que d'existants, ainsi que nous l'avons déjà remarqué, il faut que les vérités éternelles existent dans quelque sujet absolument ou métaphysiquement nécessaire, c'est-à-dire en Dieu, par qui ce qui autrement serait imaginaire est, – pour me servir d'un mot significatif, – réalisé[1].

Nous trouvons en effet que dans le monde tout se fait selon les lois des vérités éternelles, qui n'appartiennent pas seulement à la géométrie mais encore à la métaphysique; c'est-à-dire tout se fait non seulement selon des nécessités matérielles mais encore selon des raisons formelles. Et cela est vrai non seulement en général, quand il s'agit d'expliquer, comme nous venons de le faire, pourquoi le monde existe plutôt que rien et pourquoi il existe ainsi plutôt qu'autrement, – explication qu'il faut certainement tirer de la tendance des possibles à l'existence, – mais même quand on descend dans le détail, car on voit de quelle admirable façon, partout dans la nature, s'appliquent les lois métaphysiques de cause, de puissance, d'action, lesquelles prévalent même sur les lois purement géométriques de la matière. Je m'en suis aperçu, lorsque je me proposais d'expliquer les lois du mouvement, et j'en ai été saisi d'admiration, au point d'être enfin obligé par cette découverte d'abandonner la loi de la composition géométrique des forces, que j'avais soutenue,

---

1. Littéralement traduit, le texte latin dit : « pour me servir d'un mot *barbare* mais significatif ». En latin, le mot *realisare* est, en effet, un néologisme barbare.

cum materialis magis essem, defensam, denique deserere sim coactus, ut alibi a me fusius est explicatum.

Ita ergo habemus ultimam rationem realitatis tam essentiarum quam existentiarum in uno, quod utique Mundo ipso majus, superius anteriusque esse necesse est, cum per ipsum non tantum existentia, quae Mundus complectitur, sed et possibilia habeant realitatem. Id autem non nisi in uno fonte quaeri potest ob horum omnium connexionem inter se. Patet autem ab hoc fonte res existentes continue promanare ac produci productasque esse, cum non appareat cur unus status Mundi magis quam alius, hesternus magis quam hodiernus ab ipso fluat. Patet etiam quomodo Deus non tantum physice, sed et libere agat, sitque in ipso rerum non tantum efficiens sed et finis, nec tantum ab ipso magnitudinis vel potentiae in machina universi jam constituta, sed et bonitatis vel sapientiae in constituenda, ratio habeatur.

VII, 306 | Et ne quis putet perfectionem moralem seu bonitatem cum metaphysica perfectione seu magnitudine hic confundi, et hac concessa illam neget, sciendum est, sequi ex dictis non tantum quod Mundus sit perfectissimus physice, vel si mavis metaphysice, seu quod ea series rerum prodierit, in qua quam plurimum realitatis actu praestatur, sed etiam quod sit perfectissimus moraliter,

lorsque j'étais encore plus jeune et plus mécaniste, ainsi que je l'ai expliqué plus au long ailleurs [1].

Ainsi nous trouvons la raison dernière de la réalité, tant des essences que des existences, dans un être unique qui est nécessairement et sans conteste plus grand que le monde, supérieur et antérieur au monde, puisque c'est à lui que non seulement les existences renfermées dans ce monde, mais encore les possibles doivent leur réalité. Cette raison ne peut être cherchée que dans une seule source, à cause de la liaison de toutes ces choses entre elles. Il est manifeste que les choses existantes jaillissent continuellement de cette source, qu'elles ont été et sont produites par elle, car on ne voit pas pourquoi un état du monde s'en écoulerait plutôt qu'un autre, l'état d'aujourd'hui plutôt que celui d'hier. On voit clairement aussi, comment Dieu agit, non pas seulement physiquement, mais encore librement, qu'en lui n'est pas seulement la cause efficiente, mais aussi la fin des choses, et qu'il ne manifeste pas seulement sa grandeur ou puissance dans la machine de l'univers déjà construite, mais aussi sa bonté ou sagesse dans le plan de la construction.

Et afin qu'on ne puisse croire que je confonde ici la perfection morale ou bonté avec la perfection métaphysique ou grandeur, pour qu'on ne puisse, tout en admettant celle-ci, nier celle-là, il faut prendre garde à cette conséquence de ce qui a été dit, à savoir que le monde n'est pas seulement le plus parfait physiquement ou bien, si l'on préfère, métaphysiquement, parce qu'il contient la série de choses qui présente le maximum de réalité en acte, mais qu'il est encore le plus parfait possible moralement, parce que la perfection morale est en effet,

---

1. Voir le *Specimen dynamicum pro admirandis Naturae legibus circa corporum vires et mutuas actiones detegendis et ad suas causas revocandis* (*Mathemat. Schriften*, éd. Gerhardt, VI, p. 234 *sq.*), et les *Remarques sur les Principes de Descartes*, 2e partie, art. 64 (p. 155 de notre traduction).

quia revera moralis perfectio ipsis mentibus physica est. Unde
Mundus non tantum est Machina maxime admirabilis, sed
etiam quatenus constat ex Mentibus, est optima Respublica,
per quam Mentibus confertur quam plurimum felicitatis seu
laetitiae, in qua physica earum perfectio consistit.

At, inquies, nos contraria in Mundo experiri, optimis enim
persaepe esse pessime, innocentes non bestias tantum, sed et
homines affligi occidique etiam cum cruciatu, denique
mundum, praesertim si generis humani gubernatio spectetur,
videri potius Chaos quoddam confusum quam rem a suprema
quadam sapientia ordinatam. Ita prima fronte videri fateor,
sed re penitius inspecta contrarium esse statuendum; a priori
patet ex illis ipsis quae sunt allata, quod scilicet omnium
rerum atque adeo et Mentium summa quae fieri potest
perfectio obtineatur.

Et vero incivile est, nisi tota Lege inspecta judicare, ut
ajunt Jure consulti. Nos porrigendae in immensum aeternitatis
exiguam partem novimus, quantulum enim est memoria
aliquot millenorum annorum, quam nobis historia tradit. Et
tamen ex tam parva experientia temere judicamus de
immenso et aeterno, quasi homines in carcere aut si mavis in
subterraneis salinis Sarmatarum nati et educati non aliam in
mundo putarent esse lucem, quam illam lampadem mali-
gnam aegre gressibus dirigendis sufficientem. Picturam
pulcherrimam intueamur, hanc totam tegamus demta exigua
particula, quid aliud in hac apparebit, etiamsi penitissime
intueare, imo quanto magis intuebere de propinquo,

pour les esprits eux-mêmes, une perfection physique. D'où il suit que le monde est non seulement une machine très admirable, mais encore qu'il est, en tant que composé d'esprits, la meilleure des républiques, celle qui leur dispense le plus de bonheur ou de joie possible, la perfection physique des esprits consistant en cette félicité.

Mais, dira-t-on, c'est le contraire que nous constatons dans le monde : c'est pour les meilleurs, bien souvent, que les choses vont le plus mal, ce ne sont pas seulement des bêtes innocentes, mais encore des hommes innocents qui sont accablés de maux, tués parfois même avec une extrême cruauté, si bien que le monde, surtout si l'on considère le gouvernement du genre humain, ressemble plutôt à un chaos confus qu'à l'œuvre bien ordonnée d'une sagesse suprême. Que telle soit la première apparence, je l'accorde. Mais dès qu'on examine les choses de plus près, l'opinion contraire s'impose. Il est *a priori* certain, par les arguments mêmes qui ont été exposés, que toutes choses et à plus forte raison les esprits reçoivent la plus grande perfection possible.

Il est en effet injuste, comme disent les juristes, de juger avant d'avoir examiné la loi tout entière. Nous ne connaissons qu'une partie infime de l'éternité qui se prolonge dans l'immensité ; car les quelques milliers d'années dont l'histoire nous a conservé la mémoire sont très peu de chose. Et cependant c'est d'après cette expérience minime que nous jugeons témérairement de l'immensité et de l'éternité, semblables à des hommes qui, nés et élevés dans une prison ou, si l'on veut, dans les salines souterraines des Sarmates, croiraient qu'il n'y a pas dans le monde d'autre lumière que la méchante lampe, à peine suffisante pour diriger leurs pas. Regardons un très beau tableau, et couvrons-le ensuite de manière à n'en apercevoir qu'une minuscule partie : que verrons-nous dans celle-ci, même en l'examinant de très près et surtout même quand nous nous en approchons de plus en plus,

quam confusa quaedam congeries colorum sine delectu, sine
arte, et tamen ubi remoto tegumento, totam Tabulam eo quo
convenit situ intuebere, intelliges, quod temere illitum linteo
videbatur, summo artificio ab operis autore factum fuisse.
Quod oculi in pictura, idem aures in Musica deprehendunt.
Egregii scilicet componendi artifices dissonantias saepissime
consonantiis miscent ut excitetur auditor et quasi pungatur, et
veluti anxius de eventu, mox omnibus in ordinem restitutis,
tanto magis laetetur, prorsus ut gaudeamus periculis exiguis
vel malorum experimentis ipso vel potentiae vel felicitatis
VII, 307 nostrae sensu vel | ostentamento; vel ut in funambulorum
spectaculo vel saltatione inter gladios *(sauts périlleux)* ipsis
terriculamentis delectamur, et ipsimet pueros ridendo quasi
jam prope projecturi semidimittimus, qua etiam ratione simia
Christiernum, Daniae regem, adhuc infantem, fasciisque
involutum tulit ad fastigium tecti, omnibusque anxiis ridenti
similis salvum retulit in cunas. Eodem ex principio insipidum
est perpetuo dulcibus vesci; acria, acida, imo amara sunt
admiscenda, quibus gustus excitetur. Qui non gustavit amara,
dulcia non meruit, imo nec aestimabit. Haec ipsa est laetitiae
lex, ut aequabili tenore voluptas non procedat, fastidium enim
haec parit et stupentes facit, non gaudentes.

Hac autem quod de parte diximus quae turbata esse possit
salva harmonia in toto, non ita accipienda est, ac si nulla partium ratio habeatur, aut quasi sufficeret, totum Mundum suis
numeris esse absolutum, etsi fieri possit ut genus humanum

sinon un certain amas confus de couleurs, fait sans choix et sans art ? Et cependant, en écartant le voile et en regardant le tableau tout entier de la distance convenable, on comprendra que ce qui avait l'air d'une tache faite au hasard sur la toile, est l'effet de l'art consommé du peintre. Ce qui arrive à l'œil dans la peinture, arrive également à l'oreille dans la musique. Les plus grands compositeurs entremêlent très souvent les accords de dissonances, pour exciter et pour inquiéter l'auditeur qui, anxieux du dénouement, éprouve d'autant plus de joie, lorsque tout rentre dans l'ordre. C'est au point que nous retirons du plaisir de certains dangers insignifiants ou de certaines épreuves pénibles, parce qu'ils nous font prendre conscience ou nous permettent de tirer orgueil de notre puissance et de notre félicité. Pareillement encore lorsque nous regardons des saltimbanques danser au milieu de poignards ou faire des sauts périlleux, nous prenons plaisir à notre frisson de peur même. Et nous jouons souvent avec les enfants, en faisant semblant pour rire, de les lancer en les lâchant à demi. Ainsi fit une guenon qui saisit Christian roi de Danemark, alors encore enfant, enveloppé de ses langes, le porta au haut du toit et, au milieu de l'anxiété générale, le rapporta comme en riant, sain et sauf, dans son berceau. Pour la même raison, on se lasse de se nourrir toujours de mets doux ; il faut les alterner avec des choses aigres, acides et même amères qui excitent le goût. Qui n'a pas goûté des choses amères, ne mérite pas les douceurs et même ne les appréciera pas. C'est la loi même du plaisir, qu'il ne se maintient pas au même degré, car il engendre la satiété, il nous engourdit au lieu de nous réjouir.

Ce que nous avons dit, que le désordre dans une partie peut se concilier avec l'harmonie du tout, ne doit pas être entendu en ce sens, qu'il ne serait tenu aucun compte des parties, comme s'il suffisait que le monde, considéré dans son ensemble fût parfait, alors que le genre humain pourrait être

miserum sit, nullaque in universo justitiae cura sit aut nostri ratio habeatur, quemadmodum quidam non satis recte de rerum summa judicantes opinantur. Nam sciendum est, uti in optime constituta republica curatur, ut singulis quapote bonum sit, ita nec universum satis perfectum fore nisi quantum, licet salva harmonia universali, singulis consulatur. Cujus rei nulla constitui potuit mensura melior, quam lex ipsa justitiae dictans ut quisque de perfectione universi partem caperet et felicitate propria pro mensura virtutis propriae et ejus quae affectus est ergo commune bonum voluntatis, quo id ipsum absolvitur, quod caritatem amoremque Dei vocamus, in quo uno vis et potestas etiam christianae religionis ex judicio sapientum etiam Theologorum consistit. Neque mirum videri debet, tantum mentibus deferri in universo, cum proxime referant imagine supremi Autoris et ad eum non tam quam machinae ad artificem (veluti caetera) sed etiam quam cives ad principem relationem habeant, et aeque duraturae sint ac ipsum universum, et totum quodammodo exprimant atque concentrent in se ipsis, ut ita dici possit, esse partes totales.

Quod autem afflictiones bonorum praesertim virorum attinet, pro certo tenendum est, cedere eas in majus eorum bonum, idque non tantum Theologice, sed etiam physice verum est, uti granum in terram projectum patitur antequam fructus ferat. Et omnino dici potest, afflictiones pro tempore malas, effectu bonas esse, cum sint viae compendiariae ad majorem perfectionem. Ut in physicis VII, 308 qui liquores lente fermentant, etiam tardius | meliorantur,

misérable, ou comme s'il n'y avait, dans l'univers, aucun souci de la justice ou de notre propre sort, ainsi que le pensent quelques-uns qui ne jugent pas assez sainement de l'ensemble des choses. Car il faut savoir que, de même que dans une république bien organisée on a soin que chacun ait autant de bonheur que possible, de même l'univers ne serait pas assez parfait si l'intérêt de chacun n'était pris en considération, autant du moins que l'harmonie universelle le permet. Il n'y a pas, à cet égard, de meilleure mesure que la loi même de la justice, ordonnant que chacun ait sa part de la perfection de l'univers, que sa félicité soit proportionnelle à sa vertu et à son zèle pour le bien commun; zèle auquel se ramène ce que nous appelons charité ou amour de Dieu. En cela seul consiste aussi, selon le jugement de savants théologiens, la force et la puissance de la religion chrétienne. On ne doit pas non plus s'étonner que, dans l'univers, les esprits soient l'objet d'une telle sollicitude, puisqu'ils reflètent le plus fidèlement l'image du suprême Auteur et que leur relation à celui-ci n'est pas tant celle de la machine au constructeur (ce qui est vrai de toutes les créatures), que celle du citoyen à son prince. Ajoutez que les esprits dureront autant que l'univers même, qu'ils expriment et concentrent en quelque manière le tout en eux-mêmes, si bien qu'on pourrait dire qu'ils sont des parties totales.

En ce qui concerne particulièrement les afflictions des gens de bien, on peut tenir pour certain qu'elles tourneront à leur avantage. Ce n'est pas vrai seulement du point de vue théologique, mais encore du point de vue physique, de même que le grain jeté dans la terre souffre avant de porter des fruits. Et l'on peut dire en général que les afflictions sont, pour un temps, des maux, mais que leur résultat est un bien, puisqu'elles sont des voies abrégées vers la plus grande perfection. Tout comme, dans les choses physiques, les liquides qui fermentent lentement s'améliorent aussi plus lentement,

sed illi in quibus fortior perturbatio est, partibus majore vi extrorsum versis promtius emendantur. Atque hoc est de quo diceres retrocedi ut majore nisu saltum facias in anteriora (*qu'on recule pour mieux sauter*). Ista ergo non grata tantum et consolatoria, sed et verissima esse, est statuendum. Atque in universum sentio nihil esse et felicitate verius, et felicius dulciusque veritate.

In cumulum etiam pulchritudinis perfectionisque universalis operum divinorum, progressus quidam perpetuus liberrimusque totius Universi est agnoscendus, ita ut ad majorem semper cultum procedat. Quemadmodum nunc magna pars terrae nostrae culturam recepit et recipiet magis magisque. Et licet verum sit, interdum quaedam rursus silvescere aut rursus destrui deprimique, hoc tamen ita accipiendum est, ut paulo ante afflictionem interpretati sumus, nempe hanc ipsam destructionem depressionemque prodesse ad consequendum aliquid majus, ita ut ipso quodammodo damno lucremur.

Et quod objici posset : ita oportere ut Mundus dudum factus fuerit Paradisius, responsio praesto est : etsi multae jam substantiae ad magnam perfectionem pervenerint, ob divisibilitatem tamen continui in infinitum, semper in abysso rerum superesse partes sopitas adhuc excitandas et ad majus meliusque et ut verbo dicam, ad meliorem cultum provehendas. Nec proinde unquam ad Terminum progressus perveniri.

tandis que ceux dont l'imagination est plus violente, rejettent certains éléments au dehors avec plus de force, et se clarifient ainsi plus rapidement. On pourrait dire à propos de ces maux qu'on recule pour mieux sauter. Ce que je viens de dire n'est pas seulement agréable et réconfortant, c'est la vérité même. Et j'estime en général, que dans l'univers il n'y a rien de plus vrai que le bonheur, ni rien de plus agréable et de plus doux que la vérité.

Pour que la beauté et la perfection universelles des œuvres de Dieu atteignent leur plus haut degré, tout l'univers, il faut le reconnaître, progresse perpétuellement et avec une liberté entière, de sorte qu'il s'avance toujours vers une civilisation supérieure. De même, de nos jours, une grande partie de notre terre est cultivée, et cette partie deviendra de plus en plus étendue. Et bien qu'on ne puisse nier que de temps en temps certaines parties redeviennent sauvages et sont détruites, ou ravagées, cela doit être entendu comme nous venons d'interpréter les afflictions des hommes, à savoir, que la destruction et le ravage mêmes favorisent la conquête future d'un plus grand bien, de façon que nous profitions en quelque manière du préjudice.

Objectera-t-on, qu'à ce compte, il y a longtemps que le monde devrait être un paradis? La réponse est facile. Bien que beaucoup de substances aient déjà atteint une grande perfection, la divisibilité du continu à l'infini fait que toujours demeurent dans l'insondable profondeur des choses des éléments qui sommeillent, qu'il faut encore réveiller, développer, améliorer et, si je puis dire, promouvoir à un degré supérieur de culture. C'est pourquoi le progrès ne sera jamais achevé.

| DE IPSA NATURA

SIVE DE VI INSITA ACTIONIBUSQUE CREATURARUM,
PRO DYNAMICIS SUIS CONFIRMANDIS ILLUSTRANDISQUE

(1) Accepi nuper missu celeberrimi et de rebus mathematicis ac physicis praeclare meriti Viri Johannis Christophori Sturmii, quam Altorfii edidit, Apologiam pro sua *de Idolo Naturae* Dissertatione, impugnata a Medico Kiloniensium primario et χαριεστάτῳ, Gunthero Christophoro Schelhamero, in libro *de Natura*. Cum igitur idem

DE LA NATURE EN ELLE-MÊME,
OU DE LA FORCE INHÉRENTE AUX CHOSES
CRÉÉES ET DE LEURS ACTIONS

POUR SERVIR DE CONFIRMATION ET D'ÉCLAIRCISSEMENT
À LA DYNAMIQUE DE L'AUTEUR

I. J'ai reçu dernièrement, de la part du célèbre Jean Christophore Sturm qui a si bien mérité des sciences mathématiques et physiques, l'Apologie qu'il a publiée à Altorf pour sa dissertation *De Idolo Naturae,* attaquée par Gunther Christophorus Schelhammer, l'éminent médecin en chef de Kiel, dans son livre *De Natura* [1]. Comme moi aussi je m'étais

---

1. Jean Christophe Sturm, professeur de physique et de mathématique à Altdorf (1635-1703), fut l'un des premiers cartésiens allemands. Il développa la doctrine du maître dans le sens de l'occasionalisme et, en physique, essaya de la concilier avec la tradition aristotélicienne. En 1686, il avait publié une *Philosophia Eclectica,* suivie, en 1697, du premier tome (le second ne parut qu'après sa mort) de la *Physica Electiva sive hypothetica* (Norimbergae, 947 p. in-4°). Sa correspondance avec Leibniz, inédite sauf une seule lettre de Leibniz, publiée par Erdmann, I, p. 145, est conservée à Hanovre. La discussion sur le sens et l'utilité du terme de *Nature,* amorcée déjà dans Descartes (cf. éd. Adam-Tannery, XI, p. 37), se trouvait de nouveau ouverte par le livre de Robert Boyle, *De ipsa natura sive libera in receptam naturae notionem disquisitio* (Londini, 1687, in-12) auquel Leibniz fait allusion et qui fut défendu par Sturm dans : *Idolum naturae..., sive de natura agentis aliorumque cognatorum... superstitiosis erroneisque conceptibus*

argumentum versassem et ego olim, nonnihilque etiam
concertationis per literas mihi cum praeclaro autore Dissertationis intercedat, cujus mentionem mihi per honorificam ipse
nuper fecit, publice memoratis nonnullis inter nos actis in
Physicae Electivae Tomo primo lib. I. sect. I. cap. 3. Epilog.
§ 5. pag. 119-120 : eo libentius animum attentionemque adhi-
bui argumento per se egregio, necessarium judicans, ut mens
mea pariter et tota res ex iis, quae aliquoties jam indicavi,
principiis distinctius paulo proponeretur. Cui instituto
commodam occasionem praestare illa visa est Apologetica
dissertatio, quod judicare liceret, Autorem ibi, quae maxime
ad rem facerent, paucis uno sub conspectu exhibuisse. De
caetero litem ipsam inter praeclaros Viros non facio meam.

(2) Duo potissimum quaeri puto, primum, in quo consistat
Natura, quam rebus tribuere solemus, cujus attributa passim
recepta aliquid Paganismi redolere judicat celeberrimus
Sturmius ; deinde utrum aliqua sit in creaturis ἐνέργεια, quam
videtur negare. Quod primum attinet, *de ipsa natura*, si
dispiciamus, et quid non sit, et quid sit, assentior quidem,
nullam dari animam Universi ; concedo etiam, miranda illa,
quae occurrunt quotidie, de quibus dicere merito solemus,

autrefois occupé de la même question et qu'une certaine divergence s'est manifestée dans ma correspondance avec l'illustre auteur de la susdite dissertation, ainsi qu'il en a fait mention récemment, d'une façon très élogieuse pour moi, en rappelant publiquement quelques détails de notre discussion, dans sa *Physica Electiva,* tome I, liv. I, sect. I, chap. 3, épilogue, § 5, p. 119-120, j'ai d'autant plus volontiers appliqué mon esprit et mon attention à un problème très important par lui-même, jugeant nécessaire d'expliquer un peu plus distinctement, d'après les principes que j'ai déjà exposés plusieurs fois, mon sentiment sur cette matière et l'état de toute la question. La dissertation apologétique de Sturm paraît me fournir une occasion favorable, parce qu'il est permis de supposer que l'auteur a rassemblé là les arguments essentiels de la discussion, brièvement présentés et saisissables d'une seule vue. D'ailleurs je n'épouse pas la controverse elle-même entre les deux illustres savants.

2. Deux problèmes principaux me semblent se poser : premièrement, en quoi consiste la Nature que nous sommes accoutumés d'attribuer aux choses et dont les attributs communément accordés, de l'avis du célèbre Sturm, sentent un peu le paganisme; deuxièmement si, dans les choses créées, réside quelque force (ἐνέργεια), ce qu'il paraît nier. Pour ce qui est du premier problème, à savoir en quoi consiste la *nature en elle-même* : que nous considérions ce qu'elle n'est pas ou ce qu'elle est, je suis d'avis comme lui qu'il n'existe point d'âme de l'univers; je concède aussi que les choses merveilleuses qui arrivent tous les jours et qui nous font dire avec raison que

Dissertatio. (Altdorfii, 1692). Gunther Christophe Schelhammer (1649-1716), professeur de médecine à Helmstedt, à Iena et, depuis 1695, à Kiel, l'attaqua dans un livre intitulé : *Natura sibi et medicis vindicata* (1697, in-8°), auquel Sturm répliqua, en 1698, par un écrit désigné ici par Leibniz comme *Dissertatio apologetica* et intitulé : *De Natura sibi incassum vindicata.*

opus naturae esse opus intelligentiae, non esse adscribenda
creatis quibusdam Intelligentiis, sapientia et virtute propor-
IV, 505 tionali ad rem tantam praeditis; sed *naturam* universam | esse,
ut sic dicam, *artificium Dei,* et tantum quidem, ut quaevis
machina naturalis (quod verum parumque observatum
naturae artisque discrimen est) organis constet prorsus infinitis, infinitamque adeo sapientiam potentiamque autoris recto-
risque postulet. Itaque et calidum omniscium Hippocratis, et
Cholcodeam animarum datricem Avicennae, et illam sapien-
tissimam Scaligeri aliorumque virtutem plasticam, et principium hylarchicum Henrici Mori, partim impossibilia, partim
superflua puto; satisque habeo, machinam rerum tanta
sapienta esse conditam, ut ipso ejus progressu admiranda illa
contingant, organicis praesertim (ut arbitror) ex praedelinea-
tione quadam sese evolventibus. Itaque quod Vir Cl. naturae
cujusdam creatae, sapientis, corporum machinas formantis
gubernantisque figmentum rejicit, probo. Sed nec consequi
inde nec rationi consentaneum puto, ut omnem vim creatam
actricem insitam rebus denegemus.

(3) Diximus quid non sit; videamus jam etiam paulo
proprius, quid sit illa Natura, quam Aristoteles non male
principium motus et quietis appellavit, quanquam Philo-
sophus ille mihi latius accepto vocabulo non solum localem
aut in loco quietem, sed generaliter *mutationem,* et στάσιν

l'œuvre de la nature est l'œuvre d'une intelligence, ne doivent pas être attribuées à des intelligences créées, douées d'une sagesse et d'une puissance proportionnées à une si grande œuvre. C'est la *nature* tout entière qui est, dirais-je, une œuvre d'art de Dieu, et à ce point que chaque machine naturelle (c'est là la *différence* véritable mais rarement remarquée *entre la nature et l'art*) est composée d'une infinité d'organes et exige par conséquent que la sagesse et la puissance de celui qui l'a créée et qui la gouverne soient infinies. C'est pourquoi je crois que le *chaud omniscient* d'Hippocrate, la *cholcodée* donatrice des âmes d'Avicenne, la prétendue omnisciente *vertu plastique* de Scaliger et d'autres, le *principe hylarchique* d'Henry More[1], que toutes ces entités sont les unes impossibles et les autres superflues. Il me suffit que la machine du monde soit construite avec une si grande sagesse, que toutes ces merveilles se produisent par son fonctionnement même et que les corps organiques en particulier se développent, comme il me semble, à partir d'une sorte de préformation. J'approuve donc l'auteur, lorsqu'il rejette la fiction d'une nature créée, douée de sagesse, et qui formerait et dirigerait les machines des corps. Mais je ne crois pas qu'il suive de là, qu'on doive nier toute force créée active, inhérente aux choses, ni que cette négation s'accorde avec la raison.

3. Nous venons de dire ce qu'elle n'est pas. Voyons maintenant d'un peu plus près ce qu'elle est, cette Nature qu'Aristote a assez justement appelée le *principe du mouvement et du repos,* bien que ce philosophe, me semble-t-il, se soit servi de ce terme dans une acception très large, qui ne comprend pas seulement le mouvement et le repos selon le lieu, mais le *changement* en général, et la στάσις

---

1. Le *principe hylarchique* se trouve expliqué dans l'*Enchiridion metaphysicum,* cap. XIII, scholion (*Opera,* I, 222) d'Henry More (1614-1687).

seu persistentiam intelligere videatur. Unde etiam, ut obiter dicam, definitio quam Motui assignat, etsi obscurior justo, non tam inepta tamen est, quam iis videtur, qui perinde sumunt, ac si motum localem tantummodo definire voluisset: sed ad rem. Robertus Boylius, Vir insignis et in naturae observatione cum cura versatus, *de ipsa natura* libellum scripsit, cujus mens eo redit, si bene memini, ut naturam judicemus esse ipsum corporum *mechanismum,* quod quidem ὡς ἐν πλάτει probari potest; sed rem rimanti majore ἀκριβείᾳ distinguenda erant in ipso mechanismo principia a derivatis: ut in explicando horologio non satis est, si mechanica ratione impelli dicas, nisi distinguas, pondere an elastro concitetur. Et a me aliquoties jam est proditum (quod profuturum puto, ne mechanicae naturalium rerum explicationes ad abusum trahantur in praejudicium pietatis, tanquam per se materia stare possit, et mechanismus nulla intelligentia aut substantia spirituali indigeat) originem ipsius Mechanismi non ex solo materiali principio mathematicisque rationibus, sed altiore quodam et, ut sic dicam, Metaphysico fonte fluxisse.

(4) Cujus inter alia indicium insigne praebet *fundamentum naturae legum,* non petendum ex eo, ut conservetur eadem motus quantitas, uti vulgo visum erat, sed potius ex eo, quod IV, 506 necesse est *servari ean|dem quantitatem potentiae actricis,* imo (quod pulcherrima ratione evenire deprehendi) etiam *eandem quantitatem actionis motricis,* cujus alia longe aestimatio est ab illa, quam Cartesiani concipiunt sub quantitate motus. Eaque de re cum duo Mathematici ingenio facile inter primos mecum partim per literas partim publice

ou la persistance. D'où vient aussi, pour le dire en passant, que sa définition du mouvement, quoique plus obscure qu'il ne faudrait, n'est cependant point si absurde qu'elle le paraît à ceux qui la prennent comme si Aristote avait seulement voulu définir le mouvement local. Mais revenons au fait. Robert Boyle, savant éminent et observateur attentif de la nature, a écrit un petit livre *De la nature en elle-même,* dont la pensée, si je me souviens bien, revient à ceci : nous devons considérer comme la nature d'un corps le *mécanisme* même de ce corps ; ce qu'on peut accepter en gros. Mais qui veut examiner les choses de plus près devrait distinguer, dans le mécanisme même, les principes de ce qui en dérive. Ainsi, pour expliquer l'horloge, il ne suffit pas de dire qu'elle est mue de manière mécanique, sans distinguer si c'est par un poids ou par un ressort. J'ai déjà plusieurs fois avancé que l'origine du mécanisme même ne découle pas du seul principe matériel et de raisons mathématiques, mais d'une source plus profonde et, pour ainsi dire, métaphysique ; cela servira, je crois, à éviter que les explications mécaniques des choses de la nature ne donnent lieu à des abus au préjudice de la piété, en faisant croire que la matière peut subsister par elle-même et que le mécanisme n'a besoin d'aucune intelligence ou substance spirituelle.

4. Une preuve remarquable, entre autres, de cette conception est fournie par *le fondement des lois de la nature* : il ne faut pas le chercher dans la conservation de la même quantité de mouvement, comme on le croyait d'ordinaire, mais plutôt dans la nécessité de *conserver la même quantité de puissance active,* et même (j'ai trouvé à cela de très belles raisons) la même quantité d'action motrice, l'estimation de celle-ci étant tout à fait différente de l'estimation de la quantité du mouvement, telle qu'elle est conçue par les Cartésiens. J'ai discuté cette question avec deux mathématiciens très éminents, en partie par lettres, en partie publiquement :

contulissent, alter penitus in castra mea transiit, alter eo deve-
nit, ut objectiones suas omnes post multam et accuratam
ventilationem desereret, et ad meam quandam demonstrationem nondum sibi responsionem suppetere candide
fateretur. Eoque magis miratus sum, Virum praeclarum in
Physicae suae Electivae parte edita, explicantem leges motus,
vulgarem de illis sententiam (quam tamen nulla demonstratione, sed quadam tantum verisimilitudine niti ipse agnovit,
repetiitque etiam hic novissima dissertatione cap. 3 § 2) quasi
nulla dubitatione libatam assumsisse; nisi forte scripsit
antequam prodirent mea, et scripta deinde recensere vel non
vacavit, vel in mentem non venit, praesertim cum leges motus
arbitrarias esse crederet, quod mihi non usquequaque consentaneum videtur. Puto enim determinatis sapientiae atque
ordinis rationibus, ad eas quae in natura observantur ferendas
leges venisse Deum : et vel hinc apparere, quod a me aliquando Opticae Legis occasione est admonitum et Cl. Molineuxio
in Dioptricis postea valde se probavit, Finalem causam non
tantum prodesse ad virtutem et pietatem in Ethica et
Theologia naturali, sed etiam in ipsa Physica ad inveniendum
et detegendum abditas veritates. Itaque cum celeberrimus
Sturmius in Physica sua Eclectica, ubi de causa Finali

l'un d'eux s'est tout à fait rangé à mon avis, l'autre en est
arrivé à abandonner toutes ses objections, après un examen
prolongé et approfondi, et à reconnaître franchement qu'il ne
pouvait encore rien opposer à certaine démonstration que j'ai
produite[1]. Je n'en ai été que plus étonné de voir que l'illustre
Sturm, en expliquant les lois du mouvement, dans la partie
éditée de sa *Physica Electiva,* avait adopté sur cette question
l'opinion vulgairement reçue, comme si aucun doute ne
l'avait encore affaiblie; et cependant il reconnaît lui-même
que cette opinion ne s'appuie sur aucune démonstration, mais
seulement sur une certaine vraisemblance, ce qu'il répète
encore dans sa dissertation récente, chap. 3, § 2. Peut-être a-t-
il écrit cela, avant que mes pensées aient été publiées, et le
temps lui aura manqué pour revoir ses écrits, ou bien il n'y
aura pas pensé, d'autant plus qu'il croyait que les lois du
mouvement sont arbitraires, ce qui ne me semble pas entièrement juste. Car je pense que Dieu a été déterminé par des
raisons de sagesse et d'ordre à donner à la nature les lois qu'on
y remarque. Et l'on voit par là, ce que j'ai autrefois signalé à
l'occasion de la loi fondamentale de l'optique et ce que le
célèbre Molineux a pleinement approuvé, plus tard, dans sa
Dioptrique, à savoir que la cause finale n'est pas seulement
profitable à la vertu et à la piété dans l'éthique et dans la
théologie naturelle, mais encore qu'elle sert dans la physique
même à découvrir des vérités cachées[2]. Comme le célèbre
Sturm, dans sa *Physica Eclectica,* où il traite des causes finales,

---

1. Les deux mathématiciens sont probablement Huygens et Jean
Bernoulli. On sait que Malebranche, lui aussi, s'est rangé à la conception
leibnizienne des lois du mouvement et du choc des corps.
2. Cette loi d'optique est le principe que les rayons de lumière suivent
toujours le chemin le plus facile. Leibniz l'a exposée dans le mémoire:
Unicum opticae, catoptricae et dioptricae principium, 1682 (*Opera,* éd.
Dutens, III, p. 145 *sq.*). L'ouvrage cité de William Molyneux (1656-1698) est
la *Dioptrica nova,* Londini, 1692.

agit, sententiam meam retulisset inter Hypotheses, optarem ut
in Epicrisi satis expendisset; haud dubie enim inde occasionem fuisset sumturus, multa pro argumenti praestantia et
ubertate dicendi praeclara et ad pietatem quoque profutura.

(5) Sed jam considerandum est, quid ipse de Naturae
notione in hac sua Apologetica dissertatione dicat, et quid
dictis deesse adhuc videatur. Concedit cap. 4. § 2, 3, et alibi
passim, motus qui nunc fiunt, consequi *vi aeternae legis* semel
a Deo latae, quam legem mox vocat volitionem et *jussum*; nec
opus esse novo Dei jussu, nova volitione, nedum novo conatu,
aut laborioso quodam negotio d. § 3, et a se repellit tanquam
male imputatam ex adverso sententiam, quod Deus moveat
res ut faber lignarius bipennem, et molitor dirigit molam
arcendo aquas, vel immittendo rotae. Verum enimvero, ut
mihi quidem videtur, nondum sufficit haec explicatio. Quaero
IV, 507 enim, utrum volitio illa vel jussio, aut si mavis lex | divina
olim lata *extrinsecam* tantum tribuerit rebus *denominationem*,
an vero aliquam contulerit impressionem creatam in ipsis per-
durantem, vel, ut optime Dn. Schelhammerus judicii non
minus quam experientiae egregius vocat, *legem insitam* (etsi
plerumque non intellectam creaturis, quibus inest) ex qua
actiones   passionesque   consequantur.   Prius   autorum
systematis causarum occasionalium, acutissimi imprimis
Malebranchii, dogma videtur, posterius receptum est, et ut ego
arbitror, verissimum.

(6) Nam jussio illa praeterita cum nunc non existat,
nihil nunc efficere potest, nisi aliquem tunc post se reli-
querit effectum subsistentem, qui nunc quoque duret et

avait rejeté ma manière de voir parmi les hypothèses, j'aurais souhaité qu'il l'eût examinée avec une suffisante attention dans l'ouvrage où il conclut : il eût certainement trouvé là l'occasion, étant donné la beauté et la fécondité du sujet, de dire beaucoup de choses remarquables et profitables à la piété.

5. Examinons maintenant ce qu'il dit lui-même de la notion de Nature dans sa dissertation apologétique, et ce qui semble encore manquer à ses explications. Il concède, chap. 4, § 2, 3, et en beaucoup d'autres endroits, que les mouvements qui se produisent à présent arrivent *en vertu de la loi éternelle,* décrétée une fois pour toutes par Dieu, et cette loi il l'appelle bientôt après acte de volonté et *commandement.* Il n'est pas besoin ensuite, dit-il, d'un nouveau commandement de Dieu, d'un nouvel acte de sa volonté et encore moins d'un nouvel effort ou d'un travail pénible (§ 3), et il se défend, comme d'un sentiment que son adversaire lui impute à tort, de penser que Dieu meut les choses comme le charpentier sa hache et comme le meunier dirige son moulin en arrêtant les eaux ou en les lançant sur la roue. Cependant, cette explication ne me paraît pas encore suffisante. Je demande en effet, si cet acte de volonté, ce commandement ou, si l'on préfère, cette loi divine décrétée autrefois n'a conféré aux choses qu'une dénomination *extrinsèque,* ou si, au contraire, elle a créé en elles une sorte d'empreinte persistante ; empreinte que Schelhammer, homme éminent aussi bien par son jugement que par son expérience, appelle très bien une loi *inhérente* (quoiqu'elle soit le plus souvent ignorée des créatures auxquelles elle est inhérente), de laquelle découlent leur activité et leur passivité. La première théorie est celle des auteurs du système des causes occasionnelles et surtout du très subtil Malebranche, la seconde est plus généralement reçue et, à mon avis, la plus vraie.

6. Car puisque le commandement fait dans le passé n'existe plus maintenant, il ne peut pas non plus avoir d'efficace actuelle, à moins qu'il n'ait laissé après lui quelque effet

operetur : et qui secus sentit, omni, si quid judico, distinctae rerum explicationi renunciat, quidvis ex quovis consequi pari jure dicturus, si id quod loco temporeve est absens, sine interposito, hic et nunc operari potest. Itaque satis non est dici, Deum initio res creantem voluisse, ut certam quandam legem in progressu observarent, si voluntas ejus fingatur ita fuisse inefficax, ut res ab ea non fuerint affectae, nec durabilis in iis effectus sit productus. Et pugnat profecto cum notione divinae potentiae voluntatisque, purae illius et absolutae, velle Deum et tamen volendo producere aut immutare nihil, agereque semper, efficere nunquam, neque *opus vel* ἀποτέλεσμα *relinquere* ullum. Certe si nihil creaturis impressum est divino illo verbo : *producat terra, multiplicemini animalia;* si res perinde post ipsum fuere affectae, ac si nullum jussum intervenisset, consequens est (cum connexione aliqua inter causam et effectum opus sit, vel immediata, vel per aliquod intermedium) aut nihil fieri nunc consentaneum mandato, aut mandatum tantum valuisse in praesens, semper renovandum in futurum; quod Cl. Autor merito a se amolitur. Sin vero lex a Deo lata reliquit aliquod sui expressum in rebus vestigium, si res ita fuere formatae mandato, ut aptae redderentur ad implendam jubentis voluntatem, jam concedendum est, quandam inditam esse rebus efficaciam, formam vel vim, qualis naturae nomine a nobis accipi solet, ex qua series phaenomenorum ad primi jussus praescriptum consequeretur.

subsistant qui dure et qui opère maintenant encore : penser autrement c'est, si je ne me trompe, renoncer à toute explication distincte : tout peut suivre de tout, à titre égal, si ce qui est absent, tant au point de vue du temps qu'au point de vue de l'espace, peut, sans intermédiaire, opérer ici et maintenant. Il n'est donc pas suffisant de dire que Dieu, en créant au commencement les choses, a voulu que par la suite elles observassent certaines lois, si l'on entend que sa volonté a été inefficace au point que les choses n'en ont point été affectées et qu'elle n'a produit aucun effet durable en elles. Il est, en effet, contraire à la notion de la puissance et de la volonté divines, qui sont pures et absolues, que Dieu veuille et que cependant en voulant il ne produise ni ne change rien, qu'il agisse toujours, mais qu'il n'effectue jamais rien, qu'il ne laisse aucune œuvre achevée (ἀποτέλεσμα). Assurément, si aucune trace n'est imprimée aux choses créées par cette parole divine : *Que la terre produise, que les animaux se multiplient*, si, dans la suite, les choses se sont comportées comme si aucun commandement n'était intervenu, il s'ensuit, – puisqu'il doit y avoir entre la cause et l'effet une certaine connexion, soit immédiate, soit médiate, – ou bien que rien ne se fait actuellement qui soit conforme au commandement, ou bien que ce commandement n'a eu de force que pour le moment où il a été donné et qu'il doit sans cesse être renouvelé dans l'avenir, opinion que notre savant auteur refuse avec raison d'accepter. Si, au contraire, la loi décrétée par Dieu a laissé une certaine trace gravée dans les choses, si les choses ont reçu par cet ordre la construction qui leur permet d'accomplir la volonté du législateur, alors il faut reconnaître que les choses créées renferment une certaine efficace, forme, ou force inhérente, que nous avons coutume d'appeler *nature* et de laquelle découle la série des phénomènes, conformément à la prescription du commandement primitif.

(7) Haec autem vis insita distincte quidem intelligi potest, sed non explicari imaginabiliter; nec sane ita explicari debet, non magis quam natura animae; est enim *Vis* ex earum rerum numero, quae non imaginatione, sed intellectu attinguntur. Itaque quod petit Vir. Cl. c. 4. § 6 dissertationis Apologeticae, IV, 508 *imaginabiliter* explicari modum, quo lex | insita in corporibus legis ignaris operetur, sic accipio, ut desideret exponi intelligibiliter, ne scilicet credatur postulare ut soni pingantur, vel colores audiantur. Deinde si explicandi difficultas ad res rejiciendas sufficit, consequenter, quae ipse sibi injuria imputari queritur, cap. I. § 2, quod scilicet omnia non nisi divina virtute moveri statuere malit, quam aliquid admittere naturae nomine, cujus naturam ignoret. Certe pari jure niterentur etiam Hobbes et alii, qui omnes res volunt esse corporeas, quia nihil nisi corpus distincte et imaginabiliter explicari posse sibi persuadent. Sed illi ipsi ex eo ipso recte refutantur, quod vis agendi rebus inest, quae ex imaginabilibus non derivatur: eamque in Dei mandatum, olim semel datum, res nullo modo afficiens nec effectum post se relinquens simpliciter rejicere, tantum abest, ut foret reddere rem explicatiorem, ut potius deposita philosophi persona esset gladio gordium nodum secare. Ceterum distinctior et rectior Vis activae explicatio,

7. Or, cette force inhérente, tout en pouvant être distinctement conçue, ne saurait toutefois être saisie par l'imagination; aussi n'est-ce pas de cette façon qu'il faut l'expliquer, pas plus que la nature de l'âme. Car la *force* est du nombre des choses inaccessibles à l'imagination et accessibles à l'intelligence. Aussi, quand l'auteur de la dissertation apologétique demande (chap. 4, § 6) qu'on lui explique à l'aide de l'imagination, comment opère la loi inhérente aux corps et ignorée d'eux, j'entends qu'il désire qu'on le lui expose intelligiblement : autrement, autant vaudrait demander qu'on peigne des sons ou qu'on fasse entendre des couleurs. De plus, si la difficulté d'expliquer une chose suffit à la faire rejeter, ce principe justifierait l'opinion qu'injustement, selon lui, on lui prête (voir chap. 1, § 2), savoir que mieux vaut proclamer que rien ne se meut sans la volonté divine, plutôt que d'admettre sous le nom de nature quelque chose dont l'essence est inconnue. Hobbes et d'autres peuvent invoquer le même droit pour affirmer que tout est corporel, persuadés qu'ils sont, que seul ce qui est corporel peut être distinctement expliqué et représenté à l'imagination. Ce qui réfute leur doctrine, c'est précisément qu'il y a, inhérente aux corps, une force d'agir et que cette force ne saurait dériver de ce qui peut être imaginé. Rejeter simplement cette force pour admettre un décret divin, pris jadis une fois pour toutes, décret qui n'aurait nullement affecté les choses ni laissé aucune trace après lui, cette conception, bien loin de faciliter l'explication, équivaut plutôt à la démission du philosophe. C'est trancher le nœud gordien avec l'épée. D'ailleurs une explication de la force active, plus distincte et plus exacte qu'elle n'a été donnée jusqu'ici, peut

quam hactenus habita est, ex Dynamicis nostris, legumque naturae et motus vera aestimatione in illis tradita et rebus consentanea derivatur.

(8) Quodsi quis defensor philosophiae novae, inertiam rerum et torporem introducentis, eo usque progrediatur, ut omnem jussis Dei effectum durabilem efficaciamque in futurum adimens, etiam novas semper molitiones ab ipso exigere nihil pensi habeat (quod Dn. Sturmius a se alienum esse prudenter profitetur), is quam digna Deo sentiat, ipse viderit; excusari autem non poterit, nisi rationem afferat, cur res quidem ipsae aliquamdiu durare possint, attributa autem rerum, quae in ipsis naturae nomine intelligimus, durabilia esse non possint: cum tamen consentaneum sit, quemadmodum verbum *fiat* aliquid post se reliquit, nempe rem ipsam persistentem; ita verbum *benedictionis* non minus *mirificum* aliquam post se in rebus reliquisse producendi actus suos operandique foecunditatem nisumve, ex quo operatio, si nihil obstet, consequatur. Quibus addi potest, quod alibi a me explicatum est, etsi nondum fortasse satis perspectum omnibus, ipsam rerum substantiam in agendi patiendique vi consistere: unde consequens est, ne res quidem durabiles produci posse, si nulla ipsis vis aliquamdiu permanens divina virtute imprimi potest. Ita sequeretur nullam substantiam creatam, nullam animam eandem numero manere, nihilque adeo a Deo conservari, ac proinde res omnes esse tantum evanidas quasdam sive

être tirée de ma Dynamique, explication qui s'accorde avec la véritable théorie des lois de la nature et du mouvement, exposées dans ce traité, et avec l'expérience [1].

8. Si maintenant quelque défenseur de la philosophie nouvelle, arguant de l'inertie et de la passivité des choses, en arrive à priver les commandements de Dieu de tout effet durable et de toute efficacité sur l'avenir et n'hésite pas à exiger de Dieu des efforts toujours renouvelés (opinion que Sturm déclare prudemment ne pas partager), c'est à lui de voir si son sentiment s'accorde avec la dignité divine. Mais il sera inexcusable s'il n'apporte une raison pour expliquer comment les choses elles-mêmes peuvent durer quelque temps tandis que leurs attributs que nous comprenons sous le nom de nature ne pourraient pas être durables; alors qu'il est, au contraire, conforme à la raison d'admettre que, de même que le mot *fiat* a laissé après lui un certain effet, à savoir une chose même qui dure, de même le mot non moins *mirifique* de *bénédiction* [2] a imprimé aux choses la tendance féconde à produire leurs actes, à opérer, tendance de laquelle l'opération découle, si rien ne fait obstacle. On peut ajouter ce que j'ai expliqué ailleurs, bien que cela ne soit pas encore assez compris par tout le monde, à savoir que la substance même des choses consiste en leur force d'agir et de pâtir; d'où il suit qu'il n'est pas même possible que des choses durables soient produites, s'il est impossible à la puissance de Dieu de leur imprimer quelque force qui leur restera pendant un certain temps. Autrement on devrait conclure qu'aucune substance créée, qu'aucune âme ne reste numériquement la même, que Dieu n'assure la permanence de rien et que toutes les choses sont seulement comme des

---

1. *Specimen dynamicum pro admirandis Naturae legibus circa corporum vires et mutuas actiones detegendis et ad suas causas revocandis,* 1695 (*Mathematische Schriften,* éd. Gerhardt, VI, p. 234 *sq.*).

2. *Genèse,* I, 28-30.

fluxas unius divinae substantiae permanentis modificationes
IV, 509 et phasmata, ut sic dicam; et quod eodem redit, |ipsam
naturam vel substantiam rerum omnium Deum esse, qualem
pessimae notae doctrinam nuper scriptor quidem subtilis, at
profanus, orbi invexit vel renovavit. Sane si res corporales nil
nisi materiale continerent, verissime dicerentur in fluxu
consistere, neque habere substantiale quicquam, quemadmodum et Platonici olim recte agnovere.

(9) *Altera quaestio* est, utrum creaturae proprie et vere
agere sint dicendae? Ea, si semel intelligamus, naturam
insitam non differe a vi agendi et patiendi, recidit in priorem.
Nam actio sine vi agendi esse non potest, et vicissim inanis
potentia est, quae nunquam potest exerceri. Quia tamen
nihilominus actio et potentia res sunt diversae, illa successiva,
haec permanens, videamus et de actione; ubi fateor, me non
exiguam in explicanda celeberrimi Sturmii mente difficultatem reperire. Negat enim, res creatas per se et proprie agere;
mox tamen ita concedit eas agere, ut nolit quodammodo sibi
tribui comparationem creaturarum cum bipenni a fabro
lignario mota. Ex quibus nihil certi exsculpere possum, nec
diserte satis explicatum video, quousque ipse a receptis
sententiis recedat; aut quamnam distinctam animo conceperit
actionis notionem, quae quam non sit obvia et facilis, ex meta-
physicorum certaminibus constat. Quantum ego mihi notionem actionis perspexisse videor, consequi ex illa et stabiliri
arbitror receptissimum philosophiae dogma, *actiones esse*

modifications et, pour ainsi dire, des fantômes évanescents et passagers de l'unique substance divine, seule permanente, ou, ce qui revient au même, que la nature même ou la substance de toutes les choses est Dieu, doctrine de triste réputation, qu'un auteur subtil mais impie a récemment proposée ou renouvelée [1]. Assurément, si les choses corporelles ne contenaient rien de non-matériel, on serait fondé à dire qu'elles consistent dans un flux perpétuel et n'ont rien de substantiel, comme les Platoniciens l'ont jadis reconnu avec raison.

9. La seconde question est de savoir si l'on a raison de soutenir que les choses créées agissent véritablement et au sens propre du mot. Or, si l'on a une fois compris que la nature inhérente aux choses ne se distingue pas de la force d'agir et de pâtir, cette question se ramène à la première. Car il n'y a pas d'action sans force d'agir, et inversement la puissance qui ne saurait jamais s'exercer est vaine. Mais puisque néanmoins l'action et la puissance sont deux choses différentes, celle-là, temporaire, celle-ci permanente, considérons aussi l'action séparément. J'avoue que je rencontre une difficulté considérable à l'expliquer selon le sentiment de Sturm. Il nie que les choses créées agissent par elles-mêmes, à proprement parler; mais peu après il concède tout de même qu'elles agissent, dès l'instant qu'il prétend ne donner aucune prise au reproche de comparer les choses créées avec la hache mue par le charpentier. De ces affirmations je ne peux rien tirer qui vaille, et je ne vois pas assez expressément expliqué jusqu'à quel point il s'écarte des idées reçues, ni quelle notion distincte de l'action il a conçue. Que cette notion n'est pas facilement accessible, c'est ce que montrent les discussions des métaphysiciens. Pour ma part, si, comme je le crois, j'ai bien compris la notion d'action, j'estime qu'elle implique et justifie le principe philosophique unanimement reçu, que *toute action*

1. Allusion à Spinoza.

suppositorum; idque adeo esse verum deprehendo, ut etiam sit reciprocum, ita ut non tantum omne quod agit sit substantia singularis, sed etiam ut omnis singularis substantia agat sine intermissione, corpore ipso non excepto, in quo nulla unquam quies absoluta reperitur.

(10) Sed nunc attentius paulo consideremus eorum sententiam, qui rebus creatis veram et propriam actionem adimunt, quod olim etiam fecere Philosophiae Mosaicae autor Robertus Fluddus, nunc vero Cartesiani quidam, qui putant non res agere, sed Deum ad rerum praesentiam et secundum rerum aptitudinem; adeoque res occasiones esse, non causas, et recipere, non efficere aut elicere. Quam doctrinam Cordemojus, Forgaeus et alii Cartesiani cum proposuissent, Malebranchius inprimis, pro acumine suo, orationis quibusdam luminibus exornavit ; rationes autem solidas (quantum intelligo) adduxit nemo. Certe si eousque producitur haec doctrina, ut *actiones* etiam *immanentes* substantiarum

est l'action d'un sujet individuel. Et je trouve ce principe si vrai que sa réciproque l'est aussi, c'est-à-dire que non seulement tout ce qui agit est une substance individuelle, mais aussi que toute substance individuelle agit sans interruption, et je n'en excepte même pas le corps, car on n'y remarque jamais de repos absolu.

10. Mais examinons maintenant avec un peu plus d'attention le sentiment de ceux qui refusent aux choses créées toute action véritable proprement dite. Ce fut jadis l'opinion de Robert Fludd, auteur de la *Philosophia Mosaïca* [1], c'est de nos jours l'avis de certains Cartésiens qui prétendent que ce ne sont pas les choses qui agissent, mais Dieu, selon les choses qui se présentent et selon leurs propriétés. Les choses ne seraient donc pas les causes des actions mais seulement les occasions, elles pourraient recevoir, mais non produire, ou provoquer. Cette doctrine, proposée par Cordemoy, de La Forge et d'autres Cartésiens, est surtout représentée par Malebranche [2], qui l'a fait bénéficier de sa grande pénétration et de l'éclat de son style. Mais, à ma connaissance, personne n'en a encore apporté de preuve solide. Assurément, si l'on pousse cette doctrine jusqu'à nier les *actions immanentes* des substances

1. Robert Fludd (*de Fluctibus*), 1574-1637, médecin à Londres, paracelsiste, adversaire de Kepler, de Mersenne, de Gassendi, etc., cherchait à concilier la théosophie avec la nouvelle science exacte : *Philosophia Moysaica in qua sapientia et scientia creationis et creaturarum explicatur,* Groudae, 1638, in-fol.

2. La conception occasionaliste se trouve exposée par Géraud de Cordemoy dans *Le Discernement du Corps et de l'Âme en six discours,* Paris, 1666, in-12 ; par Louis de la Forge dans le *Traité de l'esprit de l'homme, de ses facultez et fonctions, et de son union avec le corps. Suivant les Principes de René Descartes,* Paris, 1666, in-4°. Chez ces deux cartésiens, l'occasionalisme se rapporte presque exclusivement à l'union de l'âme et du corps. Comme doctrine générale il a été élaboré par Malebranche dans la *Recherche de la Vérité* et particulièrement dans le Livre VI, 2e partie, chap. III et dans le XVe éclaircissement.

tollantur (quod tamen merito rejicit Dn. Sturmius *Physicae Elect.* lib. I. cap. 4. Epilog. § II. p. 176, et in eo circumspectio-

IV, 510 nem suam luculenterostendit), adeo | a ratione apparet aliena, ut nihil supra. An enim mentem cogitare ac velle, et in nobis a nobis elici multas cogitationes ac voluntates, ac spontaneum penes nos esse, quisquam in dubium revocabit? Quo facto non tantum negaretur libertas humana, et in Deum causa rejiceretur malorum, sed etiam intimae nostrae experientiae conscientiaeve testimonio reclamaretur, quo ipsimet nostra esse sentimus, quae nulla rationis specie a dissentientibus in Deum transferrentur. Quod si vero menti nostrae vim insitam tribuimus, actiones immanentes producendi vel quod idem est, agendi immanenter, jam nihil prohibet, imo consentaneum est, aliis animabus vel formis, aut si mavis, naturis substantiarum eandem vim inesse; nisi quis solas in natura rerum nobis obvia mentes nostras activas esse, aut omnem vim agendi immanenter, atque adeo *vitaliter* ut sic dicam, cum intellectu esse conjunctam arbitretur, quales certe asseverationes neque ratione ulla confirmantur, nec nisi invita veritate propugnantur. Quid vero de *transeuntibus creaturarum actionibus* sit statuendum, alio loco melius exponetur, pro parte etiam, jam tum a nobis alibi est explicatum: *commercium* scilicet *substantiarum* sive monadum oriri non per influxum, sed per consensum ortum a divina praeformatione, unoquoque, dum suae naturae vim insitam legesque sequitur,

créées (ce que Sturm a raison de rejeter, dans sa *Physica Electiva*, liv. I, chap. 4, épilog., § 11, p. 176, donnant ainsi une preuve de circonspection manifeste), elle apparaît tellement déraisonnable qu'il ne faut plus s'y arrêter. Est-ce qu'en effet personne a jamais mis en doute que l'esprit pense et veut, qu'en nous-mêmes, nous-mêmes pouvons faire naître beaucoup de pensées et de volontés et que nous possédons la spontanéité? Ce ne serait pas seulement nier la liberté humaine et rejeter sur Dieu la responsabilité du mal, ce serait encore résister au témoignage de notre expérience intime et de notre conscience, qui nous font sentir comme nôtre ce que sans l'ombre de raison nos adversaires voudraient reporter à Dieu. Or, si nous attribuons à notre âme la force inhérente de produire des actions immanentes ou, ce qui revient au même, d'agir de façon immanente, alors rien n'empêche et il est, au contraire, logique d'admettre que la même force est aussi inhérente à d'autres âmes ou formes, ou, si l'on préfère, aux natures des autres substances; à moins qu'on ne suppose que, de toutes les choses de la nature que nous connaissons, nos âmes seules soient actives, ou que toute puissance d'action immanente et, par conséquent, *vitale*, si l'on peut dire, soit liée à l'intelligence, affirmations que certainement aucune raison ne confirme, et qu'on ne saurait défendre qu'en combattant contre la vérité. Ce qu'il convient de penser des *actions transitives des choses créées*, je l'expliquerai mieux ailleurs, et je me suis déjà expliqué en partie là-dessus en un autre lieu[1]; j'y ai soutenu que *la communication des substances* ou monades entre elles ne s'explique pas par un influx, mais par un accord ayant sa source dans la préformation divine: chaque monade est harmonisée avec toutes les autres,

---

1. *Système nouveau de la nature et de la communication des substances, aussi bien que de l'union qu'il y a entre l'âme et le corps*, 1695 (*Philosophische Schriften*, éd. Gerhardt, IV, p. 477-487).

ad extranea accommodato, in quo etiam *unio animae corporisque* consistit.

(11) Quod autem corpora sint per se inertia, verum quidem est, si recte sumas ; hactenus scilicet, ut quod semel quiescere aliqua ratione ponitur, se ipsum eatenus in motum concitare non possit, nec sine resistentia ab alio concitari patiatur ; non magis quam suapte sponte mutare sibi potest gradum velocitatis aut directionem, quam semel habet, aut pati facile ac sine resistentia, ut ab alio mutetur. Atque adeo fatendum est, extensionem, sive quod in corpore est geometricum, si nude sumatur, nihil in se habere, unde actio et motus proficiscatur : imo potius materiam resistere motui per quandam suam *inertiam naturalem* a Keplero pulchre sic denominatam, ita ut non sit indifferens ad motum et quietem, uti vulgo rem aestimare solent, sed ad motum pro magnitudine sua vi tanto majore activa indigeat. Unde in hac ipsa vi passiva resistendi (et impenetrabilitatem et aliquid amplius involvente) ipsam *materiae primae* sive molis, quae in corpore ubique eadem magnitudinique ejus proportionalis est, notionem colloco, et ostendo hinc alias longe, quam si sola in corpore ipsaque materia inesset cum extensione impenetrabilitas, motuum IV,511 leges conse|qui ; et uti in materia *inertiam* naturalem oppositam *motui*, ita in ipso corpore, imo in omni substantia inesse *constantiam* naturalem oppositam *mutationi*. Verum haec doctrina non patrocinatur, sed potius adversatur illis, qui rebus actionem adimunt : nam quam certum est, materiam per se motum non incipere, tam certum est (quod experimenta etiam ostendunt praeclara de motu impresso a motore translato)

qui lui restent étrangères, bien qu'elle obéisse à sa force interne et aux lois de sa nature, et c'est aussi en cela que consiste *l'union de l'âme et du corps.*

11. Que les corps sont par eux-mêmes inertes, cela est vrai, si on le comprend bien. Cela veut dire que si l'on suppose un corps mis une fois en repos par un moyen quelconque, il ne pourra de lui-même se mettre en mouvement, ni ne se laissera mouvoir par un autre sans lui opposer une résistance, pas plus qu'il ne peut spontanément charger la vitesse ou la direction qu'il a une fois reçues, ni souffrir facilement et sans résistance qu'elles soient changées par un autre corps. Il faut donc avouer que l'étendue ou ce qui, dans le corps, est purement géométrique, si l'on n'y ajoute rien, ne contient en soi rien qui puisse faire naître l'action et le mouvement, et que la matière résiste plutôt au mouvement par une sorte d'*inertie naturelle,* comme Kepler l'a très bien nommée. Ainsi la matière n'est pas indifférente au mouvement et au repos, comme on le suppose vulgairement, mais, pour être mue, elle exige d'autant plus de force active qu'elle est plus grande. C'est dans cette force passive de résistance même, qui implique et l'impénétrabilité et quelque chose de plus, que je fais consister la notion même de *matière première* ou de masse, qui est partout la même dans le corps et proportionnelle à sa grandeur ; et je montre que de cette conception suivent des lois du mouvement très différentes de celles que l'on obtient si l'on ne reconnaît rien de plus dans les corps et la matière que l'étendue et l'impénétrabilité. Et de même que, dans la matière, l'*inertie* naturelle s'oppose au *mouvement,* de même il y a, inhérente au corps et même à toute substance, une *constance naturelle* s'opposant au *changement.* Or cette doctrine ne justifie pas, elle contredit plutôt ceux qui refusent aux choses toute action. Car autant il est certain que la matière ne se met pas d'elle-même en mouvement, autant il est certain et confirmé par de très belles expériences sur le mouvement transmis

corpus per se conceptum semel impetum retinere *constansque* in levitate sua esse, sive in illa ipsa mutationis suae serie, quam semel est ingressum, perseverandi habere nisum. Quae utique activitates atque entelechiae, cum materiae primae sive *molis*, rei essentialiter passivae, modificationes esse non possint, uti praeclare (quemadmodum sequente paragrapho dicemus) ab ipso judiciosissimo Sturmio agnitum est, vel hinc judicari potest, debere in corporea substantia reperiri *entelechiam primam*, tandem πρῶτον δεκτικὸν activitatis, vim scilicet motricem primitivam, quae praeter extensionem (seu id quod est mere geometricum) et praeter molem (seu id quod est mere materiale) superaddita, semper quidem agit, sed tamen varie ex corporum concursibus per conatus impetusve modificatur. Atque hoc ipsum substantiale principium est, quod in viventibus *anima*, in aliis *forma substantialis* appellatur, et quatenus cum materia substantiam vere unam, seu unum per se constituit, id facit quod ego Monadem appello, cum sublatis his veris et realibus unitatibus, non nisi entia per aggregationem, imo quod hinc sequitur, nulla vera entia in corporibus sint superfutura. Etsi enim dentur atomi substantiae, nostrae scilicet Monades partibus carentes, nullae tamen dantur atomi molis, seu minimae extensionis, vel ultima elementa, cum ex punctis continuum non componatur, prorsus uti nullum datur ens mole maximum, vel extensione infinitum, etsi semper alia aliis majora dentur ; sed datur tantum ens maximum intensione perfectionis, seu infinitum virtute.

par un corps en mouvement à un autre, que le corps conserve par lui-même l'élan une fois reçu et reste animé d'une vitesse *constante,* autrement dit qu'il a la tendance à persévérer dans cette même série de changements, dès qu'il y est une fois entré. Puis donc que ces activités et entéléchies ne sauraient être des modifications de la matière première ou de la *masse,* chose essentiellement passive, ainsi que le reconnaît parfaitement Sturm lui-même (nous reviendrons là-dessus dans le prochain paragraphe), on peut en conclure que, dans la substance corporelle, il doit se trouver une *entéléchie première,* une certaine capacité première ($\pi\rho\tilde{\omega}\tau\text{ov} \,\delta\epsilon\kappa\tau\iota\kappa\grave{\text{ov}}$) d'activité, à savoir la force motrice primitive qui s'ajoute à l'étendue (ou à ce qui est purement géométrique) et à la masse (ou à ce qui est purement matériel) et qui agit toujours, mais se trouve diversement modifiée, par la concurrence des autres corps et leurs tendances ou impulsions. Et c'est ce même principe substantiel qui, dans les vivants, s'appelle *âme,* dans les autres êtres, *forme substantielle,* et qui, en tant qu'il constitue avec la matière une substance véritablement une, ou une unité par soi, est ce que j'appelle Monade. Supprimez ces unités véritables et réelles : les corps ne seront plus que des êtres par agrégation, ou plutôt, c'en est la conséquence, ne seront plus de véritables êtres. Car quoiqu'il y ait des atomes de substance, à savoir nos Monades qui n'ont pas de parties, il n'y a cependant point d'atomes de masse ou d'étendue minima, qui soient les éléments ultimes des corps, puisque le continu n'est pas composé de points. De même qu'il n'existe point d'être de masse maxima, ou d'étendue infinie, bien qu'il y ait toujours des êtres plus grands les uns que les autres. Ce qui toutefois existe c'est un être qui est le plus grand de tous par le degré de sa perfection, c'est-à-dire un être de puissance infinie.

(12) Video tamen celeberrimum Sturmium in hac ipsa
Dissertatione Apologetica cap. 4. § 7 et seqq. insitam corporibus vim motricem argumentis quibusdam impugnare
aggressum. *Ex abundanti,* inquit, *hic ostendam, ne capacem
quidem esse substantiam corpoream potentiae alicujus*
ACTIVE *motricis.* Quanquam ego non capiam, quae possit esse
potentia non active motrix. Gemino autem se usurum ait
argumento, uno a natura materiae et corporis, altero ex natura
motus. *Prius* huc redit : materiam sua natura et essentialiter
IV, 512 passivam esse sub|stantiam; itaque ipsi dari vim activam non
magis esse possibile, quam si Deus lapidem, dum lapis manet,
velit esse vitalem et rationalem, id est non lapidem : deinde
quae in corpore ponantur, ea esse tantum materiae modificationes; modificationem autem (quod pulchre dictum
agnosco) rei essentialiter passivae non posse rem reddere
activam. Sed responderi commode potest ex recepta non minus quam vera Philosophia : *materiam* intelligi vel secundam
vel primam; secundam esse quidem substantiam completam,
sed non mere passivam; primam esse mere passivam, sed non
esse completam substantiam; accedereque adeo debere
animam vel formam animae analogam, sive ἐντελέχειαν τὴν
πρώτην, id est nisum quendam seu vim agendi primitivam,
quae ipsa est lex incita, decreto divino impressa. A qua
sententia non puto abhorrere Virum celebrem et ingeniosum,
qui nuper defendit, corpus constare ex materia et spiritu;
modo sumatur *spiritus* non pro re intelligente (ut alias solet)
sed pro anima vel forma animae analoga, nec pro simplici
modificatione, sed pro constitutivo substantiali perseverante,

12. Je vois cependant que le célèbre Sturm s'est attaché, dans cette même dissertation apologétique, chap. 4, § 7 et suiv., à combattre par certains arguments la force motrice inhérente aux corps. *Je vais montrer avec abondance de raisons,* dit-il, *que la substance corporelle n'est même pas capable de puissance activement motrice.* Je ne comprends pas, pour ma part, ce que peut être une puissance qui ne serait pas activement motrice. Or, il annonce qu'il se servira de deux arguments, l'un tiré de la nature de la matière et du corps, l'autre de la nature du mouvement. Le premier revient à ceci : la matière est par sa nature et essentiellement une substance passive ; il n'est donc pas plus possible qu'elle soit douée d'une force active, que si Dieu voulait qu'une pierre, tout en restant pierre, fût douée de vie et de raison, c'est-à-dire ne fût pas pierre. En outre, toutes les qualités du corps ne sont que des modifications de la matière ; or, les modifications d'une chose essentiellement passive ne sauraient la rendre active, ce qui, je le reconnais, est très bien formulé. Mais la philosophie traditionnelle et la vraie philosophie n'ont pas de difficulté à y répondre : il faut distinguer la *matière seconde* et la *matière première* ; la seconde est une substance complète, mais n'est pas purement passive, la première est purement passive, mais n'est pas une substance complète. Il doit donc s'ajouter à cette dernière une âme ou une forme analogue à l'âme, ou une entéléchie première (ἐντελέχεια ἡ πρώτη), c'est-à-dire une certaine tendance ou force primitive d'agir, qui est la loi inhérente à cette substance et lui a été imprimée par le décret de Dieu. Ce sentiment ne sera pas repoussé, je crois, par notre célèbre et ingénieux auteur qui a récemment soutenu que le corps est composé de matière et d'esprit, à condition que l'on ne prenne pas l'*esprit* pour quelque chose d'intelligent (comme c'est l'usage), mais pour l'âme ou pour une forme analogue à l'âme, et qu'on ne le prenne pas pour une simple modification mais pour cette chose substantielle, constitutive et persistante

quod *Monadis* nomine appellare soleo, in quo est velut perceptio et appetitus. Haec ergo recepta doctrina, et scholarum dogmati benigne explicato consentanea, refutanda est prius, ut argumentum Viri clarissimi vim habere possit; quemadmodum et hinc patet, non posse concedi, quod assumsit, quicquid est in substantia corporea, esse materiae modificationem. Notum est enim, animas inesse viventium corporibus secundum receptam philosophiam, quae utique modificationes non sunt. Licet enim Vir egregius contrarium statuere, omnemque veri nominis sensum animalibus brutis animamque proprie dictam adimere videatur; sententiam tamen hanc pro fundamento demonstrationis assumere non potest, antequam ipsa demonstretur. Et contra potius arbitror, neque ordini, neque pulchritudini rationive rerum esse consentaneum, ut vitale aliquid seu immanenter agens sit in exigea tantum parte materiae, cum ad majorem perfectionem pertineat, ut sit in omni; neque quicquam obstet, quo minus ubique sint animae aut analoga saltem animabus, etsi dominantes animae, atque adeo intelligentes, quales sunt humanae, ubique esse non possint.

(13) *Posterius* argumentum quod ex natura motus sumit Vir Cl. majorem, ut mihi quidem videtur, concludendi necessitatem non habet. *Motum* ait esse successivam tantum rei motae in diversis locis existentiam. Concedamus hoc interim, etsi non omnino satisfaciat, magisque id, quod ex | motu resultat, quam ipsam (ut vocant) formalem ejus rationem exprimat; non ideo tamen excluditur vis motrix. Nam non tantum corpus praesenti sui motus momento inest in loco sibi commensurato, sed etiam conatum habet seu nisum mutandi locum, ita ut status sequens ex praesenti,

IV,513

que j'ai coutume d'appeler *Monade* et qui renferme une sorte de perception et d'appétition. Il faudrait réfuter d'abord cette doctrine reçue et conforme à la doctrine de l'Ecole, pourvu qu'on l'interprète dans un esprit conciliant, pour que l'argument de l'excellent auteur pût avoir quelque force. D'où il suit encore que l'on ne peut lui accorder ce qu'il suppose, à savoir que tout ce qui se trouve dans la substance corporelle est une modification de la matière. Car on sait que, selon la philosophie traditionnelle, dans les corps des êtres vivants il y a des âmes qui n'en sont point des modifications. Il est vrai que notre auteur paraît affirmer le contraire et refuser aux bêtes toute espèce de véritable sensation et d'âme proprement dite ; mais il ne peut pas fonder sa démonstration sur cette opinion, avant d'avoir d'abord démontré que celle-ci est juste. Pour ma part, j'estime au contraire, qu'il n'est conforme ni à l'ordre, ni à la beauté, ni à la raison de la création, que seulement une très faible portion de la matière soit douée d'un principe vital ou d'une activité immanente, alors que la plus grande perfection exige que la totalité de la matière en soit pourvue. Rien non plus n'empêche qu'il y ait partout des âmes ou du moins quelque chose d'analogue, bien que les âmes dominantes et partant intelligentes, comme sont les âmes humaines, ne puissent être partout.

13. Le second argument, que l'éminent auteur tire de la nature du mouvement, ne me paraît pas conclure avec plus de nécessité. Le *mouvement*, dit-il, n'est que l'existence successive du mobile en divers lieux. Concédons provisoirement cette définition, bien qu'elle ne soit point satisfaisante et qu'elle exprime plutôt le résultat du mouvement que sa raison formelle elle-même, pour employer le vocabulaire traditionnel. Cette définition toutefois n'exclut pas la force motrice. Car le corps, dans l'instant présent de son mouvement, ne se borne pas à occuper un lieu délimité à sa mesure : il s'efforce encore, il tend à changer de lieu, de sorte que l'état suivant, de

per se, naturae vi consequatur; alioqui praesenti momento (atque adeo momento quovis) corpus *A* quod movetur a corpore *B* quiescente nihil differet, sequereturque ex clarissimi Viri sententia, si nobis ea in re adversa esset, nullum plane discrimen in corporibus fore, quandoquidem in pleno uniformis per se massae discrimen, nisi ab eo quod motum respicit, sumi non potest. Unde etiam amplius tandem efficietur, nihil prorsus variari in corporibus, omniaque semper eodem se habere modo. Nam si materiae portio quaevis ab alia aequali et congrua non differt (quod admittendum est a Viro Cl. viribus activis impetibusve et quibuscumque aliis, praeter existentiam in hoc loco, successive futuram aliam vel aliam, qualitatibus modificationibusque sublatis) ac praeterea si unius momenti status a statu alterius momenti non nisi transpositione aequalium et congruarum et per omnia convenientium materiae portionum differt; manifestum est ob perpetuam substitutionem indistinguibilium consequi, ut diversorum momentorum status in mundo corporeo discriminari nullo modo possint. *Extrinseca* enim tantum foret *denominatio,* qua distingueretur materiae pars una ab alia, nempe a futuro, quod scilicet imposterum sit futura alio vel alio loco; impraesentiarum vero discrimen est nullum; imo ne a futuro quidem cum fundamento sumeretur, quia nunquam etiam imposterum ad verum aliquod praesens discrimen deveniretur, cum nec locus a loco, nec materia a materia ejusdem loci (ex hypothesi perfectae illius uniformitatis in ipsa materia) distingui ulla nota queat. Frustra etiam ad *figuram*

lui-même, en vertu de sa nature, suit de l'état présent. S'il en était autrement, considéré dans le moment présent (et par conséquent dans un moment quelconque) le corps *A* en mouvement ne serait en rien différent du corps *B* en repos, et il suivrait encore du sentiment de notre auteur, s'il est en ce point contraire au nôtre, qu'il n'y a aucun moyen de distinguer les corps les uns des autres, puisque, si tout est plein d'une masse uniforme en elle-même, aucune différenciation n'est concevable en dehors de celle que peut y introduire le mouvement. Enfin il en résulterait encore, que rien ne varie dans les corps, et que tout y reste toujours dans le même état. Car si une portion de la matière ne se distingue en rien d'une autre quelconque, de quantité et de figure égales (ce que l'auteur doit admettre, puisqu'il refuse à la matière l'effort actif et la tendance, ainsi que toutes les autres qualités et modifications, sauf l'existence en un lieu déterminé et, successivement, en tel et tel autre), et si en outre l'état du corps à un moment ne se distingue de l'état du même corps à un autre moment que par la transposition de portions de la matière, égales en quantité, en figure et semblables à tous les égards, alors il suit manifestement de la perpétuelle substitution de portions indiscernables, qu'il n'y a aucun moyen de distinguer les états du monde corporel en divers moments. La *dénomi-nation* par laquelle une partie de la matière est distinguée de l'autre ne serait donc qu'*extrinsèque* et tirée de l'avenir, à savoir du fait que cette partie sera plus tard dans tel ou tel autre lieu; mais pour le moment actuel il n'y a point de différence. Et celle même que l'on tirerait de l'avenir serait sans fondement, parce que même dans l'avenir on ne pourra jamais arriver à une véritable différence actuelle, puisque dans l'hypothèse de la parfaite uniformité de la matière en elle-même, il n'y a aucune marque qui puisse distinguer un lieu d'un autre, ni une portion de la matière d'une autre remplissant le même lieu. Il serait aussi vain d'avoir recours à la *figure*,

praeter motum recurreretur. Nam in massa perfecte similari et indiscriminata et plena, nulla oritur figura seu terminatio partium diversarum ac discriminatio, nisi ab ipso motu. Quodsi ergo motus nullam distinguendi notam continet, nullam etiam figurae largietur; et cum omnia, quae prioribus substituuntur, perfecte aequipolleant, nullum vel minimum mutationis indicium a quocunque observatore, etiam omniscio, deprehendetur; ac proinde omnia perinde erunt, ac si mutatio discriminatioque nulla in corporibus contingeret : nec unquam inde reddi poterit ratio diversarum quas sentimus apparentiarum. Et perinde res foret, ac si fingeremus duas sphaeras concentricae perfectas et perfecte tam inter se quam IV, 514 in partibus | suis similares, alteram alteri ita inclusam esse, ut nec minimus sit hiatus; tunc sive volvi inclusam, sive quiescere ponamus, ne angelus quidem, ne quid amplius dicam, ullum poterit notare discrimen inter diversi temporis status, aut indicium habere discernendi, utrum quiescat an volvatur inclusa sphaera, et qua motus lege. Imo ne limes quidem sphaerarum definiri poterit, ob defectum simul *hiatus* et discriminis ; uti motus vel ob solum *discriminis* defectum agnosci hic nequit. Unde pro certo habendum (etsi hoc minus hoc minus adverterint, qui satis alte in haec non penetravere), talia a rerum natura atque ordine esse aliena, *nullamque uspiam dari* (quod inter nova et majora axiomata mea est) *perfectam similaritatem*; cujus rei consequens etiam est, nec

à côté du mouvement. Car dans une masse parfaitement homogène, pleine et indifférenciée il ne peut naître de figure, c'est-à-dire de limitation et de discrimination de parties différentes, que par le mouvement même. Si donc le mouvement ne contient pas de marque distinctive, il n'en apportera aussi aucune à la figure. Et puisque toutes choses qui se substituent les unes aux autres sont parfaitement équivalentes, aucun observateur, fût-il omniscient, n'y saurait saisir le moindre indice de changement. Tout se passera donc comme si aucun changement et aucune différenciation ne se produisaient dans les corps, et l'on ne parviendra jamais à rendre compte ainsi de la diversité des apparences que nous percevons. Ce serait comme si nous nous figurions deux sphères concentriques, parfaites et parfaitement semblables l'une à l'autre et dans toutes leurs parties, l'une incluse dans l'autre, sans qu'il y ait entre elles le moindre intervalle ; alors, supposé que la sphère intérieure tourne ou qu'elle reste en repos, un ange même, pour ne pas dire plus, ne pourra remarquer aucune différence entre les états de ce système à divers moments, ni trouver un indice qui lui permette de discerner si la sphère intérieure reste en repos ou tourne et, dans ce dernier cas, selon quelle loi du mouvement. Il ne pourra même pas déterminer la limite des sphères, puisqu'il n'y a entre elles ni intervalle ni différence, de sorte qu'à cause du seul défaut de différence, le mouvement ne saurait être reconnu dans ce cas. C'est pourquoi il faut tenir pour certain (quoique ceux qui n'ont pas suffisamment approfondi ce problème ne s'en soient pas avisés), que ces conséquences sont contraires à la nature et à l'ordre des choses, et qu'*il n'y a jamais nulle part de similitude parfaite,* ce qui est l'un des plus importants des nouveaux axiomes[1] que j'ai découverts. Il suit encore de là qu'il ne se trouve dans la nature ni

---

1. Il s'agit du principe de l'identité des indiscernables.

corpuscula extremae duritiei, nec fluidum summae tenuitatis, materiamve subtilem universaliter diffusam, aut ultima elementa, quae primi secundive quibusdam nomine veniunt, in natura reperiri. Quorum cum nonnihil perspexisset (ut arbitror) Aristoteles, profundior mea sententia, quam multi putant, judicavit, praeter mutationem localem opus esse alteratione, nec materiam ubique sibi esse similem, ne maneat invariabilis. Dissimilitudo autem illa vel qualitatum diversitas, atque adeo ἀλλοίωσις vel alteratio, quam non satis exposuit Aristoteles, ipsis diversis nisuum gradibus directionibusque, monadumque adeo inexistentium modificationibus obtinetur. Ex quibus proinde intelligi puto, necessario aliud debere poni in corporibus, quam massam uniformem, ejusque nihil utique immutaturam transportationem. Sane qui *atomos et vacuum* habent, nonnihil saltem diversificant materiam, dum alibi faciunt partibilem, alibi impartibilem, et uno loco plenam, alio hiantem. Sed diu est, quod rejiciendas esse atomos cum vacuo (deposito juventutis praejudicio) deprehendi. Addit Vir celeberrimus materiae existentiam per diversa momenta tribuendam esse divinae voluntati; quidni ergo (inquit) eidem tribuatur quod existit hic et nunc? Respondeo, id ipsum Deo haud dubie deberi, ut alia omnia, quatenus perfectionem quandam involvunt; sed quemadmodum prima illa et universalis causa omnia conservans non tollit, sed facit potius rei existere incipientis subsistentiam

corpuscules parfaitement durs, ni fluide d'extrême ténuité, autrement dit de matière subtile universellement répandue, ni enfin aucun de ces éléments ultimes que certains admettent sous le nom de premier ou de second élément[1]. C'est parce qu'il avait, je crois, aperçu certaines de ces raisons, qu'Aristote, philosophe plus profond, à mon avis, que beaucoup ne pensent, a estimé qu'outre le changement local, il est besoin d'un changement interne ou d'une altération, et que la matière n'est pas partout semblable à elle-même, car autrement elle resterait invariable. Or, cette dissimilitude ou diversité qualitative et partant cette ἀλλοίωσις ou altération, qu'Aristote n'a pas suffisamment expliquée, est engendrée précisément par les différents degrés et les diverses directions des tendances, donc par les modifications des monades intéressées. On comprendra par suite qu'il faut nécessairement supposer autre chose dans les corps qu'une masse uniforme et que son déplacement, duquel ne peut en aucun cas résulter le moindre changement. Ceux qui admettent *les atomes et le vide* introduisent sans doute une certaine diversité dans la matière, en la faisant ici divisible et là indivisible, pleine en un endroit et parsemée de vide en un autre. Mais il y a longtemps qu'ayant abandonné le préjugé de ma jeunesse, j'ai compris qu'il faut rejeter les atomes et le vide.

L'auteur ajoute que la persistance de la matière à travers le temps doit être attribuée à la volonté divine. Pourquoi alors, continue-t-il, ne pas lui attribuer aussi l'existence de cette matière ici et maintenant? À quoi je réponds que cette existence, sans nul doute, a pour cause Dieu, de même que toutes les autres choses en tant qu'elles impliquent quelque perfection; cependant, de même que cette cause première et universelle qui conserve tout, loin de supprimer la subsistance

---

1. Descartes, *Principia*, Pars III, § 52.

naturalem, seu in existendo perseverationem semel conces-
sam; ita eadem non tollet, sed potius confirmabit rei in motum
concitatae efficaciam naturalem, seu in agendo perseverationem semel impressam.

(14) Multa quoque alia occurrunt in Apologetica illa
Dissertatione, quae difficultatem habent, ut quod ait dict.
IV, 515 cap. 4. § 11, motu de globulo per | plures intermedios in
globulum translato, globulum ultimum *eadem vi* moveri qua
motus est globulus primus: mihi vero videtur, aequivalente
quidem moveri, sed non eadem, cum unusquisque (quod
mirum videri possit) *sua propria vi*, nempe elastica (non jam
de elasmatis hujus causa disputo, neque nego mechanice
debere explicari motu fluidi inexistentis ac perlabentis) a
proximo urgente repulsus in motum agatur. Sic etiam, quod
§ 12 dicit, rem quae primordium motus dare sibi non potest,
non posse per se continuare motum, mirum merito videbitur.
Constat enim potius, quemadmodum vi opus est ad motum
dandum, ita dato semel impetu, tantum abesse, ut vi nova sit
opus ad continuandum, ut potius ea opus sit ad sistendum.
Nam conservatio illa a causa universali rebus necessaria,
hujus loci non est, quae ut jam monuimus, si tolleret rerum
efficaciam, etiam tolleret subsistentiam.

(15) Ex quibus rursus intelligitur, doctrinam a nonnullis
propugnatam causarum occasionalium (nisi ita explicetur, ut

naturelle d'une chose ayant commencé d'exister, fait plutôt qu'elle persévère dans l'existence qui lui a été une fois accordée; de même cette cause ne supprimera pas mais affermira plutôt l'efficace naturelle de l'être mis en mouvement, c'est-à-dire la persistance dans l'action une fois imprimée en lui.

14. On trouve encore beaucoup d'autres points dans cette dissertation apologétique, qui soulèvent des difficultés, par exemple ce qui est dit, chap. 4, § 11, sur le mouvement d'une boule, transmis à une autre par plusieurs boules interposées : l'auteur soutient que la dernière est mue *par la même force* qui a mû la première. Moi, je pense qu'elle est mue par une force équivalente et non par la même, puisque chaque boule est mise en mouvement (bien que cela puisse paraître étonnant), *par sa propre force,* à savoir par sa force élastique, la boule étant repoussée par la pression de la voisine; je ne discute pas ici sur la cause de cette élasticité, et je ne nie pas qu'elle ne doive être expliquée mécaniquement, par le mouvement d'un fluide interne circulant dans le corps élastique. On aura encore sujet de s'étonner de ce que l'auteur dit dans le § 12, à savoir qu'une chose qui ne saurait se mettre en mouvement d'elle-même, ne saurait pas non plus continuer le mouvement par elle-même. C'est bien plutôt le contraire qui est vrai : de même qu'il est besoin d'une force pour mettre un corps en mouvement, de même, lorsqu'il a une fois l'élan, non seulement il n'a besoin d'aucune force nouvelle pour continuer ce mouvement, mais il faut encore dépenser de la force pour l'arrêter. Car la conservation par la cause universelle dont les choses ont besoin n'a rien à faire ici; nous avons déjà fait remarquer que si cette conservation supprimait l'efficace des choses, elle en supprimerait aussi la subsistance.

15. Tout cela fait encore comprendre que la doctrine des causes occasionnelles, défendue par quelques philosophes (à moins qu'on ne l'interprète en y apportant divers

temperamenta adhiberi possint, quae Cl. Sturmius partim
admisit partira admissurus videtur) periculosis consequentiis
obnoxiam esse, doctissimis licet defensoribus haud dubie
invitis. Tantum enim abest, ut Dei gloriam augeat, tollendo
idolum naturae; ut potius rebus creatis in nudas divinae unius
substantiae modificationes evanescentibus, ex Deo factura
cum Spinosa videatur ipsam rerum naturam, cum id quod non
agit, quod vi activa caret, quod discriminabilitate, quod
denique omni subsistendi ratione ac fundamento spoliatur,
substantia esse nullo modo possit. Certissime persuasum mihi
est, Cl. Sturmium, Virum et pietate et doctrina insignem, ab
his portentis esse alienissimum. Itaque dubium nullum est, aut
ostensurum esse liquido, qua ratione maneat aliqua in rebus
substantia vel etiam variatio, salva doctrina sua, aut veritati
manus esse daturum.

(16) Certe quo magis suspicer, mentem ipsius non satis
mihi esse perspectam, nec meam ipsi, multa faciunt. Alicubi
fassus mihi est, posse, imo quoddammodo etiam debere,
quandam *divinae virtutis particulam* (id est, ut opinor,
expressionem, imitationem, effectum proximum, nam ipsa
divina vis in partes utique secari non potest) velut rebus
propriam et attributam intelligi. Videantur quae mihi
transmissa repetiit in Physicae Electivae loco supra citato sub
initium hujus schediasmatis. Hoc si (ut ex verbis apparet) eo
sensu accipitur, quo animam divinae particulam aurae
IV,516 dicimus, jam sublata inter nos eatenus controversia erit. Sed |
quo minus hanc mentem ipsius affirmare audeam, facit, quod
vix uspiam alibi video tale aliquid ab ipso tradi, aut quae inde
consequantur exponi; contra vero animadverto, quae passim
habet, huic sententiae parum cohaerere, Dissertationem

tempéraments, les uns que Sturm a déjà admis, les autres qu'il semble devoir admettre un jour), entraîne des conséquences dangereuses, contre le gré, sans doute, de ses très savants défenseurs. Loin d'augmenter la gloire de Dieu en supprimant l'idole de la nature, elle fait plutôt s'évanouir les choses créées en de simples modifications de l'unique substance divine, et elle paraît faire de Dieu, d'accord avec Spinoza, la nature même des choses : car ce qui n'agit pas, ce qui est dépourvu de puissance active, de toute marque distinctive, en un mot ce qui est privé de toute raison de subsister, cela ne peut en aucune façon être une substance. Je suis très convaincu que Sturm, homme remarquable par sa piété et sa science, est bien éloigné de ces extravagances. C'est pourquoi je ne doute pas, ou bien qu'il montrera nettement, sans renier sa doctrine, comment il est possible qu'il demeure dans les choses de la substance et du changement, ou bien qu'il se rangera à la vérité.

16. D'ailleurs j'ai plus d'une raison de soupçonner que je n'ai pas bien pénétré sa pensée, ni lui la mienne. Il m'a avoué quelque part qu'on peut et même qu'on doit en quelque sorte supposer dans les choses, comme leur étant propre, quelque *particule de la puissance divine,* c'est-à-dire, me semble-t-il, quelque chose qui exprime cette puissance, qui l'imite, qui en est un effet immédiat, car la puissance divine elle-même ne saurait nullement être divisée en parties. On peut lire, à cet égard, ce qu'il m'a écrit autrefois et qu'il répète dans le passage, déjà cité au commencement de ce mémoire, de sa *Physica Electiva.* Si, en s'en tenant à la lettre de ce texte, on le prend dans le sens où nous disons que l'âme est une particule du souffle divin, alors toute discussion entre nous est finie sur ce point. Mais je n'ose affirmer que c'est bien là son sentiment, parce que je ne vois guère qu'il enseigne où que ce soit rien de pareil, ou qu'il expose ce qui suivrait de cette opinion ; au contraire, je remarque que ce qu'il avance çà et là n'est point compatible avec ce sentiment et que sa Dissertation

autem Apologeticam in alia omnia ire. Sane cum primum meae in Actis Eruditorum Lipsiensibus mense Martio 1694 de vi insita prolatae sententiae (quam porro illustrat specimen meum dynamicum in iisdem Actis April 1695) quaedam per literas objecisset, mox accepta responsione mea, perbenigne judicavit nullum inter nos esse discrimen, nisi in loquendi modo; quod cum ego animadvertens, monuissem adhuc non-nulla, ipse jam in contrarium versus, plura inter nos discri-mina posuit, quae ego agnosco, vixque his exemtis tandem novissime eo rediit ut denuo scriberet, nisi verborum differen-tiam inter nos esse nullam, quod mihi futurum esset gratissi-mum. Volui ergo, occasione novissimae Dissertationis Apo-logeticae, rem ita exponere, ut denique et de sententia cujusque et de sententiae veritate constare facilius possit. Est enim alioqui magna Viri egregii et in perspiciendo solertia et perspicuitas in exponendo, ut sperem ejus studio non exiguam tantae rei lucem afferri posse, atque adeo vel ideo non inuti-lem hanc operam meam fore, quod occasionem ei fortasse praebitura est, ea qua solet industria et vi judicii expendendi atque illustrandi nonnulla alicujus in negotio praesente mo-menti, praetermissa hactenus ab autoribus et a me, ni fallor,

apologétique aboutit à des conclusions tout à fait différentes. Il est vrai qu'après avoir pour la première fois formulé dans une lettre quelques objections contre ma théorie de la force inhérente aux corps, publiée dans les Actes des Savants de Leipzig du mois de mars 1694[1], – qu'a éclaircie ensuite mon *Specimen dynamicum,* publié dans les mêmes Actes du mois d'avril 1695[2], – et avoir peu après reçu ma réponse, il déclara avec beaucoup de bienveillance, qu'il n'y avait aucune divergence entre nous, sinon dans la manière de nous exprimer. Mais lorsque, examinant les choses de plus près, je lui signalai encore quelques divergences, il avait déjà lui-même changé d'opinion, et il indiqua plusieurs points sur lesquels nos sentiments ne s'accordaient pas, ce que je reconnus. Ces divergences étaient à peine effacées qu'il en revint à m'écrire de nouveau tout récemment, qu'il n'y avait entre nous qu'une différence d'expression, ce qui me serait très agréable. Je me suis donc proposé d'exposer la chose à l'occasion de sa Dissertation apologétique de telle sorte, qu'enfin on puisse être fixé avec plus de facilité sur le sentiment de chacun de nous deux, ainsi que sur la vérité de ces sentiments. L'habileté de cet excellent homme dans la recherche et la lucidité de son exposition sont d'ailleurs si grandes que j'attends encore de son zèle beaucoup de lumière sur ce problème capital. Mon travail n'aura donc pas été inutile, s'il lui fournit l'occasion d'examiner et d'éclaircir, avec son talent et sa vigueur de jugement accoutumés, certaines difficultés importantes du problème posé, négligées jusqu'ici par les auteurs, difficultés dont, si je ne me trompe, j'ai fait progresser la solution en découvrant des axiomes

---

1. *De primae philosophiae emendatione, et de notione substantiae.*
2. Voir note 1, p. 211.

novis et altius repetitis et late fusis axiomatibus nonnihil suppleta, ex quibus restitutum emendatumque Systema mediae inter formalem et materiariam philosophiae (conjuncta servataque rite utraque) nasci videtur aliquando posse.

nouveaux, portant sur le fond des choses et de grande portée. Je crois que de ces axiomes peut naître un jour le système réformé et amendé d'une philosophie également distante du formalisme et du matérialisme, qui conciliera et conservera ce qu'il y a de juste dans l'un et dans l'autre.

CAUSA DEI

ASSERTA PER JUSTITIAM EJUS, CUM CAETERIS EJUS
PERFECTIONIBUS, CUNCTISQUE ACTIONIBUS CONCILIATAM

| 1. *Apologetica Causae Dei tractatio* non tantum ad divinam gloriam, sed etiam ad nostram utilitatem pertinet, ut tum magnitudinem ejus, id est potentiam sapientiamque colamus, tum etiam bonitatem, et quae ex ea derivantur, justitiam ac sanctitatem amemus, quantumque in nobis est imitemur. Hujus tractationis duae sunt partes : prior praeparatoria magis, altera principalis censeri potest; prior spectat Divinam *Magnitudinem, Bonitatemque separatim*, posterior pertinentia ad utramque junctim, in quibus sunt *Providentia* circa omnes creaturas, et *Regimen* circa intelligentes, praesertim in negotio pietatis et salutis.

2. Magnitudinis Divinae potius quam Bonitatis rationem habuere Theologi rigidiores; at laxiores contra : utraque perfectio aeque curae est vere Orthodoxis. Error Magnitudinem Dei infringentium *Anthropomorphismus,* Bonitatem tollentium *Despotismus* appellari posset.

LA CAUSE DE DIEU

DÉFENDUE PAR LA CONCILIATION DE SA JUSTICE AVEC SES
AUTRES PERFECTIONS ET TOUTES SES ACTIONS

1. *L'examen apologétique de la cause de Dieu* n'intéresse pas seulement la gloire divine, mais aussi notre propre utilité, en nous portant aussi bien à honorer sa grandeur, c'est-à-dire sa puissance et sa sagesse, qu'à aimer sa bonté ainsi que la justice et la sainteté qui en procèdent et à les imiter autant qu'il est en notre pouvoir. Cette apologie comprend deux parties : la première peut être considérée comme plutôt préparatoire, la seconde comme principale. La première étudie *la grandeur et la bonté de Dieu séparément*, la seconde ce qui se rapporte à ces deux perfections prises ensemble, notamment la *Providence* qui s'étend à toutes les créatures et le *Gouvernement* qui s'exerce sur les créatures intelligentes, particulièrement en ce qui concerne la piété et le salut.

2. Les théologiens trop rigoureux ont tenu compte de la grandeur divine plutôt que de sa bonté ; les théologiens trop accommodants ont fait l'inverse ; les vrais orthodoxes ont également à cœur l'une et l'autre perfection. On peut appeler *Anthropomorphisme* l'erreur de ceux qui rabaissent la grandeur de Dieu, et *Despotisme* l'erreur de ceux qui suppriment sa bonté.

3. *Magnitudo Dei* studiose tuenda est contra Socinianos inprimis, et quosdam Semisocinianos, in quibus Conradus Vorstius hic maxime peccavit. Revocari autem illa potest ad duo Capita Summa, Omnipotentiam et Omniscientiam.

4. *Omnipotentia* complectitur tum Dei Independentiam ab aliis, tum omnium Dependentiam ab ipso.

5. *Independentia Dei* in existendo elucet, et in agendo. Et quidem in *Existendo,* dum est necessarius et aeternus, et, ut vulgo loquuntur, Ens a se : Unde etiam consequens est immensum esse.

6. *In Agendo* independens est naturaliter et moraliter. Naturaliter quidem, dum est liberrimus, nec nisi a se ipso ad agendum determinatur; moraliter vero, dum est ἀνυπεύθυνος seu superiorem non habet.

7. *Dependentia rerum a Deo* extenditur tum ad omnia possibilia, seu quae non implicant contradictionem, tum etiam ad omnia actualia.

VI, 440 | 8. Ipsa rerum *possibilitas*, cum actu non existunt, realitatem habet fundatam in divina existentia : nisi enim Deus existeret, nihil possibile foret et possibilia ab aeterno sunt in ideis Divini Intellectus.

9. *Actualia* dependent a Deo tum in existendo tum in agendo, nec tantum ab Intellectu ejus, sed etiam a Voluntate.

3. On doit avoir soin de défendre la *grandeur de Dieu,* surtout contre les Sociniens et certains semi-Sociniens, parmi lesquels Conradus Vorstius[1] est le plus répréhensible à cet égard. Cette grandeur peut être ramenée à deux chefs principaux : l'omnipotence et l'omniscience.

4. *L'omnipotence* comprend et l'indépendance de Dieu à l'égard de toutes les autres choses et la dépendance de toutes les choses par rapport à lui.

5. *L'indépendance de Dieu* se manifeste dans son existence et dans ses actions : dans son *existence,* puisqu'il est nécessaire et éternel et, comme on dit d'ordinaire, un Être par soi. D'où il suit encore qu'il est immense.

6. Du point de vue de l'*action* il est indépendant, naturellement et moralement. Naturellement, en ce sens qu'il est parfaitement libre et n'est déterminé à agir que par lui-même. Moralement, puisqu'il est ἀνυπεύθυνος, c'est-à-dire qu'il n'a de compte à rendre à personne, n'ayant pas de supérieur.

7. La *dépendance dans laquelle sont les choses à l'égard de Dieu* s'étend à tous les possibles, c'est-à-dire à tout ce qui n'implique pas contradiction, aussi bien qu'à toutes les choses actuelles.

8. La *possibilité* des choses, même si celles-ci n'existent pas en acte, a une réalité fondée dans l'existence divine ; car si Dieu n'existait pas, rien ne serait possible, et les possibles sont de toute éternité dans les idées de l'Intellect divin.

9. Les *choses* actuelles dépendent de Dieu aussi bien quant à l'existence que quant à l'action, et elles ne dépendent pas seulement de son Intellect mais encore de sa Volonté.

---

1. Conrad Vorstius (1569-1620), professeur de théologie à Leyde, destitué ensuite à cause de ses opinions théologiques. Son œuvre principale est le *Tractatus theologicus de Deo, sive de natura et attributis Dei,* Steinfurt, 1610 in-4°. Comme la plupart des Sociniens, il niait la prescience de Dieu et surtout sa prévision des actes des créatures libres.

Et quidem *in existendo,* dum omnes res a Deo libere sunt creatae, atque etiam a Deo conservantur; neque male docetur, conservationem divinam esse continuatam creationem, ut radius continue a sole prodit, etsi creaturae neque ex Dei essentia neque necessario promanent.

10. *In agendo* res dependent a Deo, dum Deus ad rerum actiones concurrit, quatenus inest actionibus aliquid perfectionis, quae utique a Deo manare debet.

11. *Concursus* autem Dei (etiam ordinarius seu non miraculosus) simul et immediatus est et specialis. Et quidem *immediatus,* quoniam effectus non ideo tantum a Deo dependet, quia causa ejus a Deo orta est, sed etiam quia Deus non minus neque remotius in ipso effectu producendo concurrit, quam in producenda ipsius causa.

12. *Specialis* vero est concursus, quia non tantum ad existentiam rei actusque dirigitur, sed et ad existendi modum et qualitates, quatenus aliquid perfectionis illis inest, quod semper a Deo profluit, patre luminum omnisque boni datore.

13. Hactenus de potentia Dei, nunc de sapientia ejus, quae ob immensitatem vocatur *Omniscientia.* Haec cum et ipsa sit perfectissima (non minus quam Omnipotentia) complectitur omnem ideam et omnem veritatem, id est omnia tam incomplexa quam complexa quae objectum intellectus esse possunt: et versatur itidem tam circa possibilia, quam circa actualia.

14. *Possibilium* est, quae vocatur *Scientia simplicis intelligentiae,* quae versatur tam in rebus, quam in earum connexionibus, et utraeque sunt tam necessariae quam contingentes.

Quant à l'*existence,* puisque toutes les choses ont été librement créées par Dieu et sont conservées par Dieu; et ce n'est pas à tort que l'on enseigne que la conservation par Dieu est une création continuée, – tel le rayon qu'émet sans cesse le soleil, – bien que les créatures n'émanent pas de l'essence divine et n'existent pas nécessairement.

10. Les choses dépendent de Dieu quant à leurs *actions,* puisque Dieu concourt à leurs actions en tant qu'il y a en elles quelque degré de perfection, qui doit toujours venir de Dieu.

11. Le *concours* de Dieu (même le concours ordinaire, non miraculeux) est tout à la fois immédiat et spécial. Il est *immédiat,* puisque l'effet ne dépend pas seulement de Dieu pour cette raison que la cause de cet effet a son origine en Dieu, mais encore pour cette autre raison que Dieu ne concourt pas moins ni plus indirectement à produire cet effet qu'à en produire la cause.

12. Le concours est *spécial,* puisqu'il vise non seulement l'existence de la chose et ses actes, mais encore le mode de l'existence et ses qualités, en tant qu'il y a en eux quelque degré de perfection qui provient toujours de Dieu, père des lumières, dispensateur de tous les biens.

13. Jusqu'ici il a été question de la puissance de Dieu, passons maintenant à sa sagesse qu'on appelle *omniscience* à cause de son immensité. Étant la plus parfaite possible (aussi bien que l'omnipotence), elle embrasse toute idée et toute vérité, c'est-à-dire toutes les choses tant simples que complexes qui peuvent être l'objet de l'entendement; et tout aussi bien les possibles que les existences actuelles.

14. La science des *possibles* est celle que l'on appelle *science de pure intelligence;* elle s'occupe des êtres et de leurs rapports, que les uns et les autres soient nécessaires ou contingents.

15. *Possibilia contingentia* spectari possunt tum ut
sejuncta, tum ut coordinata in integros mundos possibiles
infinitos, quorum quilibet Deo est perfecte cognitus, etsi ex
illis non nisi unicus ad existentiam perducatur : neque enim
plures Mundos actuales fingi ad rem facit, cum unus nobis
totam Universitatem Creaturarum cujuscunque loci et temporis complectatur, eoque sensu hoc loco *mundi* vocabulum
usurpetur.

VI, 441 | 16. Scientia *Actualium* seu mundi ad existentiam
perducti, et omnium in eo praeteritorum, praesentium et futurorum, vocatur *Scientia visionis,* nec differt a scientia
simplicis intelligentiae hujus ipsius mundi, spectati ut possibilis, quam quod accedit cognitio reflexiva, qua Deus novit
suum decretum de ipso ad existentiam perducendo. Nec alio
opus est divinae *praescientiae* fundamento.

17. *Scientia* vulgo dicta *Media* sub scientia simplicis
intelligentiae comprehenditur eo quem exposuimus sensu. Si
quis tamen Scientiam aliquam Mediam velit inter Scientiam
simplicis intelligentiae et scientiam visionis, poterit et illam
et Mediam aliter concipere quam vulgo solent, scilicet ut
Media non tantum de futuris sub conditione, sed et in universum de possibilibus contingentibus accipiatur. Ita scientia
simplicis intelligentiae restrictius sumetur, nempe ut agat de
veritatibus possibilibus et necessariis, scientia Media de
veritatibus possibilibus et contingentibus, scientia visionis de
veritatibus contingentibus et Actualibus. Et media cum

15. Les *possibles contingents* peuvent être considérés soit séparément, soit comme coordonnés dans une infinité de mondes entiers possibles, dont chacun est parfaitement connu de Dieu, bien qu'il n'ait amené à l'existence qu'un seul d'entre eux. Il est en effet inutile de se figurer plusieurs mondes actuels, puisqu'un seul embrasse pour nous l'université des choses créées, en tout lieu et en tout temps, et que tel est le sens qu'on donne ici au terme *monde*.

16. La science des choses *actuelles* ou du monde amené à l'existence, ainsi que de toutes les choses passées, présentes et futures de ce monde, est appelée *science de vision*; elle ne se distingue de la science de pure intelligence de ce même monde considéré en tant que possible, que parce qu'il s'y ajoute la connaissance réflexive par laquelle Dieu a connu son décret d'amener ce monde à l'existence. Il n'est besoin d'aucun autre fondement pour la *prescience divine*.

17. La *science* communément appelée *moyenne* est comprise dans la science de pure intelligence, entendue dans le sens que nous venons d'expliquer. Si cependant on veut une science moyenne entre la science de pure intelligence et la science de vision, on pourra concevoir et la science de pure intelligence et la science moyenne autrement qu'on ne le fait d'ordinaire, à savoir en assignant comme objet à la science moyenne non seulement les choses futures conditionnelles, mais tous les possibles contingents en général. Ainsi la science de pure intelligence sera prise dans un sens plus restreint, à savoir comme traitant des vérités possibles nécessaires, tandis que la science moyenne traitera des vérités possibles contingentes et la science de vision des vérités contingentes actuelles. La science moyenne aura ceci en

prima commune habebit, quod de veritatibus possibilibus agit, cum postrema, quod de contingentibus.

18. Hactenus de divina Magnitudine : nunc agamus etiam de *Divina Bonitate.* Ut autem sapientia seu veri cognitio est perfectio intellectus, ita Bonitas seu boni appetitio est perfectio voluntatis. Et omnis quidem Voluntas bonum habet pro objecto, saltem apparens, at divina Voluntas non nisi bonum simul et verum.

19. Spectabimus ergo et Voluntatem et objectum ejus, nempe Bonum et Malum, quod rationem praebet volendi et nolendi. In *Voluntate* autem spectabimus et naturam ejus et species.

20. Ad Voluntatis *naturam* requiritur *Libertas,* quae consistit in eo, ut Actio Voluntaria sit spontanea ac deliberata, atque adeo ut excludat necessitatem, quae deliberationem tollit.

21. *Necessitas* excluditur *Metaphysica,* cujus oppositum est impossibile, seu implicat contradictionem; sed non *Moralis,* cujus oppositum est inconveniens. Etsi enim Deus non possit errare in eligendo, adeoque eligat semper quod est maxime conveniens, hoc tamen ejus libertati adeo non obstat, ut eam potius maxime perfectam reddat. Obstaret, si non nisi unum foret voluntatis objectum possibile, seu si una tantum possibilis rerum facies fuisset, quo casu cessaret electio, nec sapientia bonitasque agentis laudari posset.

commun avec la première, qu'elle traite des vérités possibles, et avec la dernière, qu'elle traite des vérités contingentes [1].

18. Jusqu'ici il a été question de la grandeur divine; traitons maintenant de la *bonté divine.* Or, de même que la sagesse ou la connaissance du vrai est une perfection de l'entendement, de même la bonté ou la tendance au bien est une perfection de la volonté. Toute volonté a, en effet, le bien pour objet, ne fût-il qu'apparent, mais la volonté divine n'a pour objet que ce qui est à la fois bon et vrai.

19. Nous étudierons donc et la volonté et son objet, à savoir le bien et le mal, qui fournissent les raisons de vouloir et de ne pas vouloir. Dans la *volonté* nous étudierons sa nature et ses espèces.

20. La *nature* de la volonté exige la *liberté,* c'est-à-dire requiert que l'action volontaire soit spontanée et délibérée et qu'elle exclue par conséquent la nécessité qui supprime la délibération.

21. Elle exclut la *nécessité métaphysique,* dont l'opposé est impossible ou implique contradiction; mais elle n'exclut pas la nécessité *morale* dont l'opposé est la disconvenance. Car bien que Dieu ne puisse tomber en erreur en choisissant et, par conséquent, choisisse toujours ce qui convient le mieux, cela ne s'oppose nullement à sa liberté et la rend plutôt parfaite. Il y aurait opposition, s'il n'y avait qu'un seul objet possible de sa volonté, ou s'il n'y avait qu'un seul aspect possible des choses; car dans ce cas il n'y aurait plus de choix, et l'on ne pourrait plus louer la sagesse et la bonté de celui qui agit.

---

1. La distinction de la *science de pure intelligence,* de la *science moyenne* et de la *science de vision* fait partie d'un système conçu en vue de concilier la prescience de Dieu avec le libre arbitre de l'homme, par les Jésuites espagnols du XVIe siècle (Molina, Fonseca, etc.). Cette doctrine avait déjà été ébauchée par Saint Thomas. Pour plus de détails voir la *Théodicée,* § 39, 40, 102, 103.

VI, 442 | 22. Itaque errant aut certe incommode admodum loquuntur, qui ea tantum possibilia dicunt, quae actu fiunt, seu quae Deus elegit; qui fuit lapsus Diodori Stoici apud Ciceronem et inter Christianos Abaïlardi, Wiclefi, Hobbii. Sed infra plura de libertate dicentur, ubi humana tuenda erit.

23. Haec de Voluntatis natura; sequitur *Voluntatis divisio*, quae in usum nostrum praesentem est potissimum duplex: una in antecedentem et consequentem, altera in productivam et permissivam.

24. *Prior divisio* est, ut Voluntas sit vel Antecedens seu praevia, vel Consequens seu Finalis; sive quod idem est, ut sit vel inclinatoria vel decretoria; illa minus plena, haec plena vel absoluta. Equidem solet aliter (prima quidem specie) explicari haec Divisio a nonnullis, ut antecedens Dei voluntas (verbi gratia, omnes salvandi) praecedat considerationem facti creaturarum; consequens autem (verbi gratia, quosdam damnandi) eam sequatur. Sed illa praecedit etiam alias Dei Voluntates, haec sequitur; cum ipsa facti creaturarum consideratio, non tantum a quibusdam Dei Voluntatibus praesupponatur, sed etiam quasdam Dei Voluntates, sine quibus factum creaturarum supponi nequit, praesupponat. Itaque Thomas et Scotus, aliique Divisionem hanc eo quo nunc utimur sensu sumunt, ut Voluntas antecedens ad Bonum aliquod in se et particulariter, pro cujusque gradu, feratur,

22. C'est pourquoi ceux qui soutiennent qu'il n'y a que l'actuel ou ce que Dieu a choisi, qui soit possible, se trompent ou du moins s'expriment fort mal. Telle fut l'erreur du Stoïcien Diodore dont parle Cicéron[1] et, parmi les chrétiens, d'Abélard, de Wiclef, de Hobbes. Je traiterai plus en détail de la liberté ci-après, quand il s'agira de défendre la liberté humaine.

23. Voilà ce qui concerne la nature de la volonté. Nous arrivons à la *division de la volonté*. Il y a intérêt, pour le besoin de notre sujet, à introduire deux distinctions : à distinguer d'une part la volonté antécédente et la volonté conséquente, d'autre part la volonté productive et la volonté permissive.

24. Selon la première division, la volonté est soit antécédente ou préalable soit conséquente ou finale ; ou encore, ce qui revient au même, elle est ou bien inclinante ou bien décisive, incomplète dans le premier cas, complète et absolue dans le second. Il est vrai que certains expliquent cette division différemment, au moins à première vue : ils prétendent que la volonté antécédente de Dieu (par exemple, de sauver tous les hommes) précède la considération des actes des créatures, tandis que la volonté conséquente (par exemple, d'en damner quelques-uns) la suit. Mais la première précède aussi, et la seconde suit aussi d'autres volontés de Dieu ; car la considération même des actes des créatures n'est pas seulement présupposée par certaines volontés de Dieu, mais présuppose à son tour certaines volontés de Dieu, sans lesquelles il est impossible de supposer les actes des créatures. C'est pourquoi saint Thomas, Scot et d'autres prennent cette division au même sens que nous, à savoir que la volonté antécédente se porte à quelque bien en soi, particulier, à proportion de son degré de bonté, de sorte que cette volonté est

---

1. Cicéron, *Epist. ad. fam.,* lib. IX, ep. 4. Cf. Bayle, *Dictionnaire,* art. Chrysippe, et *Théodicée,* § 170, 172.

unde haec Voluntas est tantum secundum quid; Voluntas autem consequens spectet totale et ultimam determinationem contineat; unde est absoluta et decretoria; et cum de divina sermo est, semper effectum plenum obtinet. Caeterum si quis nostram explicationem nolit, cum eo de vocabulis non litigabimus : pro antecedente et consequente substituat, si volet, praeviam et finalem.

25. *Voluntas antecedens* omnino seria est et pura, non confundenda cum Velleitate (ubi quis vellet si posset, velletque posse) quae in Deum non cadit; nec cum Voluntate conditionali, de qua hic non agitur. Tendit autem voluntas antecedens in Deo ad procurandum omne bonum, et ad repellendum omne malum, quatenus talia sunt, et proportione gradus quo bona malave sunt. Quam seria autem haec voluntas sit, Deus ipse declaravit, cum tanta asseveratione dixit, se nolle mortem peccatoris, velte omnes salvos, odisse peccatum.

26. *Voluntas Consequens* oritur ex omnium Voluntatum antecedentium concursu, ut scilicet, quando omnium effectus
VI, 443 simul stare non possunt, | obtineatur inde quantus maximus effectus per sapientiam et potentiam obtineri potest. Haec voluntas etiam *Decretum* appellari solet.

27. Unde patet voluntates etiam antecedentes non omnino irritas esse, sed efficaciam suam habere; qui etsi effectus earum obtinetur, non semper sit plenus, sed per concursum aliarum Voluntatum antecedentium restrictus. At Voluntas decretoria ex omnibus inclinatoriis resultans, semper plenum effectum sortitur, quoties potentia non deest in Volente, quemadmodum certe in Deo deesse nequit. Nempe in sola voluntate decretoria locum habet Axioma :

seulement une volonté relative (*secundum quid*); la volonté conséquente, au contraire, vise l'ensemble total et contient la détermination dernière; de sorte qu'elle est absolue et décisive. Et puisqu'il s'agit de la volonté divine, elle obtient toujours son plein effet. D'ailleurs si quelqu'un refuse notre explication, nous ne disputerons pas avec lui sur une question de mots; qu'il substitue, s'il le veut, *préalable* et *finale* à *antécédente* et *conséquente*.

25. La volonté *antécédente* est tout à fait sérieuse et pure et ne doit pas être confondue avec la velléité (qui consiste en ce qu'on voudrait si l'on pouvait et qu'on voudrait pouvoir), laquelle n'existe pas en Dieu, ni avec la volonté condition-nelle, dont il n'est pas question ici. La volonté antécédente de Dieu tend à avancer le bien et à empêcher le mal, en tant que tels, à proportion des degrés dans le bien ou dans le mal. À quel point cette volonté est sérieuse, Dieu l'a lui-même déclaré, quand il a assuré avec une si grande fermeté qu'il ne voulait pas la mort du pécheur, qu'il voulait le salut de tous, qu'il haïssait le péché.

26. La *volonté conséquente* résulte d'une combinaison de toutes les volontés antécédentes, de sorte que, si les effets de toutes ces volontés antécédentes ne peuvent pas se réaliser ensemble, il en résulte le plus grand effet qui puisse être obtenu par la sagesse et la puissance. Cette volonté est aussi d'habitude appelée *décret*.

27. Par là il est évident que même les volontés antécédentes ne sont pas du tout vaines, mais ont une efficace propre, encore que l'effet qu'elles produisent ne soit pas leur plein effet, mais leur effet restreint par la concurrence des autres volontés antécédentes. Cependant la volonté décisive, résultant de toutes les volontés inclinantes, produit toujours son plein effet, toutes les fois que la puissance ne manque pas à celui qui veut, et assurément elle ne manque pas à Dieu. Il est certain que la volonté décisive est la seule pour laquelle vaille cet axiome :

qui potest et vult ille facit; quippe cum eo ipso scientiam requisitam ad agendum sub potentia comprehendendo, jam nihil intus extraque actioni deesse ponatur. Neque vero aliquid felicitati perfectionique Volentis Dei decedit, dum non omnis ejus Voluntas effectum plenum sortitur; quia enim bona non vult nisi pro gradu bonitatis quae in unoquoque est, tum maxime ejus Voluntati satisfit, cum optimum resultans obtinetur.

28. *Posterior voluntatis divisio* est in *productivam* circa proprios actus et *permissivam circa* alienos. Quaedam enim interdum permittere licet (id est non impedire) quae facere non licet, velut peccata, de quo mox. Et permissivae Voluntatis objectum proprium non id est quod permittitur, sed permissio ipsa.

29. Hactenus de Voluntate, nunc de *ratione Volendi* seu *Bono* et *Malo.* Utrumque triplex est, Metaphysicum, Physicum et Morale.

30. *Metaphysicum* generatim consistit in rerum etiam non intelligentium perfectione et imperfectione. Liliorum campi et passerum curam a Patre coelesti geri Christus dixit, et brutorum animantium rationem Deus habet apud Jonam.

31. *Physicum* accipitur speciatim de substantiarum intelligentium commodis et incommodis, quo pertinet *Malum Poenae.*

32. *Morale* de earum actionibus virtuosis et vitiosis, quo pertinet *Malum Culpae*: et malum physicum hoc sensu a morali oriri solet, etsi non semper in iisdem

qui peut et veut, fait ce qu'il veut. Car puisque la puissance est supposée embrasser aussi la science nécessaire pour agir, rien d'intérieur ou d'extérieur ne manque plus à l'action. Et la félicité et la perfection de Dieu considérées en tant que volonté ne se trouvent nullement diminuées du fait que toutes ses volontés ne produisent pas le plein effet : car il ne veut les biens que selon le degré de bonté qui se trouve dans chacun, et sa volonté est d'autant plus satisfaite que le résultat est meilleur.

28. Selon la *seconde division, la volonté* est soit *productive*, quand elle vise ses propres actes, soit *permissive,* quand elle vise les actes d'autrui. On a quelquefois le droit de permettre (c'est-à-dire de ne pas empêcher) des choses que l'on n'a pas le droit de faire, comme par exemple des péchés. Nous reviendrons bientôt là-dessus. Et l'objet propre de la volonté permissive n'est pas ce qui est permis, mais la permission même.

29. Jusqu'ici il était question de la volonté, maintenant nous allons considérer la *raison de vouloir,* c'est-à-dire le *bien* et le *mal.* L'un comme l'autre est triple : métaphysique, physique et moral.

30. Le bien ou le mal *métaphysique,* pris en général, consiste dans la perfection ou dans l'imperfection des êtres même non intelligents. Le Père céleste, a dit Jésus-Christ, prend soin des lis des champs et des passereaux, et, dans Jonas, Dieu veille sur les animaux.

31. Le terme de bien ou de mal *physique* s'applique spécialement à ce que les substances intelligentes éprouvent d'agréable ou de pénible, et comprend *le mal comme châtiment.*

32. Le terme de bien ou de mal *moral* s'applique aux actions vertueuses ou vicieuses de ces substances. Il englobe *le mal de coulpe.* Et, dans ce sens, le mal physique vient d'ordinaire du mal moral, bien que ce ne soit pas toujours dans les mêmes

subjectis ; sed haec tamen quae videri possit aberratio cum
fructu corrigitur, ut innocentes nollent parsi non esse. Add.
infra § 55.

33. Deus vult bona per se, antecedenter ad minimum,
nempe tam rerum perfectiones in universum, quam speciatim
substantiarum intelligentium omnium felicitatem et virtutem,
et unumquodque bonorum pro gradu suae bonitatis, ut jam
dictum est.

VI, 444 | 34. Mala etsi non cadant in Voluntatem Dei ante-
cedentem, nisi quatenus ea ad remotionem eorum tendit,
cadunt tamen interdum, sed indirecte in consequentem, quia
interdum majora bona ipsis remotis obtineri non possunt, quo
casu remotio malorum non plane perducitur ad effectum, et
consistens intra Voluntatem antecedentem non prorumpit in
consequentem. Unde Thomas de Aquino post Augustinum
non incommode dixit, Deum permittere quaedam mala fieri,
ne multa bona impediantur.

35. Mala Metaphysica et Physica (veluti imperfectiones in
rebus, et mala poenae in personis) interdum fiunt bona subsi-
diaria, tanquam media ad majora bona.

36. At Malum morale seu malum culpae nunquam rationem medii habet, neque enim (Apostolo monente) facienda
sunt mala, ut eveniant bona; sed interdum tantum rationem
habet conditionis quam vocant sine qua non, sive colligati et
concomitantis, id est sine qua bonum debitum obtineri nequit,
sub bono autem debito etiam privatio mali debita continetur.
Malum autem admittitur non ex principio necessitatis absolutae, sed ex principio convenientiae. Rationem enim esse

sujets; cela peut paraître comme une aberration, mais elle se trouve corrigée avec tant de profit, que les innocents mêmes ne voudraient pas ne pas avoir souffert. Voir encore ci-après, § 55.

33. Dieu veut le bien en soi, au moins d'une volonté antécédente, il veut en général les perfections des choses et en particulier la félicité et la vertu de toutes les substances intelligentes et, comme nous l'avons déjà dit, tous les biens selon leur degré de bonté.

34. Quoique les maux ne soient pas l'objet de la volonté antécédente de Dieu, si ce n'est en tant qu'elle tend à les écarter, ils sont cependant l'objet, mais indirectement, de sa volonté conséquente; car quelquefois de plus grands biens ne sauraient se produire, si les maux étaient écartés, et dans ces cas la suppression du mal n'atteindrait pas son but. Ainsi, bien que cette suppression soit voulue par la volonté antécédente, elle n'entre pas dans la volonté conséquente. C'est pourquoi saint Thomas d'Aquin, suivant en cela saint Augustin, a eu raison de dire que Dieu permet à certains maux de se produire, pour éviter que beaucoup de biens ne soient empêchés.

35. Quelquefois les maux métaphysiques et physiques (par exemple les imperfections dans les choses et les maux comme châtiments des personnes) deviennent donc des biens subsidiaires, en tant que moyens pour de plus grands biens.

36. Mais le mal moral ou le mal de coulpe n'a jamais la fonction de moyen; car, ainsi que nous en avertit l'Apôtre, il ne faut pas faire le mal afin qu'il en arrive un bien. Tout au plus le mal a-t-il parfois la fonction d'une condition dite *sine qua non* ou d'une condition inséparable et concomitante, c'est-à-dire sans laquelle un bien qui doit être réalisé ne saurait être obtenu. Mais l'empêchement du mal fait lui-même partie du bien à réaliser. En tout cas le mal n'est pas admis en conséquence d'un principe de nécessité absolue, mais seulement d'un principe de convenance. Car il faut une raison

oportet, cur Deus malum permittat potius quam non permittat; ratio autem Divinae Voluntatis non nisi a bono sumi potest.

37. Malum etiam Culpae nunquam in Deo objectum est Voluntatis productivae, sed tantum aliquando permissivae, quia ipse nunquam peccatum facit, sed tantum ad summum aliquando permittit.

38. Generalis autem Regula est permittendi peccati Deo hominique communis, ut nemo permittat peccatum alienum, nisi impediendo ipsemet actum pravum exciturus esset. Et ut verbo dicam, peccatum permitti nunquam *licet*, nisi cum *debet,* de quo distinctius infra § 66.

39. Deus itaque inter objecta Voluntatis habet optimum ut finem ultimum, sed bonum ut qualemcunque, etiam subalternum, res vero indifferentes, itemque Mala Poenae saepe ut Media; at Malum Culpae non nisi ut rei alioqui debitae conditionem sine qua non esset, eo sensu quo Christus dixit oportere ut scandala existant.

40. Hactenus de Magnitudine et de Bonitate separatim ea diximus, quae praeparatoria hujus Tractationis videri possunt; nunc agamus de pertinentibus ad utramque junctim. *Communia* ergo *Magnitudinis* et *Bonitatis* hic sunt quae non ex sola bonitate, sed etiam ex Magnitudine (id est sapientia et potentia) proficiscuntur : facit enim Magnitudo, ut VI, 445 | Bonitas effectum suum consequatur. Et Bonitas refertur vel ad Creaturas in universum vel speciatim ad intelligentes. Priore modo cum Magnitudine constituit providentiam

pour que Dieu, au lieu d'empêcher le mal, le permette; mais la raison de la volonté divine ne peut être tirée que d'un bien.

37. Aussi le mal de coulpe n'est-il jamais en Dieu l'objet de la volonté productive, mais seulement quelquefois de la volonté permissive, car il ne commet jamais lui-même le péché, tout au plus le permet-il dans quelques cas.

38. Or, il y a une règle générale, commune à Dieu et aux hommes, quant à la permission du péché, à savoir que personne ne doit permettre le péché d'autrui, à moins que pour l'empêcher il n'ait lui-même à faire le mal. En un mot, on n'a jamais le droit de permettre un péché, à moins qu'on ne soit dans *l'obligation* de le permettre. Nous serons plus explicites sur ce point dans le § 66.

39. C'est pourquoi, parmi les objets de sa volonté, Dieu a le meilleur comme fin dernière, mais tout bien, même subalterne, comme fin quelconque et fréquemment les choses indifférentes ainsi que le mal du châtiment comme moyens. Mais le mal de coulpe n'est jamais l'objet de la volonté de Dieu, si ce n'est comme condition sans laquelle une chose qui doit se produire pour d'autres raisons ne saurait se produire. C'est en ce sens que Jésus-Christ a dit qu'il faut que les scandales arrivent.

40. Jusqu'ici nous avons traité de la grandeur et de la bonté séparément, autant qu'il est nécessaire pour la partie préparatoire de cette apologie; maintenant nous allons considérer ce qui se rapporte à ces deux perfections prises ensemble. Les choses communes à la grandeur et à la bonté sont donc celles qui ne procèdent pas de la seule bonté, mais aussi de la grandeur (c'est-à-dire de la sagesse et de la puissance): car c'est la grandeur qui permet à la bonté d'atteindre son effet. Et la bonté s'adresse ou bien aux créatures en général ou bien aux créatures intelligentes en particulier. Jointe à la grandeur elle constitue, dans le premier cas, la providence

in universo creando et gubernando, posteriore justitiam in regendis speciatim substantiis ratione praeditis.

41. Quia bonitatem Dei in creaturis sese generatim exerentem dirigit sapientia, consequens est *providentiam divinam* sese ostendere in tota serie universi, dicendumque Deum ex infinitis possibilibus seriebus rerum elegisse optimam, eamque adeo esse hanc ipsam quae actu existit. Omnia enim in universo sunt Harmonica inter se, nec sapientissimus nisi omnibus perspectis decernit, atque adeo non nisi de toto. In partibus singulatim sumtis, Voluntas praevia esse potest, in toto decretoria intelligi debet.

42. Unde accurate loquendo non opus est ordine decretorum Divinorum, sed dici potest unicum tantum fuisse decretum Dei, ut haec scilicet series rerum ad existentiam perveniret, postquam scilicet omnia seriem ingredientia fuere considerata, et cum rebus alias series ingredientibus comparata.

43. Itaque etiam Decretum Dei est immutabile, quia omnes rationes quae ei objici possunt jam in considerationem venere : sed hinc non alia oritur *Necessitas* quam *consequentiae* seu quam *Hypotheticam* vocant, ex supposita scilicet praevisione et praeordinatione; nulla autem subest necessitas *absoluta* seu *consequentis,* quia alius etiam rerum ordo possibilis erat, et in partibus, et in toto, Deusque contingentium seriem eligens contingentiam eorum non mutavit.

44. Neque ob rerum certitudinem preces laboresque fiunt inutiles ad obtinenda futura quae desideramus. Nam in hujus

dans la création et l'administration de l'univers, dans le deuxième, la justice dans le gouvernement spécial des substances douées de raison.

41. Puisque c'est la sagesse qui dirige la bonté de Dieu, s'exerçant sur les créatures en général, il s'ensuit que *la providence divine* se manifeste dans la série totale de l'univers, et il faut dire que Dieu a choisi la meilleure parmi l'infinité des séries possibles, et que par conséquent c'est cette série qui existe en acte. Car toutes les choses de l'univers sont en harmonie entre elles. D'ailleurs un être très sage ne décide pas avant d'avoir tout examiné : sa décision se rapporte donc au tout. Pour les parties considérées séparément, la volonté peut être préalable ; pour le tout elle ne saurait être que décisive.

42. D'où il suit, qu'à parler rigoureusement, il n'est pas besoin d'une succession de décrets divins, mais qu'on peut dire qu'il n'y a eu qu'un seul décret de Dieu, pour que cette série des choses parvînt à l'existence, tous les éléments de cette série ayant été pris en considération auparavant et comparés avec les éléments de toutes les autres séries.

43. C'est aussi pourquoi le décret de Dieu est immuable, parce que toutes les raisons qui peuvent lui être opposées ont déjà été prises en considération. Mais de là ne naît aucune autre nécessité que la *nécessité de la conséquence* (*consequentiae*) ou celle que l'on appelle *hypothétique,* c'est-à-dire provenant de la prévision et de la préordination attribuées à Dieu. Mais il n'y a là aucune *nécessité absolue*, ou *du conséquent* (*consequentis*), puisqu'un autre ordre des choses était possible, tant dans les parties que dans le tout, et que Dieu, en choisissant une série de contingents, n'en a pas aboli la contingence.

44. Si les événements sont certains, nos prières et nos peines n'en deviennent cependant pas inutiles pour obtenir ce que nous désirons. Car lorsque Dieu s'est représenté cette

seriei rerum, tanquam possibilis repraesentatione apud Deum,
antequam scilicet decerni intellegeretur, utique et preces in ea
(si eligeretur) futurae, et aliae effectuum in ea comprehen-
dendorum causae inerant, et ad electionem seriei adeoque et
ad eventus in ea comprehensos, ut par erat, valuere. Et quae
nunc movent Deum ad agendum aut permittendum, jam tum
eum moverunt ad decernendum quid acturus esset aut
permissurus.

45. Atque hoc jam supra monuimus, res ex divina
praescientia et providentia esse determinatas, non absolute,
seu quicquid agas aut non agas, sed per suas causas ratio-
nesque. Itaque sive quis preces sive studium et laborem
inutiles diceret, incideret in *Sophisma,* quod jam veteres
ignavum appellabant. Add. infra § 106-107.

VI, 446 | 46. Sapientia autem infinita Omnipotentis, Bonitati ejus
immensae juncta, fecit, ut nihil potuerit fieri melius omnibus
computatis, quam quod a Deo est factum; atque adeo, ut
omnia sint perfecte harmonica conspirentque pulcherrime
inter se, causae formales seu animae cum causis materialibus
seu corporibus, causae efficientes seu naturales cum finalibus
seu moralibus, regnum gratiae cum regno naturae.

47. Et proinde quotiescunque aliquid reprehensibile
videtur in operibus Dei, judicandum est id nobis non satis
nosci, et sapientem qui intelligeret, judicaturum ne optari
quidem posse meliora.

série des choses comme possible, avant de la décréter, cette représentation embrassait aussi les prières qui feraient partie de cette série, si elle était choisie, ainsi que les causes de tous les autres effets qu'elle contiendrait; ces prières et ces autres causes ont donc contribué, comme il convenait, à faire choisir cette série et les événements qui la composent. Et ce qui maintenant porte Dieu à agir et à permettre, l'a déjà porté alors à décider ce qu'il devait faire ou permettre dans l'avenir.

45. Nous avons déjà fait remarquer plus haut, que la détermination des choses par la prescience et la providence de Dieu n'est pas absolue, c'est-à-dire quoi que l'on fasse ou ne fasse pas, mais qu'elles sont déterminées par leurs causes et leurs raisons. Si l'on prétendait donc que les prières ou les efforts et le travail sont inutiles, on tomberait dans cette sorte de *sophisme* que les anciens ont déjà appelé *paresseux*[1]. Ajoutez ce qui est dit ci-après, § 106, 107.

46. Or, la sagesse infinie du Tout-puissant, jointe à sa bonté immense, a fait que rien n'aurait pu être créé de meilleur, tout compte fait, que ce qui a été créé par Dieu; et que, par conséquent, toutes les choses sont en parfaite harmonie et conspirent ensemble dans le plus bel accord, les causes formelles ou les âmes avec les causes matérielles ou les corps, les causes efficientes ou naturelles avec les causes finales ou morales, le règne de la grâce avec le règne de la nature.

47. C'est pourquoi toutes les fois que, dans l'ouvrage de Dieu, quelque chose nous semble être répréhensible, nous devons juger que cette chose ne nous est pas suffisamment connue et qu'un sage qui la comprendrait jugerait que rien de meilleur ne saurait même être souhaité.

---

1. C'est le λόγος ἄργος, allégué par Cicéron, *de fato,* 12. Cf. *Théodicée,* § 55.

48. Unde porro sequitur nihil esse felicius quam tam bono Domino servire, atque adeo Deum super omnia esse amandum eique penitus confidendum.

49. Optimae autem seriei rerum (nempe hujus ipsius) eligendae maxima Ratio fuit Christus Θεάνθρωπος, sed qui, quatenus Creatura est ad summum provecta, in ea Serie nobilissima contineri debebat, tanquam Universi creati pars, imo caput; cui omnis tandem potestas data est in caelo et in terra, in quo benedici debuerunt omnes gentes, per quem omnis creatura liberabitur a servitute corruptionis, in libertatem gloriae filiorum Dei.

50. Hactenus de Providentia, nempe generali : porro Bonitas relata speciatim ad creaturas intelligentes, cum Sapientia conjuncta *Justitiam* constituit, cujus summus gradus est *Sanctitas*. Itaque tam lato sensu Justitia non tantum jus strictum, sed et aequitatem atque adeo et misericordiam laudabilem comprehendit.

51. Discerni autem Justitia generatim sumta potest in justitiam specialius sumtam et sanctitatem. *Justitia specialius sumta* versatur circa bonum malumque physicum, aliorum nempe intelligentium, sanctitas circa bonum malumque morale.

52. *Bona malaque physica* eveniunt tam in hac vita quam in futura. *In hac vita* multi queruntur in universum quod humana natura tot malis exposita est, parum cogitantes magnam eorum partem ex culpa hominum fluere, et revera non satis grate agnosci divina in nos beneficia, magisque attentionem ad mala quam ad bona nostra verti.

48. D'où il suit encore que rien ne rend plus heureux que de servir un si bon maître, qu'il faut, par conséquent, l'aimer par-dessus tout et avoir en lui une confiance illimitée.

49. La plus forte raison qui a fait choisir comme la meilleure une série des choses, – celle-là même qui existe, – fut Jésus-Christ, le Dieu fait homme, qui, en tant que créature élevée au plus haut degré possible de perfection, devait être compris dans cette série noble entre toutes comme une partie et même comme chef de l'univers créé, Jésus-Christ à qui enfin toute puissance a été donnée dans le ciel et sur la terre, en qui tous les peuples devaient être bénis, par qui toute créature sera délivrée de la servitude de la corruption pour entrer dans la liberté et la gloire des enfants de Dieu.

50. Jusqu'ici nous avons traité de la providence, qui est générale. La bonté à l'égard des créatures intelligentes en particulier, jointe à la sagesse, constitue la *justice* dont le suprême degré est la sainteté. La justice, prise dans cette large acception, ne comprend donc pas seulement le droit strict, mais aussi l'équité et même la miséricorde digne de louange.

51. La justice, prise en général, comprend la justice prise en un sens plus spécial, et la sainteté. La *justice au sens spécial* vise le bien et le mal physiques des autres créatures intelligentes, la sainteté le bien et le mal moraux.

52. *Les biens et les maux physiques* adviennent tant dans la vie d'ici-bas que dans la vie future. *Dans cette vie,* beaucoup se plaignent, en général, que la nature humaine soit exposée à tant de maux, ne considérant pas assez qu'une grande partie d'entre eux découle de la faute des hommes; qu'en vérité, nous ne reconnaissons pas avec assez de gratitude les bienfaits que Dieu nous accorde, et portons notre attention plutôt sur nos maux que sur nos biens.

53. Aliis displicet inprimis quod bona malaque physica non sunt distributa secundum bona malaque moralia, seu quod saepe bonis est male, malis est bene.

| 54. Ad has querelas duo responderi debent : unum, quod Apostolus attulit, non esse condignas afflictiones hujus temporis ad futuram gloriam quae revelabitur in nobis ; alterum, quod pulcherrima comparatione Christus ipse suggessit, nisi granum frumenti cadens in terram mortuum fuerit, fructum non feret.

55. Itaque non tantum large compensabuntur afflictiones, sed et inservient ad felicitatis augmentum ; nec tantum prosunt haec mala, sed et requiruntur. Add. § 32.

56. *Circa futuram vitam* gravior adhuc est difficultas : nam objicitur ibi quoque bona longe vinci a malis, quia pauci sunt electi. Origenes quidem aeternam damnationem omnino sustulit ; quidam veterum paucos saltem aeternum damnandos credidere, quorum in numero fuit Prudentius ; quibusdam placuit omnem Christianum tandem salvatum iri, quorsum aliquando inclinasse visus est Hieronymus.

57. Sed non est cur ad haec paradoxa et rejicienda confugiamus : Vera responsio est, totam amplitudinem regni coelestis non esse ex nostra cognitione aestimandam : nam tanta esse potest beatorum per Divinam Visionem gloria, ut mala damnatorum omnium comparari huic bono non possint, et *Angelos beatos* incredibili multitudine agnoscit Scriptura, et

53. D'autres sont surtout mécontents, parce que les biens et les maux physiques ne sont pas distribués selon les biens et les maux moraux, c'est-à-dire que souvent les justes sont malheureux et les méchants heureux.

54. À ces plaintes il y a deux réponses : Premièrement les paroles de l'Apôtre, à savoir que les afflictions d'ici-bas ne sont rien à côté de la gloire future qui sera révélée en nous. Et deuxièmement, ce que le Christ lui-même nous a suggéré par une admirable comparaison : si le grain de blé qui tombe dans la terre ne meurt, il ne portera point de fruit [1].

55. Ainsi nos afflictions ne seront pas seulement largement compensées, mais elles serviront à augmenter notre félicité ; ces maux ne sont pas seulement profitables, ils sont indispensables. Voir aussi § 32.

56. Une difficulté encore plus grave surgit quant à la *vie future* : car là aussi, dit-on, les maux l'emportent de loin sur les biens, puisque peu d'hommes sont élus. Origène, il est vrai, a absolument nié l'éternité de la damnation ; certains anciens, par exemple Prudence [2], ont cru que la damnation ne serait éternelle que pour quelques-uns ; d'autres ont pensé que tout chrétien finirait pas être sauvé, et saint Jérôme paraît quelquefois avoir partagé ce sentiment.

57. Mais il n'y a aucune raison de recourir à ces paradoxes, qu'il faut rejeter. La réponse vraie est qu'il ne faut pas estimer toute la grandeur du royaume céleste d'après notre faible connaissance ; car la vision de Dieu peut donner aux bienheureux une gloire si grande, que les maux de tous les damnés ne sauraient être comparés à ce bien. L'Écriture d'autre part reconnaît la multitude incroyable des *Anges bienheureux,*

1. Evangile selon Saint Jean, 12, 24.
2. Aurèle Clément Prudence, poète chrétien latin du IVe siècle, souvent cité par Leibniz. Dans la *Théodicée,* § 17, il reproduit des vers de ce poète sur le petit nombre de ceux qui sont éternellement damnés.

magnam *Creaturarum varietatem* ipsa nobis aperit natura, novis inventis illustrata; quod facit ut commodius quam Augustinus et alii veteres praevalentiam boni prae malo tueri possimus.

58. Nempe tellus nostra non est ni si satelles unius Solis, et tot sunt Soles quot stellae fixae; et credibile est maximum esse spatium trans omnes fixas. Itaque nihil prohibet, vel Soles, vel maxime regionem trans Soles habitari felicibus creaturis. Quanquam et planetae esse possint aut fieri ad instar Paradisi felices. In domo Patris nostri multas esse mansiones, de coelo beatorum proprie Christus dixit, quod Empyreum vocant Theologi quidam, et trans sidera seu soles collocant, etsi nihil certi de loco beatorum affirmari possit : interim et in spectabili mundo multas Creaturarum rationalium habitationes esse verisimile judicari potest, alias aliis feliciores.

59. Itaque argumentum a multitudine damnatorum non est fundatum nisi in ignorantia nostra, unaque responsione dissolvitur, quam supra innuimus, si omnia nobis perspecta forent, appariturum ne optari quidem posse meliora quam quae fecit Deus. Poenae etiam damnatorum ob perseverantem eorum malitiam perseverant : unde insignis Theologus Joh. |Fechtius in eleganti libro de Statu damnatorum eos bene refutat,

VI, 448

et la nature même, explorée grâce à de nouvelles inventions[1], nous manifeste la grande *variété des créatures,* de telle sorte que nous pouvons plus facilement que saint Augustin et d'autres anciens défendre la prédominance du bien sur le mal.

58. Notre terre, en effet, n'est qu'un satellite d'un seul soleil, et il y a autant de soleils que d'étoiles fixes; il est en plus vraisemblable qu'il y ait un espace immense au delà de toutes les étoiles fixes. Ainsi rien n'empêche que les soleils ou surtout la région au delà des soleils soient habités par des créatures heureuses. D'ailleurs les planètes mêmes pourraient être ou devenir heureuses comme le paradis. Dans la maison de notre Père il y a beaucoup de demeures, a dit le Christ, précisément à propos de ce ciel des bienheureux que certains théologiens appellent l'Empyrée et qu'ils placent au delà des astres ou des soleils, bien que l'on ne puisse affirmer rien de certain sur le lieu des bienheureux. Au surplus on peut estimer avec vraisemblance que même dans le monde visible il y a pour les créatures raisonnables beaucoup de demeures, plus heureuses les unes que les autres.

59. C'est pourquoi l'argument tiré du grand nombre des damnés n'est fondé que sur notre ignorance et se trouve réfuté rien que par la réponse alléguée plus haut, à savoir que, si toutes les choses nous étaient bien connues, il apparaîtrait que l'on ne saurait même pas souhaiter quelque chose de meilleur que ce que Dieu a fait. Les peines elles-mêmes des damnés ne persévèrent que parce que ceux-ci persévèrent dans leur méchanceté; ainsi Joh. Fechtius, théologien éminent, dans son excellent livre sur l'état des damnés[2], réfute très bien ceux

1. Le télescope et le microscope; voir aussi plus loin, § 143.

2. Jean Fecht (1636-1716), professeur de théologie à Rostock: *Consideratio status damnatorum, quod actiones ipsorum, inprimis malas concernit,* Durlaci, 1680 ou Rostochii, 1708, in-8°). La justification de l'éternité des peines par la persévérance des pécheurs dans leur méchanceté

qui in futura vita peccata poenam demereri negant, quasi justitia Deo essentialis cessare unquam posset.

60. Gravissime tandem sunt difficultates circa *Sanctitatem Dei*, seu circa perfectionem ad bona malaque moralia
aliorum relatam, quae eum amare virtutem, odisse vitium
etiam in aliis facit, et ab omni peccati labe atque contagio
quam maxime removet; et tamen passim scelera regnant in
medio potentissimi Dei imperio. Sed quicquid hoc est dif-
ficultatis, Divini Luminis auxilio etiam in hac vita ita
superatur, ut pii et Dei amantes sibi, quantum opus est,
satisfacere possint.

61. *Objicitur* nempe Deum nimis concurrere ad peccatum,
hominem non satis. *Deum* autem *nimis concurrere ad malum
morale* physice et moraliter, voluntate et productiva et
permissiva peccati.

62. Concursum moralem locum habiturum observant, etsi
Deus nihil conferret agendo ad peccatum, saltem dum
permitteret seu non impediret cum posset.

63. Sed revera Deum concurrere ajunt moraliter et physice
simul, quia non tantum non impedit peccantes, sed etiam
quodammodo adjuvat vires ipsis occasionesque praestando.
Unde phrases Scripturae Sacrae, quod Deus induret incitetque
malos.

64. Hinc quidam inferre audent Deum vel utroque vel
certe alterutro modo, peccati complicem, imo autorem esse
atque adeo divinam sanctitatem justitiam, bonitatem evertunt.

qui nient que, dans la vie future, les péchés méritent une peine, comme si la justice, essentielle à Dieu, pouvait jamais cesser.

60. Les difficultés les plus graves surgissent enfin à propos de la *sainteté de Dieu,* c'est-à-dire de sa perfection en tant qu'elle implique la considération des biens et des maux moraux d'autrui, qu'elle lui fait aimer la vertu et haïr le vice, même chez les autres, et l'éloigne le plus possible des souillures et de la contagion du péché. Et cependant le crime triomphe çà et là en plein royaume du Dieu tout-puissant. Mais quelque grande que soit cette difficulté, il est possible, avec le secours de la lumière divine, de la surmonter dès cette vie, en sorte que les hommes pieux et aimant Dieu peuvent se satisfaire à cet égard autant que besoin est.

61. *On objecte,* en effet, que Dieu concourt trop au péché, et l'homme pas assez, *que Dieu concourt trop au mal moral,* physiquement et moralement, par sa volonté tant productive que permissive à l'égard du péché.

62. On fait remarquer qu'il y aurait concours moral, même si Dieu ne contribue pas activement au péché, pourvu seulement qu'il le permit, ou ne l'empêchât pas quand il le pourrait.

63. Mais, prétend-on encore, Dieu concourt en réalité à la fois moralement et physiquement, parce que non seulement il n'empêche pas les pécheurs, mais encore les aide d'une certaine manière, en leur fournissant les forces et les occasions. D'où ces paroles de l'Écriture sainte, que Dieu endurcit et incite les méchants.

64. De là quelques-uns osent conclure que Dieu, moralement ou physiquement, ou même des deux manières, est complice, voire auteur du péché ; et ainsi ils ruinent la sainteté, la justice, la bonté divines.

se trouve déjà soutenue par Saint Thomas. Cf. par exemple la *Somme contre les Gentils,* liv. IV, chap. XCIII : « Animae malorum post mortem habent voluntatem immutabilem in malo ».

65. Alii malunt Divinam omniscientiam et omnipotentiam, verbo, magnitudinem labefactare, tanquam aut nesciret minimeve curaret mala, aut malorum torrenti obsistere non posset. Quae Epicureorum Manichaeorumve sententia fuit; cui cognatum aliquid etsi alio mitiore modo, docent Sociniani, qui recte quidem cavere volunt, ne divinam Sanctitatem polluant, sed non recte alias Dei perfectiones deserunt.

66. Ut primum ad *Concursum Moralem permittentis* respondeamus, prosequendum est quod supra dicere coepimus, permissionem peccati esse licitam (seu moraliter possibilem) cum debita (seu moraliter necessaria) invenitur : scilicet cum non potest peccatum alienum impediri sine propria offensa, id est sine violatione ejus, quod quis aliis vel sibi debet. Exempli gratia miles in statione locatus, tempore praesertim periculoso, ab eo decedere non debet, ut duos VI, 449 amicos inter se duellum parantes | a pugnando avertat. Add. supra § 36. Deberi autem aliquid apud Deum intelligimus non humano more sed Θεοπρεπῶς, quando aliter suis perfectionibus derogaret.

67. Porro si Deus optimam Universi Seriem (in qua peccatum intercurrit) non elegisset, admisisset aliquid pejus omni craeturarum peccato ; nam propriae perfectioni, et quod hinc sequitur, alienae etiam derogasset : divina enim perfectio a perfectissimo eligendo discedere non debet, cum minus

65. D'autres préfèrent ébranler l'omniscience et l'omni-potence, en un mot la grandeur de Dieu qui, selon eux, ignorerait les maux et ne s'en soucierait pas le moins du monde ou serait incapable de résister à leur torrent. Tel fut le sentiment des Épicuriens et des Manichéens; et les Sociniens enseignent quelque chose de semblable, bien que d'une façon plus mitigée, car, tout en évitant avec raison de souiller la sainteté divine, ils ont le tort d'abandonner les autres perfections de Dieu.

66. Pour répondre d'abord au sujet du *concours moral par la permission,* il y a lieu de revenir à ce que nous avons commencé à expliquer plus haut, à savoir que la permission du péché est licite (c'est-à-dire moralement possible), lorsqu'elle se trouve être obligatoire (c'est-à-dire moralement néces-saire); c'est le cas lorsque le péché d'autrui ne peut être empêché sans que l'on commette soi-même une mauvaise action, c'est-à-dire sans violation de ce que l'on doit à autrui ou à soi-même. Un soldat en faction, par exemple, ne doit pas s'éloigner de son poste, surtout dans un moment de danger, pour empêcher deux amis qui se préparent à un duel de se battre. Voir aussi plus haut, § 36. Si nous disons que Dieu est obligé à quelque chose, nous ne l'entendons pas dans un sens humain, mais Θεοπρεπῶς (comme il convient à Dieu): il est obligé quand, en agissant autrement, il porterait atteinte à ses perfections.

67. En outre, si Dieu, voulant créer l'univers, n'avait pas choisi la série la meilleure (celle-là même où le péché se produit), il aurait accepté quelque chose de pire que tout péché des créatures; car il aurait porté atteinte à sa propre perfection et par là aussi à toute autre: en effet, la perfection divine ne doit jamais manquer de choisir le plus parfait, puisque ce qui

bonum habeat rationem mali. Et tolleretur Deus, tollerentur omnia, si Deus vel laboraret impotentia, vel erraret intellectu, vel laberetur voluntate.

68. *Concursus ad peccatum Physicus* fecit ut Deum peccati causam autoremque constituerent quidam; ita malum Culpae etiam objectum productivae in Deo voluntatis foret: ubi maxime insultant nobis Epicurei et Manichaei. Sed hic quoque Deus mentem illustrans sui est vindex in anima pia et veritatis studiosa. Explicabimus igitur quid sit Deum concurrere ad peccati materiale, seu quod in malo bonum est, non ad formale.

69. Respondendum est scilicet, nihil quidem perfectionis et realitatis pure positivae esse in creaturis earumque actibus bonis malisque, quod non Deo debeatur; sed imperfectionem actus in privatione consistere, et oriri ab originali limitatione creaturarum, quam jam tum in statu purae possibilitatis (id est in Regione Veritatum aeternarum seu ideis Divino intellectui obversantibus) habent ex essentia sua: nam quod limitatione careret, non creatura, sed Deus foret. Limitata autem dicitur Creatura, quia limites seu terminos suae magnitudinis, potentiae, scientiae, et cujuscunque perfectionis habet. Ita fundamentum mali est necessarium, sed ortus tamen contingens, id est necessarium est ut mala sint possibilia, sed contingens est ut mala sint actualia: non contingens autem per harmoniam rerum a potentia transit ad actum, ob convenientiam cum optima rerum serie, cujus partem facit.

est moins bien implique quelque mal. Dieu même et avec lui toutes choses se trouveraient anéantis s'il pouvait soit manquer de puissance, soit errer faute d'intelligence, soit faillir par la volonté.

68. Le *concours physique au péché* a été la raison pour laquelle certains ont soutenu que Dieu est la cause et l'auteur du péché; le mal de coulpe serait donc aussi l'objet de la volonté productive de Dieu. Ce sont les Épicuriens et les Manichéens qui nous attaquent le plus violemment sur ce point. Mais, ici encore, Dieu, en illuminant l'esprit, est son propre défenseur dans les âmes pieuses et avides de vérité. Nous expliquerons donc comment Dieu concourt à ce qu'il y a de positif dans le péché, c'est-à-dire à cette portion de bien qui est dans le mal, mais non pas au péché en tant que péché.

69. Il faut donc répondre que, dans les créatures ainsi que dans leurs actions bonnes et mauvaises, il n'y a aucune perfection, ni aucune réalité purement positive qui ne soient dues à Dieu; mais que l'imperfection de l'action consiste en une privation et naît de la limitation originelle des créatures, limitation déjà inhérente à leur essence lorsqu'elles étaient dans l'état de pures possibilités (c'est-à-dire dans la sphère des vérités éternelles ou des idées qui s'offrent à l'entendement divin). En effet, ce qui serait exempt de limites ne serait pas une créature, mais Dieu. Or, la créature est dite limitée parce qu'il y a des limites ou des bornes à sa grandeur, à sa puissance, à sa science et à toutes ses autres perfections. Ainsi le fondement du mal est nécessaire, mais la naissance du mal est contingente; c'est dire qu'il est nécessaire que les maux soient possibles, mais contingent qu'ils soient actuels. Ce qui n'est pas contingent passe de la puissance à l'acte en vertu de l'harmonie universelle, à cause de son accord avec la série la meilleure des choses, de laquelle il fait parti.

70. Quod autem de privativa mali constitutione, post Augustinum, Thomam, Lubinum, aliosque veteres et recentiores afferimus, quia multis vanum, aut certe perobscurum habetur, ita declarabimus ex ipsa rerum natura, ut nihil solidius esse appareat : adhibentes in similitudinem sensibile quiddam et materiale, quod etiam in privativo consistit, cui *inertiae corporum naturalis* nomen Keplerus, insignis naturae indagator, imposuit.

VI, 450 |71. Nimirum (ut facili exemplo utamur) cum flumen naves secum defert, velocitatem illis imprimit, sed ipsarum inertia limitatam, ut quae (caeteris paribus) oneratiores sunt tardius ferantur. Ita fit ut celeritas sit a flumine, tarditas ab onere; positivum a virtute impellentis, privativum ab inertia impulsi.

72. Eodem plane modo Deum dicendum est Creaturis perfectionem tribuere, sed quae receptivitate ipsarum limitetur : ita bona erunt a Divino vigore, mala a torpore creaturae.

73. Sic defectu attentionis saepe errabit intellectus, defectu alacritatis saepe refringetur voluntas; quoties mens, cum ad Deum usque seu ad summum Bonum tendere debeat, per inertiam creaturis adhaerescit.

70. Comme ce que nous soutenons sur la nature privative du mal, suivant en cela saint Augustin, saint Thomas, Lubin[1] et divers autres tant anciens que modernes, est souvent considéré comme vain ou au moins comme fort obscur, nous puiserons dans la nature elle-même une explication tellement claire que rien ne paraîtra plus solide ; nous allons invoquer l'analogie de quelque chose de sensible et de matériel, qui consiste aussi dans une privation : il s'agit de ce que Képler, l'éminent investigateur de la nature, a appelé *l'inertie naturelle des corps*.

71. Ainsi, pour nous servir d'un exemple facile, lorsqu'un fleuve transporte des bateaux, il leur imprime sa vitesse, mais limitée par leur propre inertie, de sorte que, toutes choses égales d'ailleurs, ceux qui sont plus chargés sont transportés plus lentement. Il arrive ainsi que la vitesse des bateaux vient du fleuve, la lenteur de la cargaison, le positif de la force du moteur, le privatif de l'inertie du mobile.

72. Tout à fait de la même manière, disons-nous, Dieu dispense aux créatures la perfection, mais elle se trouve limitée par leur capacité de la recevoir ; ainsi les biens viendront de la puissance divine, les maux de la torpeur de la créature.

73. C'est ainsi que souvent l'entendement, par défaut d'attention, tombera en erreur et que la volonté, par défaut de vivacité, se laissera abattre, toutes les fois que l'esprit, lorsqu'il devrait se porter vers Dieu ou vers le suprême bien, restera par inertie attaché aux créatures.

---

1. Saint Augustin, *De Civitate Dei*, lib. XI, cap. 9 ; lib. XII, cap. 7-8 ; lib. XIV, cap. 14 et plus souvent. – Saint Thomas, *De malo quaestiones disputatae*, I, 1 ; *Summa contra Gentiles*, lib. III, cap. 7. – Eilhard Lubinus (1565-1621), professeur à Rostock : *Phosphorus, de prima causa et natura mali*.

74. Huc usque iis responsum est, qui Deum nimis ad malum concurrere putant: nunc illis satisfaciemus, qui *hominem* ajunt *concurrere non satis,* aut non satis culpabilem esse in peccando, ut scilicet rursus accusationem in Deum refundant. Id ergo probare contendunt Antagonistae tum ex imbecillitate humanae naturae, tum ex defectu divinae gratiae ad juvandam nostram naturam necessariae. Itaque in Natura hominis spectabimus tum corruptionem, tum et reliquias imaginis divinae ex statu integritatis.

75. *Corruptionis humanae* considerabimus porro tum ortum, tum et constitutionem. *Ortus* est tum a lapsu Proto-plastorum, tum a contagii propagatione. *Lapsus* spectanda est causa et natura.

76. *Causa Lapsus*, cur homo scilicet lapsus sit, sciente Deo, permittente, concurrente, non quaerenda est in quadam despotica Dei potestate, quasi justitia vel sanctitas attributum Dei non esset; quod in effectu verum foret, si nulla apud eum juris et recti ratio haberetur.

77. Neque quaerenda est lapsus causa in quadam Dei ad bonum malumque, justum et injustum indifferentia, quasi haec ipse pro arbitrio constituisset; quo posito sequeretur quidvis ab eo constitui posse, pari jure aut ratione, id est nulla;

74. Jusqu'ici on a répondu à ceux qui pensent que Dieu concourt trop au mal. Maintenant nous voulons satisfaire à ceux qui affirment que *l'homme n'y concourt pas assez* ou qu'il n'est pas assez coupable en péchant, ce qui revient à faire de nouveau retomber l'accusation sur Dieu. C'est ce que nos adversaires prétendent prouver aussi bien par la faiblesse de la nature humaine que par le défaut de la grâce divine, dont notre nature requiert le secours. Nous allons donc considérer dans la nature humaine d'une part sa corruption et d'autre part les vestiges de l'image de Dieu qui lui sont restés de l'état d'innocence.

75. Quant à la *corruption humaine,* nous en examinerons et l'origine et la nature. Elle tient son origine tant de la chute de nos premiers parents que de l'extension de la contagion. Quant à la *chute,* il faut en examiner la cause et la nature.

76. La cause de la chute, à savoir pourquoi l'homme est tombé, au su de Dieu, avec sa permission et son concours, cette cause ne doit pas être cherchée dans quelque pouvoir despotique de Dieu, comme si la justice et la sainteté n'étaient pas des attributs divins, ce qu'il faudrait en effet admettre, si Dieu ne tenait aucun compte du droit et de l'équité.

77. Il ne faut pas non plus chercher la cause de la chute dans une certaine indifférence de Dieu pour le bien et le mal, pour le juste et l'injuste, comme s'il les avait arbitrairement établis; car il suivrait de là qu'il eût pu établir ainsi n'importe quoi avec le même droit et la même raison, c'est-à-dire sans nul droit ni raison[1]; ce qui, à nouveau, réduirait au néant la

1. Cette opinion, à savoir que Dieu a établi le bien et le mal par un décret arbitraire, que les choses sont donc bonnes, parce que Dieu les a voulues et non pas inversement, a été surtout défendue par Duns Scot et Guillaume d'Occam. Selon Leibniz, les lois de la justice, tout aussi bien que les vérités éternelles, sont « plus inviolables que le Styx » et ne dépendent pas de la volonté de Dieu. Cf. *Théod.,* § 176.

quod rursus omnem justitiae atque etiam sapientiae laudem in
nihilum redigeret, siquidem ille nullum delectum haberet in
suis actionibus, aut delectus fundamentum.

78. Neque etiam in voluntate quadam Deo afficta, minime
sancta, minimeque amabili, causa lapsus ponenda est : tanquam nihil aliud quam magnitudinis suae gloriam spectans,
bonitatisque exors, crudeli misericordia miseros fecerit, ut
VI, 451 esset quorum misereretur; et perversa justitia peccan|tes
voluerit, ut essent quos puniret : quae omnia tyrannica et a
vera gloria perfectioneque alienissima sunt, cujus decus non
tantum ad magnitudinem, sed etiam ad bonitatem refertur.

79. Sed vera radix Lapsus est in imperfectione seu imbecillitate creaturarum originali, quae faciebat ut peccatum
optimae seriei rerum possibili inesset, de quo supra. Unde jam
factum est, ut lapsus, non obstante divina virtute et sapientia,
recte permitteretur, imo his salvis non posset non permitti.

80. *Natura Lapsus* non ita concipienda est cum Bailio,
quasi Deus Adamum in poenam peccati condemnaverit ad
porro peccandum cum posteritate, eique (exequendae sententiae causa) peccaminositatem infuderit; cum potius ipsa vi
primi peccati, velut physico nexu, consecuta sit peccaminositas, quemadmodum ex ebrietate multa alia peccata
nascuntur.

81. Sequitur *Propagatio Contagii* a lapsu Protoplas-
torum orti perveniens in animas posterorum. Ea non videtur
commodius   explicari   posse   quam   statuendo   animas

gloire de sa justice et de sa sagesse puisque ses actions ne procéderaient d'aucun choix, ni d'aucun principe de choix.

78. Enfin, il ne faut pas, pour expliquer la chute, imaginer une volonté divine qui ne serait point du tout sainte ni digne d'être aimée ; et se représenter Dieu comme si, uniquement occupé de sa gloire, de sa grandeur et exempt de bonté, il avait fait des misérables, par une cruelle miséricorde, pour avoir des êtres à prendre en pitié, et comme si, par une justice perverse, il avait voulu des pécheurs, pour avoir des êtres à punir. Tout cela est digne d'un tyran et très éloigné de la vraie gloire et de la vraie perfection, lesquelles ne tirent pas leur éclat seulement de la grandeur, mais encore de la bonté de Dieu.

79. Mais la véritable racine de la chute se trouve dans l'imperfection ou faiblesse originelle des créatures, par suite de laquelle le péché s'insérait dans la série la meilleure possible des choses, comme il a été dit. D'où il résulte que la chute fut à bon droit permise, malgré la vertu et la justice divines, et que même elle ne pouvait pas ne pas être permise sans atteinte à ces perfections.

80. *La nature de la chute* ne doit par être conçue, avec Bayle [1], en ce sens que Dieu aurait condamné Adam, en punition de son péché, à pécher encore dans sa postérité, et qu'il lui aurait inculqué, pour exécuter sa sentence, l'inclination au *péché (peccaminositas)*. Il est plutôt vrai que la force même du premier péché a fait naître, par une sorte de contamination physique, l'inclination au péché, de la même manière que l'ivresse est la source de beaucoup d'autres péchés.

81. Traitons maintenant de *l'extension de la contagion*, engendrée par la chute de nos premiers parents et transmise dans les âmes de leur postérité. Il n'y a pas moyen plus facile pour expliquer cette propagation que de supposer que les âmes

---

1. Bayle, *Réponse aux Questions d'un Provincial,* chap. CLXXVIII, § III. Cf. *Théodicée,* § 112.

posterorum in Adamo jam fuisse infectas. Quod ut intelligatur
rectius, sciendum est ex recentiorum observatis rationibusque
apparere, animalium et plantarum formationem non prodire
ex massa quadam confusa, sed ex corpore jam nonnihil
praeformato in semine latente et dudum animato. Unde
consequens est, vi benedictionis divinae primaevae, omnium
viventium rudimenta quaedam organica (et pro animalibus
quidem, animalium licet imperfectorum forma) animasque
quodammodo ipsas dudum in Protoplasto cujusque generis
extitisse; quae sub tempore omnia evolverentur. Sed animas
animantiaque seminum humanis corporibus destinatorum,
cum caeteris animalculis seminalibus talem destinationem
non habentibus, intra gradum naturae sensitivae substitisse
dicendum est, donec per ultimam conceptionem a caeteris
discernerentur, simulque corpus organicum ad figuram
humanam disponeretur, et anima ejus ad gradum rationalitatis
(ordinaria an extraordinaria Dei operatione non definio)
eveheretur.

82. Unde etiam apparet, non statui quidem rationalitis
praeexistentiam; censeri tamen posse, in praeexistentibus
praestabilita jam divinitus et praeparata esse proditura

de sa postérité ont déjà été corrompues dans Adam. Pour bien comprendre cette thèse, il faut savoir qu'il est établi par des observations récentes et par de bonnes raisons que la formation des animaux et des plantes ne provient pas de quelque masse confuse, mais d'un corps déjà préformé en quelque manière, enveloppé dans la semence et animé depuis longtemps[1]. D'où il suit qu'en vertu de la bénédiction divine primitive, certains rudiments organisés de tous les vivants (pour les animaux leur forme, imparfaite il est vrai) et, en quelque manière, les âmes mêmes ont déjà existé dans le prototype de chaque espèce, rudiments destinés tous à se développer dans la suite des temps. Mais les âmes et les principes de vie dans les semences destinées aux corps humains, demeureraient avec les autres animalcules sémi-naux qui n'ont pas pareille destination à l'état de nature sensitive jusqu'au moment où une dernière conception les distinguerait des autres; le corps organisé recevrait en même temps la disposition du corps humain et son âme s'élèverait au degré d'âme raisonnable, – je ne décide pas ici si c'est par une opération ordinaire ou extraordinaire de Dieu.

82. Il est manifeste par là que nous n'affirmons pas la préexistence de la raison. Cependant on peut croire que, dans les germes préexistants, a été préétabli et préparé par Dieu tout

---

1. La théorie de la préformation physique, opposée à l'épigénétisme de Descartes qui n'avait supposé dans le germe qu'un « mélange confus de deux liqueurs » (Ad.-T. XI, p. 253; Leibniz y fait allusion dans notre texte), a été développée à la suite des découvertes microscopiques de Malpighi et de Swammerdam, par Malebranche, *Recherche de la Vérité,* liv. I, chap. VI, où Leibniz l'a sans doute puisée. Pour Malebranche, cette théorie est, comme pour Leibniz, un moyen d'expliquer la transmission du péché originel. Cependant il y a, entre la théorie de Malebranche et celle de Leibniz, cette différence essentielle que, d'après Malebranche, ce sont seulement les corps-machines qui sont préformés depuis la création, alors que, d'après Leibniz, ce sont aussi les âmes.

aliquando, non organismum tantum humanum, sed et ipsam rationalitatem, signato, ut sic dicam, actu exercitum praeveniente; simulque et corruptionem animae, etsi nondum VI,452 humanae lapsu Adami inductam postea accedente rationalitatis gradu, demum in pecca|minositatis originalis vim transisse. Caeterum apparet ex novissimis inventis, a solo patre animans animamque esse, at a matre in conceptu, velut indumentum (ovuli forma, ut arbitrantur) incrementumque ad novi corporis organici perfectionem necessarium praeberi.

83. Ita tolluntur difficultates tum Philosophicae de origine formarum et animarum, animaeque immaterialitate adeoque impartiabilitate, quae facit ut anima ex anima nasci non possit.

84. Tum Theologicae de animarum corruptione, ne Anima rationalis pura, vel praeexistens, vel noviter creata, in massam corruptam, corrumpenda et ipsa, intrudi a Deo dicatur.

85. Erit ergo Tradux quidam, sed paula tractabilior quam ille quem Augustinus aliique viri egregii statuerunt, non

ce qui devait sortir un jour, non pas seulement l'organisme humain, mais la raison elle-même, sous la forme d'une sorte d'acte scellé portant effet ultérieurement. On peut croire qu'en même temps la corruption répandue dans les âmes non encore humaines par la chute d'Adam a pris, lorsque ces âmes ont acquis plus tard le degré d'âmes raisonnables, la force de l'inclination originelle au péché. Il résulte d'ailleurs des découvertes récentes que l'âme et la vie viennent du père seul et que la mère, pendant la conception, ne fournit, dit-on, sous la forme de l'ovule, qu'une espèce d'enveloppe et la nourriture nécessaire au plein développement du nouveau corps organisé[1].

83. Ainsi disparaissent les difficultés philosophiques touchant l'origine des formes et des âmes, l'immatérialité de l'âme et par suite son indivisibilité qui fait qu'une âme ne saurait naître d'une autre.

84. En même temps disparaissent les difficultés théologiques touchant la corruption des âmes : on ne dira plus que l'âme raisonnable et pure, soit préexistante soit nouvellement créée, a été introduite par Dieu dans une masse corrompue pour y être elle-même corrompue.

85. On acceptera donc la *Traduction* [transmission du péché de génération en génération], mais une *Traduction* un peu plus acceptable que celle enseignée par saint Augustin et d'autres théologiens éminents : non point une *Traduction*

---

1. La théorie de la préformation physique situe les germes, emboîtés les uns dans les autres, ou bien dans l'œuf maternel (ovisme), – c'est l'opinion de Malebranche, Malpighi, Swammerdam, etc., – ou bien, depuis la découverte des spermatozoaires par Leeuwenhoek (1677), dans la semence (*animalculisme*); Leibniz se range ici à cette dernière conception. Cf. *Théodicée*, § 91.

animae ex anima (rejectus veteribus, ut ex Prudentio patet, nec naturae rerum consentaneus) sed animati ex animato.

86. Hactenus de Causa, nunc de *Natura* et Constitutione *corruptionis* nostrae; ea consistit in peccato Originali et derivativo. *Peccatum Originale* tantam vim habet, ut homines reddat in naturalibus debiles, in spiritualibus mortuos ante regenerationem; intellectu ad sensibilia, voluntate ad carnalia versis, ita ut natura filii irae simus.

87. Interim Bailio aliisque adversariis divinam benigni-tatem impugnantibus, aut saltem per objectiones quasdam suas obnubilantibus, concedere non oportet, eos qui soli peccato originali obnoxii sine actuali ante sufficientem rationis usum moriuntur (veluti infantes ante baptismum et extra Ecclesiam decedentes) necessario aeternis flammis addici : talis enim clementiae Creatoris relinqui praestat.

88. Qua in re etiam Iohannis Hulsemanni, Iohannis Adami Osiandri, aliorumque nonnullorum insignium Augustanae Confessionis Theologorum moderationem, laudo, qui subinde huc inclinarunt.

89. Neque etiam exstinctae sunt penitus scintillae imaginis divinae, de quibus paulo post; sed per gratiam Dei praeve-nientem etiam ad spiritualia rursus excitari possunt, ita tamen ut sola gratia conversionem operetur.

d'âme à âme, – thèse rejetée par les anciens, selon le témoignage de Prudence, et contraire aussi à la nature des choses, – mais d'être vivant à être vivant[1].

86. Voilà pour la cause de notre *corruption* ; traitons maintenant de sa *nature* et de sa constitution. Elle consiste dans le péché originel et dans le péché dérivé. La force du *péché originel* est si grande qu'il rend la vie corporelle des hommes fragile et qu'au point de vue spirituel il les maintient dans la mort jusqu'à la régénération. Il attache leur intelligence aux choses sensibles, leur volonté aux choses charnelles, de sorte que nous sommes par nature enfants de colère[2].

87. Cependant, il ne faut pas concéder à Bayle et aux autres adversaires qui attaquent la bonté divine ou au moins l'obscurcissent par certaines objections, que ceux qui meurent dans le seul péché originel, sans péché actuel et avant d'avoir suffisamment l'usage de la raison, – par exemple les enfants avant le baptême et ceux qui meurent hors de l'Église, – soient nécessairement condamnés aux flammes éternelles, il est préférable de s'en remettre quant à eux à la clémence divine.

88. Sur ce point, j'approuve la modération de Jean Hulsemann, de Jean-Adam Osiander[3] et de plusieurs autres théologiens éminents de la Confession d'Augsbourg, qui ont fini par incliner vers ce sentiment.

89. D'autre part les étincelles de l'image divine dont nous parlerons bientôt ne sont pas entièrement éteintes; elles peuvent être rallumées par la grâce prévenante de Dieu jusque dans les choses spirituelles, mais de telle manière, cependant, que c'est la grâce seule qui opère la conversion.

---

1. Cf. *Théodicée,* § 86-88, 397.
2. Épître aux Éphèsiens 2, 3.
3. Jean Hulsemann (1602-1661), professeur à Leipzig; Jean-Adam Osiander (1622-1697), professeur à Tubingen.

90. Sed nec originale peccatum corruptam generis humanae massam a Dei benevolentia universali penitus alienam reddit. Nam nihilominus sic Deus dilexit mundum, licet in malo jacentem, ut Filium suum unigenitum pro hominibus daret.

VI, 453 | 91. *Peccatum Derivativum* duplex est, Actuale et Habituale, in quibus consistit exercitium corruptionis, ut scilicet haec gradibus modificationibusque variet, varieque in actione prorumpat.

92. Et *Actuale* quidem consistit tum in actionibus internis tantum, tum in actionibus compositis ex internis et externis; et est tum commissionis, tum omissionis; et tum culposum ex naturae infirmitate, tum et malitiosum ex animi pravitate.

93. *Habituale* ex actionibus malis vel crebris vel certe fortibus oritur, ob impressionum multitudinem vel magnitudinem. Et ita habitualis malitia aliquid originali corruptioni pravitatis addit.

94. Haec tamen peccati servitus, etsi sese per omnem irregeniti vitam diffundat, non eousque extendenda est, tanquam nullae unquam irregenitorum actiones sint vere virtuosae, imo nullae innocentes, sed semper formaliter peccaminosae.

95. Possunt enim etiam irregeniti in civilibus agere aliquando amore virtutis et boni publici, impulsuque rectae rationis, imo et intuitu Dei, sine admista aliqua prava intentione ambitionis, commodi privati, aut affectus carnalis.

96. Semper tamen ex radice infecta procedunt quae agunt, et aliquid pravi (etsi interdum habitualiter tantum) admiscetur.

90. D'ailleurs le péché originel lui-même n'a pas fait complètement perdre la bienveillance universelle de Dieu à la masse corrompue du genre humain. Car bien que le monde soit plongé dans le mal, Dieu néanmoins l'a tellement aimé, qu'il a donné son Fils unique pour les hommes.

91. Le *péché dérivé* est de deux sortes : actuel et habituel. C'est par ces deux espèces de péché que se manifeste la corruption, de sorte qu'elle présente des degrés et des variétés et de diverses façons contamine nos actes.

92. Le péché *actuel* consiste tant dans des actions uniquement intérieures que dans des actions composées d'intérieures et d'extérieures. Il est soit de commission soit d'omission, tantôt simple faute due à l'infirmité de notre nature, tantôt perversion témoignant de la souillure de notre âme.

93. Le péché *habituel* naît de mauvaises actions souvent répétées ou du moins violentes, à cause du nombre ou de la profondeur des impressions. Et ainsi la méchanceté devenue habitude augmente la dépravation de la corruption originelle.

94. Cependant, bien que cette servitude du péché se répande sur toute la vie de l'homme non régénéré, il ne faut pas aller jusqu'à soutenir qu'il n'y a jamais d'action du non-régénéré qui soit véritablement vertueuse, qu'il n'y en a même pas d'innocente, que toutes sont toujours essentiellement contaminées par le péché.

95. Les hommes non régénérés peuvent même agir quelquefois dans la cité par amour de la vertu et du bien public, sous l'inspiration de la droite raison et même par respect pour Dieu, sans aucune basse considération d'ambition, d'égoïsme ou de passion charnelle.

96. Cependant toutes leurs actions découlent toujours d'une source infectée, et il s'y mêle quelque chose de vicieux, ne serait-ce parfois que par le seul effet de l'habitude.

97. Caeterum haec corruptio depravatioque humana, quantacunque sit, non ideo tamen hominem excusabilem reddit, aut a culpa eximit, tanquam non satis sponte libereque agat; supersunt enim *reliquiae divinae imaginis,* quae faciunt ut justitia Dei in puniendis peccatoribus salva maneat.

98. Reliquiae Divinae imaginis consistunt tum in Lumine innato intellectus, tum etiam in Libertate congenita voluntatis. Utrumque ad virtuosam vitiosamque actionem necessarium est, ut scilicet sciamus velimusque quae agimus; et possimus etiam ab hoc peccato quod committimus abstinere, si modo satis studii adhibeamus.

99. *Lumen innatum* consistit tum in Ideis incomplexis, tum in nascentibus inde notitiis complexis. Ita fit ut Deus et Lex Dei aeterna inscribantur cordibus nostris, etsi negligentia hominum et affectibus sensualium saepe obscurentur.

100. Probatur autem hoc Lumen contra quosdam nuperos Scriptores, tum ex Scriptura Sacra, quae cordibus nostris Legem Dei inscriptam tes|tatur, tum ex ratione, quia Veritates necessariae ex solis principiis menti insitis, non ex inductione sensuum demonstrari possunt. Neque enim inductio singularium unquam necessitatem Universalem infert.

VI, 454

101. *Libertas* quoque in quantacunque humana corruptione salva manet, ita ut homo, etsi haud dubie peccaturus sit, nunquam tamen necessario committat hunc Actum peccandi quem committit.

97. D'ailleurs, si grandes que soient cette corruption et cette dépravation de la nature humaine, elles ne rendent pourtant pas l'homme excusable, elles ne le soustraient pas à la responsabilité, comme si ses actions étaient trop peu spontanées et libres ; il conserve en effet toujours des *vestiges de l'image divine,* qui font que la justice de Dieu ne souffre aucune atteinte quand il punit les pécheurs.

98. Les vestiges de l'image divine consistent dans la lumière innée de l'entendement aussi bien que dans la liberté, attribut essentiel de la volonté. L'une et l'autre sont nécessaires pour que l'action puisse être vertueuse ou vicieuse, à savoir que nous sachions et que nous voulions ce que nous faisions ; et que nous puissions aussi nous abstenir du péché que nous sommes en train de commettre, si seulement nous y apportions un zèle suffisant.

99. La *lumière innée* consiste tant dans les idées simples que dans les notions complexes qui en naissent. C'est ce qui fait que Dieu et la loi éternelle de Dieu sont gravés dans nos cœurs, bien qu'ils se trouvent souvent obscurcis par la négligence des hommes et par leurs passions sensuelles.

100. Cette lumière innée, niée par quelques auteurs récents [1], est prouvée tant par l'Écriture Sainte qui déclare que la loi de Dieu est gravée dans nos cœurs, que par la raison, parce que les vérités nécessaires peuvent être démontrées par les seuls principes inhérents à notre esprit et ne sauraient être tirées par induction des données sensibles. Car on ne peut jamais par induction conclure des cas particuliers à la nécessité universelle.

101. La *liberté,* elle aussi, reste intacte, si grande que soit la corruption humaine, de sorte que l'homme, bien qu'il doive certainement pécher, n'est cependant jamais contraint par la nécessité à commettre l'acte de péché qu'il commet.

1. Allusion à Locke.

102. Libertas exemta est tam a necessitate, quam a coactione. *Necessitatem* non faciunt futuritio veritatum, nec praescientia et praeordinatio Dei, nec praedispositio rerum.

103. Non *futuritio*, licet enim futurorum contingentium sit determinata veritas, certudo tamen objectiva, seu infallibilis determinatio veritatis, quae illis inest, minime necessitati confundenda est.

104. Nec *praescientia aut praeordinatio Dei necessitatem imponit*, licet ipsa quoque sit infallibilis. Deus enim vidit res in serie possibilium ideali, quales futurae erant, et in iis hominem libere peccantem, neque hujus seriei decernendo existentiam, mutavit rei naturam, aut quod contingens erat necessarium fecit.

105. Neque etiam *praedispositio rerum* aut causarum series nocet libertati. Licet enim nunquam quicquam eveniat, quin ejus ratio reddi possit, neque ulla unquam detur indifferentia aequilibrii (quasi in substantia libera et extra eam omnia ad oppositum utrumque se aequaliter unquam haberent) cum potius semper sint quaedam praeparationes in causa agente, concurrentibusque, quas aliqui praedeterminationes vocant : dicendum tamen est has determinationes esse tantum inclinantes, non necessitantes, ita ut semper aliqua indifferentia sive contingentia sit salva. Nec tantus unquam in nobis affectus appetitusve est, ut ex eo actus necessario sequatur : nam quamdiu homo mentis compos est, etiamsi vehementissime ab ira, a siti vel simili causa stimuletur, semper tamen

102. La liberté est exempte tant de nécessité que de contrainte. Ni la futurition des vérités, ni la prescience et la préordination de Dieu, ni la prédisposition des choses ne rendent nos actes *nécessaires*.

103. La *futurition* [1] n'a pas cet effet; car bien que la vérité des futurs contingents soit déterminée, il ne faut point confondre la certitude objective, c'est-à-dire la détermination infaillible de la vérité, inhérente aux futurs contingents, avec la nécessité.

104. La *prescience ou la préordination de Dieu n'impose pas non plus la nécessité,* bien qu'elle soit aussi infaillible. Car, dans la série idéale des possibles, Dieu voyait les choses, telles qu'elles seraient dans le futur, et parmi ces possibles il voyait les hommes péchant librement; et en décrétant l'existence de cette série, il n'en changea pas la nature, ni ne rendit nécessaire ce qui était contingent.

105. La *prédisposition* des choses ou la série des causes ne porte pas davantage atteinte à la liberté. Car bien qu'il n'arrive jamais rien dont on ne puisse rendre raison, et qu'il n'y ait jamais indifférence d'équilibre (comme si, dans une substance libre et à l'extérieur d'elle, toutes choses pouvaient s'arranger de façon égale des deux côtés opposés), mais au contraire toujours, et dans la cause agissante et dans les causes concourantes, certaines préparations que quelques-uns appellent des prédéterminations, il faut cependant dire que ces déterminations sont seulement inclinantes et non nécessitantes, de sorte qu'une certaine indifférence ou contingence reste toujours intacte. Jamais la passion ou l'appétition n'est tellement forte en nous, que l'action s'ensuive avec nécessité : en effet, tant que l'homme n'a pas perdu l'esprit, il peut toujours, quelle que soit la violence de la colère, de la soif ou de quelque autre motif semblable, trouver

1. Cf. *Théodicée,* § 36, 37.

aliqua ratio sistendi impetum reperiri potest, et aliquando vel sola sufficit cogitatio exercendae suae libertatis, et in affectus potestatis.

106. Itaque tantum abest ut Praedeterminatio seu praedispositio ex Causis qualem diximus necessitatem inducat contrariam contingentiae vel libertati aut moralitati : ut potius in hoc ipso distinguatur Fatum Mahometanum a Christiano, absurdum a rationali, quod Turcae causas non curant, Christiani vero et quicunque sapiunt, effectum ex causa deducunt.

107. Turcae scilicet, ut fama est (quanquam non omnes sic VI, 455 desipere |putem) frustra pestem et alia mala evitari arbitrantur, idque eo praetextu quod futura vel decreta eventura sint, *quidquid agas aut non agas*, quod falsum est : cum ratio dictet eum qui certo peste moriturus est, etiam certissime causas pestis non esse evitaturum. Nempe, ut recte Germanico proverbio dicitur, mors vult habere causam. Idemque in aliis omnibus eventis locum habet. Add. supra § 45.

108. *Coactio* etiam non est in voluntariis actionibus : etsi enim externorum repraesentationes plurimum in mente nostra possint, actio tamen nostra voluntaria semper spontanea est, ita ut principium ejus sit in agente. Id quod per harmoniam inter corpus et animam ab initio a Deo praestabilitam luculentius quam hactenus explicatur.

109. Hucusque de Naturae Humanae imbecillitate actum est, nunc de *Gratiae Divinae Auxilio* dicendum erit, cujus defectum objiciunt Antagonistae, ut rursus

quelque raison d'arrêter cette impulsion. Il lui suffit parfois pour cela de se rappeler qu'il doit faire usage de sa liberté et exercer sa puissance sur ses passions.

106. La prédétermination ou la prédisposition par les causes est donc bien loin d'introduire la nécessité telle que nous venons de l'expliquer, contraire à la contingence ou à la liberté et à la moralité. Au contraire, c'est en cela même que le fatum mahométan se distingue du fatum chrétien, le fatum absurde du fatum raisonnable : les Turcs ne s'occupent pas des causes, tandis que les chrétiens et tous ceux qui ont quelque savoir déduisent l'effet de la cause.

107. Les Turcs, dit-on, – mais j'hésite à croire qu'ils aient tous perdu à ce point le bon sens, – estiment qu'on cherche en vain à éviter la peste et d'autres maux, parce qu'ils prétendent que les choses futures décrétées arriveront, *quoi qu'on fasse ou ne fasse pas*; ce qui est faux, puisque la raison nous persuade que celui qui doit certainement mourir de la peste n'est très certainement pas destiné à en éviter les causes. Car, comme le dit très bien un proverbe allemand, la mort veut avoir une cause. Et il en est de même de tous les autres effets. Voyez aussi plus haut, § 45.

108. Les actions volontaires n'obéissent pas non plus à une *contrainte*; car bien que les représentations des choses extérieures puissent beaucoup dans notre âme, nos actions volontaires sont néanmoins toujours spontanées, de sorte que le principe de l'action se trouve toujours dans celui qui agit. Cela, la théorie de l'harmonie préétablie par Dieu depuis le commencement, entre le corps et l'âme, l'explique mieux qu'on n'avait fait jusqu'ici.

109. Nous avons traité jusqu'ici de la faiblesse de la nature humaine. Maintenant nous allons aborder la question du *secours de la grâce divine,* dont nos adversaires nous objectent l'insuffisance, afin de pouvoir de nouveau faire retomber la

culpam ab homine transferant in Deum. Duplex autem concipi Gratia potest, una sufficiens Volenti, altera praestans ut velimus.

110. *Sufficientem Volenti Gratiam* nemini negare dicendum est. Facienti quod in se est non defore Gratiam necessariam vetus dictum est, nec Deus deserit nisi deserentem, ut post antiquiores notavit ipse Augustinus. Gratia haec sufficiens est vel ordinaria per verbum et sacramenta, vel extraordinaria, Deo relinquenda, quali erga Paulum est usus.

111. Etsi enim multi populi nunquam salutarem Christi doctrinam acceperint, nec credibile sit praedicationem ejus apud omnes quibus defuit irritam futuram fuisse, Christo ipso de Sodoma contrarium affirmante : non ideo tamen necesse est aut salvari aliquem sine Christo, aut damnari, etsi praestitisset quicquid per naturam potest. Neque enim nobis omnes viae Dei exploratae sunt, neque scimus an non aliquid extraordinaria ratione praestetur vel morituris. Pro certo enim tenendum est, etiam Cornelii exemplo, si qui ponantur bene usi lumine quod accepere, eis datum iri lumen quo indigent, quod nondum accepere, etiamsi in ipso mortis articulo dandum esset.

112. Quemadmodum enim Theologi Augustanae Confessionis fidem aliquam agnoscunt in fidelium infantibus baptismo ablutis, etsi nulla ejus appareant vestigia, ita nihil obstaret,

faute de l'homme sur Dieu. Or, la grâce peut être conçue de deux manières : l'une est la grâce suffisante à celui qui veut, l'autre est la grâce qui nous fait vouloir.

110. On doit dire que *la grâce suffisante à celui qui veut* n'est jamais refusée à personne. À qui fait ce qu'il peut, jamais ne manquera la grâce nécessaire, dit un vieil adage, et Dieu n'abandonne que ceux qui l'abandonnent, comme le remarque saint Augustin lui-même après d'autres plus anciens. Cette grâce suffisante est ou bien ordinaire, c'est-à-dire dispensée par le Verbe et les sacrements, ou bien extraordinaire. Et celle-ci doit être réservée à Dieu, telle, par exemple, celle qu'il a répandue sur saint Paul.

111. Car bien que beaucoup de peuples n'aient jamais reçu la doctrine de salut de Jésus-Christ, et qu'il ne soit cependant pas vraisemblable que son évangile serait resté sans effet sur tous ceux qui n'ont pu l'entendre, le Christ lui-même affirmant le contraire au sujet de Sodome, il n'est pas nécessaire pour cela que quelqu'un puisse être sauvé sans Jésus-Christ, ou qu'il soit damné, quoiqu'il ait fait tout ce qui est naturellement en son pouvoir. Car toutes les voies de Dieu ne nous sont pas connues, et nous ne savons pas si, par des moyens extraordinaires, il ne vient pas en aide à certains même à l'instant de la mort. On doit, de toute façon, tenir pour certain, et il apparaît aussi par l'exemple de Cornélius [1], que ceux qui ont fait bon usage de la lumière qu'ils ont reçue, obtiendront aussi la lumière qui leur fait défaut et qu'ils n'ont pas encore reçue, dût-elle leur être donnée seulement à l'article de mort.

112. De même, en effet, que les théologiens de la Confession d'Augsbourg reconnaissent une certaine foi dans les enfants des fidèles, purifiés par le baptême, bien qu'il n'en paraisse aucun vestige, de même rien n'empêche qu'à ceux

_____

1. C'est le premier gentil converti à la foi chrétienne (*Actes des Apôtres*, X, 1).

Deum iis quales diximus, licet hactenus non Christianis, in agone ipso lumen aliquod necessarium tribuere extra ordinem, quod per omnem vitam antea defuisset.

113. Itaque etiam οἱ ἔξω, quibus sola praedicatio externa VI, 456 negata est, | clementiae justitiaeque Creatoris relinquendi sunt, etsi nesciamus quibus aut quanam forte ratione Deus succurrat.

114. Sed cum saltem certum sit non omnibus dari *ipsam Volendi gratiam*, praesertim quae felici fine coronetur: hic jam in Deo vel misanthropiam vel certe prosopolepsiam arguunt adversarii veritatis, quod miseriam hominum procuret, quodque non omnes salvet cum possit, aut certe non eligat merentes.

115. Et sane, si Deus maximam hominum partem ideo tantum creasset, ut aeterna eorum malitia miseriaque justitiae sibi gloriam vindicaret, neque bonitas in eo, neque sapientia, neque ipsa vera justitia laudari posset.

116. Et frustra regeritur, nos apud eum nihili, nec pluris quam vermiculi apud nos esse; excusatio enim ista non minueret, sed augeret duritatem, omni utique philanthropia sublata, si non magis Deum hominum curam gereret, quam nos vermiculorum, quos curare nec possumus nec volumus. Dei vero providentiam nihil exiguitate sua latet, aut multitudine confundit; passerculos alit, homines amat, illis de victu prospicit, his, quantum in se est, felicitatem parat.

117. Quod si quis longius provectus contenderet, tam solutam esse Dei potestatem, tam exortem regulae gubernationem,

dont nous venons de parler, quoique non encore chrétiens. Dieu n'accorde par des voies extraordinaires, dans l'agonie même, une certaine lumière nécessaire qui leur avait manqué pendant toute leur vie.

113. Ainsi même ceux qui sont hors de l'Église (οἱ ἔξω), auxquels la seule prédication externe a été refusée, doivent être remis à la clémence et à la justice du créateur, bien que nous ignorions lesquels il secourra ou par quelle voie il pourra bien leur venir en aide.

114. Mais puisqu'il est du moins certain que tous ne reçoivent pas *la grâce même de vouloir,* et surtout celle qui est couronnée par une fin heureuse, les adversaires de la vérité en tirent prétexte pour accuser Dieu de misanthropie ou au moins de partialité, parce qu'il causerait la misère des hommes, ne les sauverait pas tous, alors qu'il le pourrait, ou du moins n'élirait pas les plus dignes.

115. Certes, si Dieu n'avait créé la plupart des hommes que pour que leur méchanceté éternelle et leur misère fissent éclater sa justice glorieuse, on ne pourrait le louer d'être bon, sage, ni même vraiment juste.

116. Il est vain de répliquer que nous ne sommes rien auprès de lui, pas plus que n'est le moindre ver auprès de nous ; car cette excuse ne diminuerait pas, elle augmenterait au contraire la dureté de Dieu. En effet, Dieu serait dépourvu de toute philanthropie, s'il n'avait pas plus d'égards pour les hommes que nous n'en avons pour les vers dont nous ne pouvons ni ne voulons avoir souci. Il n'y a, au contraire, rien qui échappe à la providence de Dieu par sa petitesse ou qui la trouble par sa multitude : il nourrit les passereaux, il aime les hommes, pourvoyant à la nourriture de ceux-là, préparant la félicité de ceux-ci, autant qu'il est en lui.

117. Que si quelqu'un se laissait emporter jusqu'à préten-dre que la puissance de Dieu est tellement indépendante, son gouvernement tellement exempt de règle qu'il a même le droit

ut innocentem quoque et quidem jure damnet : jam non appareret, aut quae apud Deum foret justitia, aut quid a Malo Principio rerum potiente distaret talis Universi Rector, cui etiam merito *Misanthropia* et tyrannis tribueretur.

118. Hunc enim Deum timendum ob magnitudinem, sed non amandum ob bonitatem manifestum foret. Certe Tyrannicos actus non amorem sed odium excitare constat, quantacunque sit potentia in agente, imo tanto magis quanto haec major est, etsi demonstrationes odii metu supprimantur.

119. Et homines talem Dominum colentes imitatione ejus a caritate ad duritiem crudelitatemque provocarentur. Itaque male quidam praetextu absoluti in Deo juris talia ei acta tribuerunt, ut fateri cogerentur hominem si sic ageret pessime facturum esse : quemadmodum et nonnullis elapsum est, quae in aliis prava sint, in Deo non fore, quia ipsi non sit lex posita.

120. Longe alia nos de Deo credere ratio, pietas, Deus jubent. Summa in illo Sapientia, cum maxima Bonitate conjuncta, facit ut abundantissime justitiae, aequitatis, virtutisque leges servet ; ut omnium curam habeat, sed maxime intelligentium creaturarum, quas ad imaginem con|didit suam, et ut tantum felicitatis virtutisque producat, quantum capit optimum exemplar universi ; vitium autem miseriamque non alia admittat, quam quae in optima serie admitti exigebantur.

121. Et licet prae ipso Deo infinito nos nihili videamur, hoc ipsum tamen infinitae ejus sapientiae privilegium est, infinite minora perfectissime curare posse : quae etsi nulla assignabili ipsum proportione respiciant, servant tamen

de damner un innocent, alors on ne verrait plus ce que serait la justice de Dieu, ni en quoi un tel souverain de l'univers, qu'on serait en droit de qualifier de *misanthrope* et de tyran, se distinguerait d'un principe de mal, maître du monde.

118. Il est évident qu'on devrait craindre ce Dieu à cause de sa puissance, mais non l'aimer à cause de sa bonté. Car les actes d'un tyran excitent assurément la haine et non l'amour, quelque grande que soit sa puissance, et même d'autant plus qu'elle est plus grande, bien que les manifestations de la haine soient étouffées par la crainte.

119. Et les hommes adorant un tel maître seraient portés, par désir de l'imiter, à se détourner de la charité, pour cultiver la dureté et la cruauté. C'est pourquoi, bien à tort, quelques-uns, invoquant le droit absolu de Dieu, lui ont attribué des actes qu'ils se reconnaissaient obligés à condamner sévèrement chez l'homme qui les accomplirait. De même quelques-uns ont même imprudemment avancé que ce qui est blâmable ailleurs, ne le serait pas en Dieu, parce qu'il n'est soumis à aucune loi.

120. La raison, la piété, Dieu lui-même, nous prescrivent des sentiments très différents au sujet de Dieu. Sa sagesse suprême, jointe à la plus grande bonté, fait qu'il observe très exactement les lois de la justice, de l'équité, de la vertu, qu'il prend soin de tous les êtres, mais surtout des créatures intelligentes qu'il a faites à son image, qu'il produit autant de félicité et de vertu que le meilleur modèle d'univers en peut contenir, et qu'il n'admet d'autre vice ni d'autre misère que ce qu'il était inévitable d'en admettre dans la série la meilleure.

121. Et bien qu'auprès de Dieu infini même nous paraissions n'être rien, c'est précisément un privilège de sa sagesse infinie de pouvoir prendre parfaitement soin de ce qui est infiniment au-dessous de lui : et bien que ces choses n'aient aucune proportion assignable à Dieu, elles gardent cependant

inter se proportionalitatem exiguntque ordinem, quem Deus ipsis indit.

122. Eaque in re quodam modo Deum imitantur Geometrae per novam infinitesimorum analysin ex infinite parvorum atque inassignabilium comparatione inter se, majora atque utiliora quam quis crederet in ipsis magnitudinibus assignabilibus inferentes.

123. Nos igitur, rejecta illa odiosissima Misanthropia, tuemur merito summam in Deo *Philanthropiam*, qui omnes ad veritatis agnitionem pervenire, omnes a peccatis ad virtutem converti, omnes salvos fieri serio voluit, voluntatemque multiplicibus Gratiae auxiliis declaravit. Quod vero non semper facta sunt, quae his voluit, utique repugnanti hominum malitiae attribui debet.

124. At hanc, inquies, superare potuit summa potentia sua. Fateor, inquam; sed ut faceret, nullo jure obligabatur, neque id ratio aliunde ferebat.

125. Instabis : tantam benignitatem, quantam Deo merito tribuimus, progressuram fuisse ultra ea, quae praestare tenebatur; imo optimum Deum teneri ad optima praestanda, saltem ea ipsa bonitate naturae suae.

126. Hic ergo tandem ad Summae Sapientiae divitias cum Paulo recurrendum est, quae utique passa non est, ut Deus vim ordini rerum naturisque sine lege mensuraque inferret, ut turbaretur harmonia universalis, ut alia ab optima rerum series eligeretur. In hac autem continebatur, ut omnes libertati, atque adeo quidam improbitati suae relinquerentur, quod vel inde judicamus, quia factum est. Add. § 142.

entre elles certaines proportions et réclament l'ordre que Dieu a mis en elles.

122. À cet égard les géomètres imitent en un sens Dieu, par la nouvelle analyse infinitésimale qui tire de la comparaison entre eux des infiniment petits et des grandeurs inassignables des conclusions portant sur les grandeurs assignables elles-mêmes, conclusions plus importantes et utiles qu'on ne croirait.

123. Repoussant donc cette misanthropie odieuse, nous soutiendrons avec raison la suprême *philanthropie* de Dieu qui voulut sérieusement que tous parviennent à reconnaître la vérité, que tous retournent du péché à la vertu, que tous soient sauvés, et qui a manifesté cette volonté par les secours multipliés de la grâce. Si ce qu'il a ainsi voulu ne s'est pas toujours réalisé, il ne faut s'en prendre qu'à la résistance de la méchanceté des hommes.

124. Mais, répliquera-t-on, il eût pu vaincre cette résistance par sa puissance infinie. Je le reconnais, mais aucune loi ne l'obligeait à le faire, et par ailleurs la raison ne l'exigeait pas.

125. Cependant, insistera-t-on, la bienveillance si grande qu'avec raison nous attribuons à Dieu eût pu aller au delà de ce qu'elle était tenue d'offrir; bien plus, Dieu qui est souverainement bon est tenu, rien que par la bonté même de sa nature, de produire le meilleur possible.

126. Il faut donc avoir ici recours avec saint Paul, aux trésors de la suprême sagesse qui n'a point permis que Dieu fit violence, sans loi ni mesure, à l'ordre et à la nature des choses, que l'harmonie universelle fût bouleversée, et qu'il choisît une autre série des choses que la meilleure. Or, dans cette série des choses il était compris que tous les homme seraient abandonnés à leur liberté, et par conséquent certains d'entre eux à leur perversité; conclusion que nous pouvons aussi tirer du fait que c'est ce qui a été réalisé. Voyez encore § 142.

127. Interim Philanthropia Dei universalis, seu voluntas salvandi omnes ex Auxiliis ipsis elucet, quae omnibus, etiam reprobis, sufficientia, imo persaepe abundantia praestita sunt, etsi in omnibus gratia victrix non sit.

128. Caeterum non video, cur necesse sit gratiam, ubi effectum plenum consequitur, consequi eum semper natura sua, seu esse per se effectricem; cum fieri queat ut eadem VI, 458 mensura gratiae in uno ob repug|nantiam vel circumstantias effectum non consequatur, quem in alio obtinet. Nec video quomodo vel ratione vel revelatione probari possit, gratiam victricem semper tantam esse, ut quantamcunque resistentiam, et quantascunque circumstantiarum incongruentias esset superatura. Sapientis non est superfluas vires adhibere.

129. Non tamen nego aliquando evenire, ut Deus contra maxima obstacula acerrimamque obstinationem Gratia illa triumphatrice utatur, ne de quoquam unquam desperandum putemus, etsi regula inde constitui non debeat.

130. Errant multo gravius, qui solis electis tribuunt gratiam, fidem, justificationem, regenerationem, tanquam (repugnante experientia) πρόσκαιροι omnes hypocritae essent; nec a Baptismo nec ab Eucharistia, et in universum nec a verbo nec a Sacramentis Spirituale juvamen accepturi; aut tanquam nullus electus semelque vere justificatus in crimen seu in peccatum proaereticum relabi posset; vel, ut alii malunt, tanquam in mediis sceleribus gratiam

127. Cependant la philanthropie universelle de Dieu ou sa volonté de sauver tous les hommes apparaît par les grâces qu'il accorde à tous, même aux réprouvés, dans une mesure suffisante et même très souvent avec abondance, bien que la grâce ne soit pas victorieuse chez tous.

128. D'ailleurs je ne vois pas pourquoi la grâce, dans les cas où elle atteint son plein effet, l'atteindrait nécessairement toujours en vertu de sa propre nature, ou pourquoi elle serait par elle-même efficace ; il peut en effet arriver que la même quantité de grâce qui obtient son effet dans un homme, ne l'obtienne pas dans un autre, à cause de la résistance de celui-ci ou des circonstances. Et je ne vois pas davantage comment on prouverait, soit par la raison, soit par la révélation, que la grâce victorieuse est toujours assez puissante pour surmonter la résistance, si grande qu'elle soit, et toutes les circonstances les plus défavorables. Le sage n'a pas coutume de dépenser plus de force qu'il n'est nécessaire.

129. J'accorde cependant qu'il arrive parfois que Dieu se serve de cette grâce pour triompher des plus grands obstacles et de la plus véhémente obstination, afin de nous engager à ne jamais désespérer de personne. Mais on ne doit tirer de là aucune règle.

130. Bien plus grave est l'erreur de ceux qui n'attribuent qu'aux seuls élus la grâce, la foi, la justification, la régénération, comme si, – ce que dément l'expérience, – tous les πρόκαιροι (les croyants temporaires) étaient des hypocrites et ne recevaient aucun secours spirituel, ni du baptême, ni de l'Eucharistie, ni, en général, du Verbe et des Sacrements ; comme si aucun élu, une fois véritablement justifié, ne pouvait retomber dans le crime ou dans le péché délibéré ; ou encore, – opinion préférée par d'autres, – comme si, même au milieu de ses crimes, l'élu ne perdait pas la grâce de la

regenerationis electus non amitteret. Iidem a fideli
certissimam finalis fidei persuasionem exigere solent, vel
negantes reprobis fidem imperari, vel statuentes falsum eos
credere juberi.

131. Sed haec doctrina rigidius accepta, mere quidem
arbitraria, nulloque fundamento nixa, et ab antiquae Ecclesiae
sententiis, ipsoque Augustino plane aliena, in praxin influere,
et vel temerariam futurae salutis etiam in improbo persuasionem, vel anxiam de praesente in gratiam receptione etiam in
pio dubitationem, utramque non sine securitatis aut despe-
rationis periculo, generare posset : itaque post *Despotismum*
hanc Particularismi speciem maxime dissuaserim.

132. Feliciter autem evenit, ut plurimi temperent tantae
tamque paradoxae novitatis rigorem, et ut qui supersunt,
lubricae adeo doctrinae defensores, intra nudam theoriam
subsistant, nec pravis ad praxin consequentiis indulgeant ;
dum pii inter eos, ut ex meliori dogmate par est, filiali timore
et plena amoris fiducia, salutem suam operantur.

133. Nos fidei, gratiae, justificationisque praesentis
certi esse possumus, quatenus conscii sumus, eorum quae
nunc in nobis fiunt; futurae autem perseverantiae bonam
spem habemus, sed cura temperatam, monente Apostolo,

régénération. Ces mêmes théologiens ont coutume d'exiger du croyant la plus ferme conviction que la foi lui restera jusqu'à la mort, alors qu'ils nient que la foi puisse s'imposer aux réprouvés et prétendent que ceux-ci sont condamnés à une fausse croyance [1].

131. Mais, prise dans toute sa rigueur, cette doctrine purement arbitraire, dépourvue de tout fondement, tout à fait contraire aux sentiments de l'Église primitive et de saint Augustin lui-même, pourrait influer sur la conduite et faire naître, même chez le méchant, la confiance téméraire dans son salut futur, alors qu'elle engendrerait, même chez l'homme pieux, le doute et l'inquiétude sur sa réception actuelle en grâce. De là, un double danger : trop de sécurité pour l'un, trop de désespoir pour l'autre. C'est pourquoi, après le *despotisme*, c'est cette espèce de «particularisme» que je tiens à combattre le plus énergiquement.

132. Mais il se trouve heureusement que la plupart des théologiens adoucissent la rigueur d'un paradoxe si nouveau et si étrange et que les défenseurs qui restent à une doctrine si dangereuse se renferment dans la pure théorie et n'en tolèrent pas les conséquences odieuses pour la pratique, alors que les plus pieux d'entre eux travaillent, avec une crainte filiale et une confiance pleine d'amour, à leur salut, comme un meilleur dogme le leur suggère.

133. Nous autres, nous pouvons être certains de la foi, de la grâce et de la justification présentes, étant donné que nous avons conscience de ce qui se passe actuellement en nous ; et nous avons bon espoir d'y persévérer à l'avenir, bien que l'appréhension s'y mêle ; car l'Apôtre nous avertit que celui

---

1. Ce paragraphe résume le point de vue de l'orthodoxie calviniste au sujet de la prédestination; orthodoxie intransigeante que, sur ce point, Leibniz a combattue dans ses tentatives pour l'union des églises luthérienne et réformée.

ut qui stat videat ne cadat : sed electionis persuasione remittere de studio pietatis, et futurae poenitentiae confidere minime debemus.

134. Haec contra Misanthropiam Deo imputatam suf-
VI, 459 fecerint; nunc | ostendendum est, nec *Prosopolepsiam* jure exprobrari Deo, tanquam scilicet Electio ejus ratione careret. Fundamentum Electionis Christus est, sed quod quidam minus Christi participes fiunt, ipsorum finalis malitia in causa est, quam reprobans praevidit Deus.

135. At hic rursus quaeritur cur diversa auxilia, vel interna, vel certe externa, diversis data sint, quae in uno vincant malitiam, in alio vincantur ? Ubi sententiarum divortia nata sunt : nonnullis enim visum est Deum minus malos, aut certe minus restitaturos magis juvisse; aliis placet, aequale auxilium in his plus effecisse; alii contra nolunt hominem quodammodo se discernere apud Deum, praerogativa naturae melioris aut certe minus malae.

136. Equidem indubium est, in rationes eligendi apud Sapientem ingredi considerationem qualitatum objecti. Non tamen semper ipsa absoluta sumta objecti praestantia rationem eligendi facit, sed saepe convenientia rei ad certum finem in certa rerum hypothesi magis spectatur.

qui est debout doit prendre garde de ne pas tomber. Mais la conviction d'être élus ne doit nullement nous porter à nous relâcher de notre zèle pieux et à compter sur notre repentance future[1].

134. Ce que nous venons de dire suffira contre la misanthropie imputée à Dieu ; maintenant il faut montrer que c'est à tort aussi qu'on lui reproche la *prosopolepsie* (acception des personnes, partialité), comme si son décret d'élection manquait de raisons. Le fondement de l'élection est Jésus-Christ ; cependant s'il en est qui se trouvent participer dans une mesure moindre au Christ, la faute en est à leur méchanceté finale que Dieu a prévue et réprouvée.

135. Ici on demande à nouveau, pourquoi Dieu donne des secours différents, internes ou au moins externes, à différentes personnes, secours qui, chez les uns, triomphent de la méchanceté et, chez les autres, sont vaincus par elle. Sur ce point, diverses thèses se combattent : les uns pensent que Dieu accorde plus de secours aux moins méchants ou, du moins, à ceux qui doivent moins résister à la grâce ; d'autres soutiennent que le secours, égal pour tous, a plus d'efficacité chez ces derniers ; enfin d'autres, au contraire, n'admettent pas que certains hommes se trouvent en quelque façon distingués aux yeux de Dieu par le privilège d'une nature meilleure ou en tous cas moins mauvaise.

136. Il est certain, c'est évident, que parmi les raisons du choix fait par le sage se trouve la considération des qualités de l'objet. Cependant ce n'est pas toujours la supériorité de l'objet, prise absolument, qui constitue la raison de ce choix ; souvent on tient compte davantage de la convenance de la chose à une certaine fin, dans un certain ordre de choses supposé.

---

1. C'est le luthérien Leibniz qui parle et qui exprime la certitude intime du salut (« *innere Heilsgewissheit* »), enseignée par Luther.

137. Ita fieri potest, ut in structura vel in ornatu non eligatur lapis pulcherrimus, aut pretiosissimus, sed qui locum vacantem optime implet.

138. Tutissimum autem est statuere omnes homines, cum sint spiritualiter mortui, aequaliter esse, at non similiter malos. Itaque pravis inclinationibus different, evenietque ut praeferantur, qui per seriem rerum circumstantiis favorabilioribus objiciuntur; in quibus minorem (certe in exitu) exerendae peculiaris pravitatis, majorem recipiendae gratiae congruae occasionem invenere.

139. Itaque nostri quoque Theologi experientiam secuti, in externis certe salutis auxiliis, etiam cum aequalis esset interna gratia, agnoverunt differentiam hominum insignem, et in circumstantiarum extranearum nos afficientium oeconomia confugiunt ad βάθος Pauli; dum sorte nascendi, educationis, conversationis, vitae generis, casuumque fortuitorum, saepe homines aut pervertuntur aut emendantur.

140. Ita fit ut praeter Christum, et praevisam status salutaris ultimam perseverantiam qua ipsi adhaeretur, nullum Electionis aut dandae fidei fundamentum nobis innotescat, nulla regula constitui debeat, cujus applicatio a nobis agnosci queat, per quam scilicet homines aut blandiri sibi aut insultare aliis possint.

141. Nam interdum insolitam pravitatem summamque resistendi obstinationem vincit Deus, ne quisquam de VI, 460 Misericordia desperet, quod de |se Paulus innuit; interdum diu

137. Ainsi, il peut se faire que pour une construction ou pour un ornement, on ne choisisse pas la pierre la plus belle ou la plus précieuse, mais celle qui remplit le mieux la place vide.

138. Ce qu'il y a de plus sûr, c'est de constater que tous les hommes, étant morts tous spirituellement, sont tous également mauvais, mais non pas tous de la même façon. Ils diffèrent donc par leurs inclinations dépravées, et il arrive que ceux-là sont préférés qui, par l'enchaînement des choses, rencontrent des conditions plus favorables, dans lesquelles ils trouvent moins d'occasions (à leur fin, au moins) de montrer leur méchanceté particulière et plus d'occasions de recevoir la grâce suffisante.

139. C'est pourquoi nos théologiens aussi, d'accord avec l'expérience, ont reconnu que les secours externes du salut créent une très grande différence parmi les hommes, quand même la grâce intérieure serait égale pour tous. Aussi ont-ils recours, pour expliquer l'économie des circonstances extérieures qui nous affectent, au βάθος (profondeur) de saint Paul. Car il est certain que les hommes sont souvent soit pervertis, soit améliorés par le hasard de leur naissance, de leur éducation, de leurs fréquentations, de leur condition et par des événements fortuits.

140. Ainsi s'explique qu'en dehors de Jésus-Christ et de la persévérance prévue et finale dans l'état de salut, par laquelle nous nous attachons à lui, aucun fondement de l'élection ou du don de la foi ne nous soit connu, et qu'on ne doive à cet égard établir aucune règle dont nous puissions reconnaître l'application et qui nous permettrait de nous flatter nous-mêmes ou de blâmer les autres.

141. Car quelquefois Dieu triomphe de la plus grande méchanceté et de la résistance la plus tenace, afin que personne ne désespère de sa miséricorde, comme le remarque saint Paul faisant allusion à lui-même. D'autres fois l'homme

boni in medio cursu deficiunt, ne quis sibi nimium fidat;
plerumque tamen ii, quorum minor est reluctandi pravitas et
majus studium veri bonique, majorem divinae gratiae fructum
sentiunt, ne quis ad salutem nihil interesse putet, quomodo se
homines gerant. Add. § 112.

142. Ipsum autem βάθο in Divinae sapientiae thesauris, vel
in Deo abscondito, et (quod eodem redit) in universali rerum
harmonia lacet, quae fecit ut haec series Universi, complexa
eventus quos miramur, judicia quae adoramus, optima
praeferendaque omnibus a Deo judicaretur. Add. § 126.

143. Theatrum mundi corporei magis magisque ipso
naturae Lumine in hac vita elegantiam suam nobis ostendit,
dum Systemata Macrocosmi et Microcosmi recentiorum
inventis aperiri coepere.

144. Sed pars rerum praestantissima, Civitas Dei,
spectaculum est cujus ad pulchritudinem noscendam aliquando demum illustrati Divinae gloriae lumine propius admit-
temur. Nunc enim solis fidei oculis, id est Divinae perfectionis certissima fiducia attingi potest : ubi quanto magis non
tantum potentiam et sapientiam, sed et bonitatem Supremae
Mentis exerceri intelligimus, eo magis incalescimus amore
Dei, et ad imitationem quandam divinae bonitatis justitiaeque
inflammamur.

depuis longtemps juste lâche pied au milieu de la carrière, pour nous interdire l'excès de confiance en nous-mêmes. Mais le plus souvent ceux qui résistent avec moins de malignité et qui ont plus de zèle

pour la vérité et le bien recueillent davantage les fruits de la grâce divine, afin que personne ne puisse croire que la conduite des hommes est sans influence sur leur salut. Voir aussi § 112.

142. Mais il y a, dans les trésors de la sagesse divine, c'est-à-dire dans le Dieu caché, et, ce qui revient au même, dans l'harmonie universelle des choses, une profondeur secrète, qui lui a fait considérer comme meilleure et comme préférable à toutes les autres la série de l'univers actuelle, comprenant les événements que nous admirons et les jugements que nous adorons. Voir aussi § 125.

143. Le théâtre du monde des corps nous découvre de plus en plus, par la lumière même de la nature, sa beauté ici-bas, depuis que les systèmes du macrocosme et du microcosme ont commencé à être révélés par des inventions récentes.

144. Mais la partie du monde la plus magnifique, la Cité de Dieu, est un spectacle dont un jour, éclairés par la lumière de la gloire divine, nous serons enfin admis à connaître de plus près la beauté. Car maintenant elle n'est accessible qu'aux yeux de la foi, c'est-à-dire par la confiance absolue en la perfection divine. Mieux nous comprenons que cette Cité manifeste non seulement la puissance et la sagesse, mais encore la bonté de l'Esprit Souverain, plus aussi nous sommes enflammés de l'amour de Dieu, plus nous brûlons d'imiter en quelque façon la bonté et la justice divines.

INDEX NOMINUM

INDEX RERUM

TABLE DES MATIÈRES

Imprimerie de la Manutention à Mayenne –Octobre 2001 – N° 323-01
Dépôt légal : 4ᵉ trimestre 2001